Collection **guides marabout**

NORBERT VAN CEULEBROECK

15 minutes par jour pour apprendre l'allemand

L'illustration de l'ouvrage
a été réalisée
par Jean-Claude Salemi

marabout

Sommaire

Apprendre l'allemand en y consacrant un quart d'heure par jour ? Comprendre cette grammaire si difficile en apparence ? Vous pouvez réussir ce pari en suivant la méthode que vous propose **Norbert Van Ceulebroeck.**

Il s'est attaché à vous faire sauter légèrement d'obstacle en obstacle, en introduisant très progressivement, et parfois même à votre insu, une difficulté, une tournure inconnue, une règle grammaticale, qu'il expliquera quelques leçons plus loin, lorsque vous en aurez mémorisé la forme qui vous sera devenue familière.

Au bout de 80 leçons, vous vous étonnerez vous-même, et votre entourage : vous savez parler l'allemand ! C'était donc plus facile que vous ne le pensiez...

N'hésitez pas à répéter souvent tant la pratique que les exercices, car l'adage de Boileau garde ici toute sa valeur : « cent fois sur le métier, remettez votre ouvrage ».

C'est en effet à force de répétition et de redites que vous apprendrez à vous exprimer correctement. C'est ainsi que l'enfant apprend sa propre langue maternelle et c'est ainsi que vous apprendrez une nouvelle langue le plus naturellement du monde : alors, bon courage !

Quelques conseils
pour utiliser ce guide

La méthode « 15 minutes » se compose de 4 parties :

1. 80 leçons (une leçon comprenant 2 pages)
2. Quelques notions de phonétique
3. Un mémento grammatical
4. Un vocabulaire allemand-français et français-allemand

Chaque leçon se décompose à son tour en 3 parties :

LES DIALOGUES ET LES RÉCITS

Un texte allemand suivi, sous forme d'un dialogue ou d'un récit qui apporte une matière pratique. C'est la partie qu'il faudra assimiler en la relisant fréquemment. Ces textes, qui sont empruntés à l'actualité quotidienne, constituent l'essence même de la méthode. Chaque leçon aura **un titre-modèle** qui recèlera généralement un modèle grammatical ou une expression typique de l'allemand.

Cette partie recevra **une traduction fidèle.** Là où ceci n'était pas possible, la traduction littérale a été marquée entre parenthèses. Pour **la prononciation**, nous renvoyons au mémento grammatical, qui commence par un double aperçu phonétique, l'un étant élaboré à partir des signes phonétiques de l'Association Phonétique Internationale (A.P.I.), l'autre à partir de l'orthographe allemande, correspondant à l'image écrite de la langue.

C'est la pratique qu'il faudra lire et relire attentivement. N'essayez pas de mémoriser sans plus les dialogues. Mais relisez-les fréquemment et imaginez-vous des situations analogues dans lesquelles vous pourriez vous trouver et tâchez de les formuler à votre tour. A cette fin, vous trouverez à la fin du livre un index des sujets traités. Ce n'est que dans la mesure où vous participerez activement que vous apprendrez petit à petit, à partir des modèles donnés, à formuler votre pensée dans la langue étrangère. C'est la partie la plus difficile dans l'apprentissage de toute langue : le transfert des connaissances.

LE VOCABULAIRE ET LA GRAMMAIRE

Les explications tant lexicales (vocabulaire) que grammaticales ont été données, intentionnellement, en français, afin de ne pas vous charger d'un vocabulaire grammatical allemand inutile pour l'expression. Elles permettront de comprendre les difficultés grammaticales, de saisir les différences de formulation de l'allemand par rapport au français. Chaque leçon commencera d'ailleurs par un titre qui reprend, à la façon d'un paradigme, la difficulté grammaticale traitée. Si toutefois les explications vous semblent insuffisantes, vous consulterez avec fruit le mémento grammatical à la fin du livre, où vous retrouverez une grammaire plus systématisée.

Deux abréviations utilisées fréquemment sont les terminaisons des substantifs et l'accent tonique.

Ainsi pour **le substantif** « -r Mensch/-en/-en » le « -r », « -e », « -s » donnera **le genre** (de*r*, di*e*, da*s*) et les terminaisons « -en » et « -en » sont celles du **génitif singulier** pour la première et du **nominatif pluriel** pour la seconde.

De même on ne peut assez souligner l'importance de **l'accentuation** pour la bonne compréhension. En plus cet accent d'intensité fort marqué permet de distinguer les verbes séparables des verbes inséparables. Ainsi l'on n'indique bien souvent que la syllabe accentuée : ankommen ['an] : comme l'accent est sur la particule « an », le verbe est séparable, alors que pour le verbe wiederholen ['hoː] l'accent tombe sur le radical hol, ce qui implique que le verbe est inséparable.

LES EXERCICES

La troisième partie de chaque leçon est constituée par un ou deux exercices qui ont été conçus à partir du vocabulaire ou de la situation développée dans la partie pratique allemande et reprendra la difficulté grammaticale principale traitée au cours de la leçon et qu'il faudra maîtriser pour l'expression personnelle.

Cette troisième partie sera de nouveau axée sur la pratique de la communication. Ce seront des phrases conçues pour être utilisées lors de votre communication avec les locuteurs germanophones.

80 leçons
pour apprendre l'allemand

1   *Bestellung*

Bestellung [bə ˈʃtɛluŋ]
Herr Ober! bitte ein Bier!
Herr Ober! bitte zwei Biere!
Hier zwei Biere, drei Mark!
Herr Ober, bitte vier Weine!
Bitte, sieben Brötchen.
Bitte sehr, neun Mark!
Bitte, drei Kaffees!
Bitte, ein Menü!
Zehn Mark!

Commande
Garçon, une bière, s'il vous plaît!
Garçon, deux bières, s'il vous plaît!
Voici 2 bières, ça fera 3 Marks.
Garçon, 4 verres de vin, s'il vous plaît!
Voici, 7 petits pains.
Voici, 9 Marks.
Trois cafés, s'il vous plaît!
Le menu, s'il vous plaît!
Dix Marks!

REMARQUES

1. Tous les substantifs allemands s'écrivent avec **majuscule.**

2. **Les noms de monnaie** restent au singulier, s'ils indiquent une valeur.

PRONONCIATION

1. **Eins** [ains]
   <u>ei</u> = <u>ai</u> [aïe], pratiquez une coupure nette (coup de glotte) à chaque voyelle en début de mot ou de syllabe.
2. **zwei** [tsvai]
   <u>z</u> se prononce [ts], <u>w</u> se prononce [v].
3. **drei** [drai].
4. **vier** [fiːr]
   <u>v</u> se prononce [f], dans <u>ie</u> le <u>e</u> ne se prononce pas, il allonge le <u>i</u>.
5. **fünf** [fynf].
   <u>u</u> = <u>ou</u> (de mou), <u>ü</u> = <u>u</u> (de but).
6. **sechs** [zɛks].
   <u>s</u> = <u>z</u> en début de syllabe (sauf dans certains mots étrangers).
7. **sieben** [ˈziːbən].
8. **acht** [axt].
   le «<u>ch</u>» de acht se prononce au fond de la gorge comme dans «bigre» sans prononcer le «<u>g</u>», en laissant passer l'air par la gorge.
9. **neun** [nɔyn].
   <u>eu</u> = <u>äu</u> (dans l'anglais toy).
10. **zehn** [tseːn].
    <u>z</u> = <u>ts</u>.
    dans «<u>eh</u>» le <u>h</u> est le signe d'allongement de la voyelle précédente.

TRADUIRE

Garçon, 2 verres de vin, svp!
Voici 2 verres de vin.
C'est 4 Marks.
Deux cafés.
Voici, c'est six Marks.

Hier ist Bonn

Hier ist Wien	Voici Vienne
Hier ist Bonn	Voici Bonn
Hier ist Werner	Ici Werner
Hier ist Schmitt	Ici Schmitt

Hier ist Werner ou **Hier Werner**
Ce sont les deux manières de décliner son identité au téléphone.

PRONONCIATION ET VOCABULAIRE

Wien [viːn] : Vienne
Bonn [bɔn]
Frankfurt [ˈfrankfurt] : Francfort
Werner [ˈvɛrnər]
Schmitt [ʃmit]
hier [hiːr] le h expiré ! : ici

On peut, en règle générale, distinguer à l'orthographe **une voyelle longue d'une voyelle brève.** En principe :
— **la brève** est suivie de 2 consonnes ou plus : Schm<u>i</u>tt, B<u>o</u>nn ;
— **la longue** n'est suivie que d'une seule consonne : W<u>i</u>en, h<u>i</u>er, sch<u>o</u>n [ʃoːn], la longue aura (ː) derrière la voyelle.

LE UMLAUT

Le *Umlaut* (inflexion, mutation vocalique) change la « couleur » des **voyelles**.

a > ä [a > ɛ] ou [aː > ɛː] : alt/ älter (vieux, plus vieux)
o > ö [ɔ > œ] Köln [kœln] (Cologne)
     [oː > øː] : mögen [ˈmøːgən] (vouloir, avoir envie, pouvoir)
u > ü [u > y] München [ˈmynçən] (Munich)
     [uː > yː] : Süden [ˈzyːdən] (le sud)

Les diphtongues prennent aussi le Umlaut au > äu (= eu)
Allgäu [ˈalgɔy] : région du Sud de l'Allemagne.

Orthographe : un substantif commençant par une voyelle qui a le Umlaut peut s'écrire : voyelle sans Umlaut + **e :** Übung ou Uebung (exercice).

LE ICH-LAUT ET LE ACH-LAUT

Voir les sons (ç) et (x) dans la phonétique en début d'ouvrage.

TRADUISEZ

Ici Berlin
Ici Munich
Ici Cologne
Ici Hambourg
Ici Francfort

3

Guten Tag, wie geht's?

Begrüßung [bə'gryːsuŋ]
— Hallo, Paul! [ha'loː paul] Wie geht's? [viː 'geːts]
— Gut, danke, es geht.
— Guten Tag, Toni! [guːtən taːk, toːni]
— Guten Tag, Karl! [guːtən taːk, karl]
— Guten Abend, Inge! ['iŋə]
— Guten Abend, Tonia! ['toːnja]
— Gute Nacht, Karl!
— Gute Nacht, Paul!

Saluer (souhaiter la bienvenue)
— Hé, Paul! Comment ça va?
— Bien, merci, ça va.
— Bonjour, Toni!
— Bonjour, Karl!
— Bonsoir, Inge!
— Bonsoir, Tonia!
— Bonne nuit, Karl!
— Bonne nuit, Paul!

REMARQUE

Abend, Morgen, Nacht, Tag sont des substantifs et s'écrivent avec majuscule. En allemand, tout substantif, même nom commun, s'écrit **toujours avec majuscule**.

VOCABULAIRE

Bonjour se dit:
guten Morgen ['guːtən morgən]: le matin dès le lever jusque vers 9 h du matin
guten Tag ['guːtən taːk]: de 9 h à 17 heures
guten Abend ['guːtən aːbənt]: de 17 à 22 heures (= bonsoir)
gute Nacht ['guːtə naxt]: bonne nuit.
Grüß Gott [gryːs 'gɔt]: bonjour; usuel en Autriche et dans le Sud de la RFA.
auf Wiedersehen [auf 'viːdərzeːn]: au revoir
Wie geht's [viː 'geːts]: comment ça va?

PRONONCIATION

Paul [paul]
Toni ['toːni]
Karl [karl]
Tonia ['toːnja]
N'oubliez pas de « souffler sur le miroir » pour _p_, _t_ et _k_ en début de syllabe devant une voyelle: _P_aul, _K_arl, _T_onia.
Ka_rl_: ne pas prononcer de ə entre _r_ et _l_!
Inge [iŋə]
Inge: — coup de glotte
— ŋ = comme dans camping.

TRADUIRE

— Hé, Paul! Comment vas-tu?
— Ça va, merci!
— Bonjour, Tonia! (= le matin) Comment ça va?
— Ça va, merci!
— Bonsoir, Inge! Ça va?
— Ça va, merci!

4

Ich heiße Karl

— Guten Tag, mein Name ist Karl, ich komme aus
  Deutschland [ˈdɔytʃlant].
— Grüß Gott! Ich heiße Toni, [gryːsˈgɔt içˈhaisə
  ˈtoːni], ich komme aus Oesterreich [ˈøːstəraiç], aus
  Wien [viːn].
— Ich heiße Alain und ([unt], coup de glotte!)
  ich komme aus Frankreich [ˈfrankraiç],
  ich komme aus Paris [paˈriːs].
— Wo wohnen Sie, Karl?
— Ich wohne in Berlin [bɛrˈliːn], in Deutschland
  [ˈdɔytʃlant].
— Und Sie Inge [ˈiŋə]?
— Ich wohne in Belgien [ˈbɛlgiən], in Lüttich [ˈlytiç]
— Und Sie Herr Schmitt [ˈhɛr ʃmit]? Ich wohne in
  Brüssel [ˈbrysəl].

— Bonjour, je m'appelle Karl, je viens d'Allemagne.
— Bonjour! je m'appelle Toni, je viens d'Autriche, de
  Vienne.
— Je m'appelle Alain et je viens de France (= je suis
  français), je viens de Paris.
— Où habitez-vous Karl?
— J'habite à Berlin, en Allemagne.
— Et vous, Inge?
— J'habite en Belgique, à Liège.
— Et vous, monsieur Schmitt?
— J'habite à Bruxelles.

L'ACCENT TONIQUE

— Lorsque un mot a deux ou plusieurs syllabes, l'une d'elles sera plus accentuée que les autres.
— Cet accent tombera en général en début de mot, rarement sur la terminaison (comme dans wo_her_ : [voː ˈheːr] et **jamais sur la terminaison** (e, en...) **du verbe.**
— Cet accent tonique [ˈ] sera toujours placé **avant la syllabe accentuée.**

VOCABULAIRE

ich heiße [iç ˈhaisə] = **mein Name ist** [main naːməist]
je m'appelle = mon nom est

es freut mich [ɛs frɔyt miç]
enchanté

Verzeihung [fɛr ˈtsaiuŋ]
pardon

Wie ist Ihr Name ? [viː ist iːr ˈnaːmə]
quel (comment) est votre nom ?

wo wohnen Sie ? [voː ˈvoːnən ziː]
où habitez-vous ?

woher kommen Sie ? [voː ˈheːr ˈkɔmən ziː]
d'où venez-vous ?

wohnen in [voːnən in]
habiter à

kommen aus [kɔmən aus]
venir de

TRADUIRE

— Je viens de Paris, je vis en France (= j'habite en)
— Et vous, d'où venez-vous ?
— Je suis de Bruxelles, de Belgique.
— Bonjour, quel est votre nom, s'il vous plaît ?
— Je m'appelle Karl et je suis allemand.
— Je m'appelle Tonia.
— Pardon, quel est votre nom ?
— Tonia, je suis allemande (= je viens d'Allemagne)

Wer ist das? Ist das Herr Schmitt?

— Wer ist das? [veːr ist das] Ist das Herr Schmitt?
  [ist das hɛr ʃmit]
— Ja, das ist Herr Schmitt (n'oubliez pas le coup
  de glotte pour *es* et *ist*!).
— Ist das Frau Berger? [frau ˈbɛrgər]
— Nein, das ist nicht Frau Berger, das ist Fräulein
  Meier. [ˈfrɔylain ˈmaiər]
— Woher kommt Fräulein [voːˈheːr kɔmt] Meier?
  Kommt sie [ziː] aus Oesterreich? [ˈøːstəraiç]
— Nein, sie kommt nicht aus Oesterreich, sie
  kommt aus der Schweiz [aus deːr ʃvaits]
— Wo wohnt sie? [voː voːnt ziː]
  Sie wohnt aber [áːbər] in München [ˈmynçən]
— Verzeihung, [fɛrtˈsaiuŋ] wo bitte? [ˈbitə]
— In München [in ˈmynçən].

— Qui est-ce? Est-ce monsieur Schmitt?
— Oui, c'est monsieur Schmitt.
— Est-ce madame Berger?
— Non, ce n'est pas madame Berger, c'est mademoi-
  selle Meier.
— D'où vient madame Meier? Vient-elle d'Autriche?
— Non, elle ne vient pas d'Autriche, elle vient de Suisse
  (= originaire).
— Où habite-t-elle?
— Elle habite (toutefois) à Munich.
  aber en 2ᵉ place : toutefois, cependant. Est d'un
  emploi fréquent.
— Pardon, où dites-vous? (bitte = s'il vous plaît)
— A Munich.

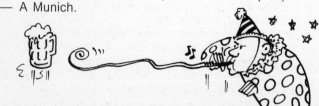

VOCABULAIRE

Das ist Herr Schmitt	**er** kommt (masculin)
Das ist Frau Berger	**sie** kommt (féminin)
Das ist Fräulein Meier	**es** kommt (neutre)*
Herr und Frau Schmitt	**sie** kommen (pluriel)
ja [jaː]	oui
nein [nain]	non
nicht [niçt]	ne ... pas.

* Dans ce cas, « es » est grammaticalement correct, mais dans la langue parlée on dira « sie ».

PRONOM INTERROGATIF : WER ?

Wer [veːr] : qui.
Se rapporte à une personne et s'emploie pour le masculin, le féminin et le neutre, pour le singulier comme pour le pluriel.

LES INTERROGATIVES

Il y a deux types d'interrogatives en allemand :
1. l'interrogative introduite par un **mot interrogatif** : wer (qui ?), wie (comment ?), woher (d'où ?), wo (où ?)
2. l'interrogative introduite par l'**inversion** : Ist das Herr Schmitt ?

TRADUIRE

— Qui est-ce ? Est-ce mademoiselle Meier ?
— Non, ce n'est pas mademoiselle Meier, c'est madame Schmitt.
— Où habite-t-elle ? A Munich ?
— Elle n'habite pas à Munich, elle habite (toutefois) à Hambourg.

6

Was ist das, wie ist er/sie?

— Was ist das? Ein Telefon.
 Scindez bien les mots was/ ist/ das pour la prononciation.
— Wer [veːr] telefoniert? Herr Schmitt.
— Was ist Herr Schmitt? Er ist Kaufmann.
— Was ist Frau Berger? [ˈbɛrgər] Sie ist Sekretärin. [zekreˈtɛːrin]
— Was ist Toni? [ˈtoːni]. Er ist Student. [ʃtudɛnt]
— Was macht der Student? Er studiert.
— Was macht die Sekretärin? Sie diktiert und schreibt.
— Was macht der Kaufmann? Er kauft und verkauft.
— Wie ist er? Er ist freundlich. [ˈfrɔyntliç]

— Qu'est-ce que c'est? Un téléphone.
— Qui téléphone? Monsieur Schmitt.
— Que fait (qu'est) M. Schmitt? Il est employé commercial (commerçant ou marchand).
— Qu'est Madame Berger? Elle est secrétaire.
— Qu'est Toni? Il est étudiant.
— Que fait l'étudiant? Il étudie.
— Que fait la secrétaire? Elle dicte et écrit.
— Que fait le marchand? Il achète et vend.
— Comment est-il? Il est aimable.

VOCABULAIRE

Was ist das? [vasˈist das]	Qu'est-ce que c'est?
Das ist das Telefon [teleˈfoːn]	C'est le téléphone
Techniker [ˈtɛçnikər]	technicien
Sekretärin [zekreˈtɛːrin]	secrétaire
Studentin [ʃtuˈdɛntin]	étudiante
Kaufmann [ˈkaufman]	marchand, commerçant, employé commercial.
Student [ʃtuˈdɛnt]	étudiant
nett [nɛt]	gentil
freundlich [ˈfrɔyntliç]	aimable
studieren [ʃtuˈdiːrən]	étudier
diktieren [dikˈtiːrən]	dicter

LE PRONOM INTERROGATIF : was ?

Was : à l'opposé de **Wer**, demande des renseignements sur des choses ou la nature d'une chose ou d'une personne.
Il se rapporte à un singulier comme à un pluriel.
— **Was ist das ?** Qu'est-ce que c'est ?
— **Was ist er/sie ?** Qu'est-il/elle ?
— **Was macht er/sie ?** Que fait-il/elle ?

LES VERBES EN -ieren

Ils sont accentués sur la terminaison *ie* et sont dès lors inséparables !

L'ARTICLE DÉFINI

der [der] : le
die [di:] : la
das [dɑs] : article défini neutre

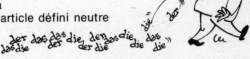

EXERCICE

Posez les questions pour obtenir les réponses suivantes. Le mot souligné indique sur quelle partie doit porter la question.

1. Das ist Herr Schmitt.
2. Er ist Kaufmann.
3. Das ist Frau Berger.
4. Sie ist nett.
5. Das sind Herr und Frau Schmitt.
6. Herr und Frau Schmitt sind nett.
7. Der Student studiert.
8. Sie wohnt in Hamburg.
9. Sie fährt nach Hamburg (wohin ?).

7 *Herr Schmitt fährt nach München*

— Herr Schmitt fährt nach München. Woher kommt Herr Schmitt? Er kommt aus Hamburg. (kɔmt, k aspiré) Er fährt nach München. Er wohnt aber in Hamburg.
— Woher kommst du? Ich komme aus Brüssel ['brysəl]. Brüssel liegt in Belgien ['bɛlgiən].
— Und ihr, woher kommt ihr? [iːr] Wir [viːr] kommen aus Paris. [pa'riːs] Paris liegt in Frankreich. ['frankraiç]
— Und Sie, [ziː] woher kommen Sie? Wir kommen aus Lüttich. ['lytiç] Wir fahren nach Brüssel.

— Monsieur Schmitt se rend à Munich. D'où vient M. Schmitt? Il vient de Hambourg. Il se rend à Munich. Il habite (cependant) à Hambourg.
D'où viens-tu? (tutoiement singulier) Je viens (= suis) de Bruxelles. Bruxelles se trouve en Belgique.
— Et vous (tutoiement pl), d'où venez-vous? Nous venons (= sommes) de Paris. Paris se trouve en France.
— Et vous, (vouvoiement) d'où venez-vous? Nous venons (sommes) de Liège. Nous nous rendons à Bruxelles.

VOCABULAIRE

Wo [voː]	où
woher [voːheːr]	d'où
wohin [voː'hin]	(vers) où
in [in]	dans, en
aus [aus]	de (prép.)
nach [naːx]	vers
fahren	se déplacer par un moyen de locomotion privé ou public (sauf l'avion).

CONJUGAISON : L'INDICATIF PRÉSENT

habiter   venir   se déplacer   ouvrir

je ich	wohne	komme	fahre [faːrə]	öffne
tu du	wohnst	kommst	fährst [fɛːrst]	öffnest
il er	wohnt	kommt	fährt [fɛːrt]	öffnet
nous wir	wohnen	kommen	fahren	öffnen
vous ihr	wohnt	kommt	fahrt	öffnet
sie	wohnen	kommen	fahren	öffnen
Sie	wohnen	kommen	fahren	öffnen

1. **formation de l'indicatif présent**: radical (= infinitif sans « en ») + terminaisons : + e/(e)st/ (e)t/ en/ (e)t/ en.

2. **Remarques**:

a) **Les verbes forts** (p. ex. *fahren*) prennent un *Umlaut* à la 2ᵉ et 3ᵉ pers. sing. : **du fährst, er fährt.**

b) **Les verbes dont le radical se termine par « t » ou « d »** prennent un « e » à la 2ᵉ pers. sg/pl. et à la 3ᵉ pers. sg. : **du arbeit̲e̲st/ihr arbeit̲e̲t, er arbeit̲e̲t.**

c) **si le radical se termine par une consonne double + n,** ils prennent un « e » à la 2ᵉ et 3ᵉ personnes du singulier : du öffn̲e̲st, er öffn̲e̲t (öffnen [ˈœfnən] : ouvrir)

LES PRONOMS PERSONNELS : du, ihr, Sie

L'allemand connaît trois formes différentes pour la 2ᵉ personne:

« **du** » = forme de tutoiement singulier : tu viens : *du kommst*

« **ihr** » = forme de tutoiement pluriel (= personnes qu'individuellement on tutoierait): *ihr kommt* = vous venez, en m'adressant à des amis que je tutoie.

«**Sie**» = (toujours avec majuscule !): forme de vouvoiement singulier comme pluriel).

TRADUIRE

1. Où habitez-vous, M. Schmitt ? 2. J'habite Cologne et je vais à Munich. 3. Il travaille à Munich. 4. Et vous, où travaillez-vous ? (tutoiement) 5. Et d'où venez-vous et où allez-vous ? 6. Où te rends-tu, Karl ? 7. Je me rends à Cologne, je travaille là (là: **dort** [dɔrt])

> *Ich frage den Freund,*
> *ich frage ihn*

— Wen kennst du gut?
— Ich kenne Tonia gut.
— Wen kennst du noch [nɔx]?
— Ich kenne Toni [ˈtoːni].
— Und wen noch?
— Karl.
— Und wen noch?
— Herr und Frau Schmitt.

— Qui connais-tu bien?
— Je connais bien Tonia.
— Et qui connais-tu encore?
— Je connais Toni.
— Et qui encore?
— Karl.
— Et qui encore?
— Monsieur et madame Schmitt.

VOCABULAIRE

der Freund [ˈfrɔynt] l'ami
die Freundin [ˈfrɔyndin] l'amie
das Kind [ˈkint] l'enfant
fragen demander, poser une question, interroger
kennen connaître

L'ACCUSATIF

Ich kenne *den* Freund [deːn frɔynt]
Ich kenne *die* Freundin ['frɔyndin]
Ich kenne *das* Kind [das 'kint]
Ich kenne *die* Freunde [diː 'frɔyndə]
L'accusatif est le cas du complément d'objet direct.
Certains verbes régiront toujours l'accusatif tel : *fragen* +
Acc = (questionner, interroger, poser une question à) (Je
pose une question à lui, en allemand : je le questionne)
L'accusatif des pronoms personnels : *je le questionne*
ich frage Toni : ich frage *ihn* [iːn] *je le questionne*
ich frage Tonia : ich frage *sie* [ziː] *je la questionne*
ich frage das Kind : ich frage *es* [ɛs] *je le questionne.*
ich frage Toni und Tonia : ich frage *sie*

LE PRONOM INTERROGATIF : wen ?

Wen [veːn] : qui
Pronom interrogatif qui interroge sur une personne (m,
f, n, sing. ou pluriel). [veːn]
Wen fragst du ? : Qui questionnes-tu ?
Wen kennst du ? : Qui connais-tu ?

EXERCICES

**1. Remplacer le mot souligné par le pronom per-
sonnel correspondant :**
Ich kenne Tonia gut. Ich kenne Toni gut. Ich kenne
Toni und Tonia.
Ich frage die Freundin. Fragst du die Freunde ?
Fragst du den Studenten ?

2. Traduisez :
A qui demandes-tu (poses-tu une question) ? Je le
lui demande (à lui). Le lui demandes-tu (à elle) ?
Je (le) demande à M. Schmitt. Je le connais bien.
La connais-tu bien ?

9

Hat er schon einen Paß?
Ja, den braucht er!

— Ich brauche ein Visum für die DDR und eins
 für die Sowjetunion [zɔvˈjɛtunjoːn].
— Ich fliege nach Ost-Berlin, dann brauche ich
 einen Paß, ein Visum und eine Flugkarte.
— Den Reisepaß, haben Sie den? Und das Visum,
 haben Sie das schon? Aber brauchen Sie den?
— Für Belgien oder für die Schweiz brauchen Sie
 nur [nuːr] den Ausweis.
— Haben Sie meinen Paß?
— Ihren Paß? Den habe ich nicht!
— Ihre Papiere, bitte!
— Hier sind sie.

— J'ai besoin d'un visa pour la RDA et un pour l'Union
 soviétique.
— Je me rends à Berlin-Est (en avion), alors j'ai besoin
 d'un passeport, d'un visa et d'un billet d'avion.
— Le passeport, l'avez-vous? Et le visa, vous l'avez
 déjà? Mais en avez-vous besoin?
— Pour la Belgique et la Suisse la carte d'identité suffit
 (avoir besoin).
— Avez-vous mon passeport?
— Votre passeport? Celui-là, je ne l'ai pas!
— Vos papiers, s'il vous plaît!
— Les voici (= ici, ils sont).

VOCABULAIRE

brauchen (+ acc.) [brauxən]   avoir besoin de
kennen [ˈkɛnən)] (aspirez le k)   connaître
der Ausweis [ˈausvais]   la carte d'identité
der Reisepaß [ˈraizəpas]   le passeport
die Flugkarte [ˈfluːkartə]   billet d'avion
die Fahrkarte [ˈfaːrkartə]   ticket de train
das Visum [ˈviːzum]   visa

L'ARTICLE

Nous connaissons déjà l'article au nominatif et à l'accusatif.

Nom. : <u>der</u> [deːr], <u>die</u> [diː], <u>das</u> [das]
Accus : <u>den</u> [deːn], <u>die</u> [diː], <u>das</u> [das]
Cet article *accentué* sert aussi de **démonstratif :** Kennen Sie *den ?* Le connaissez-vous, celui-là ?
Pluriel de l'article :
Nomin. : <u>die</u> pour les 3 genres
Accus. : <u>die</u> pour les 3 genres

ADJECTIFS POSSESSIFS

Ich habe ein Visum. Es ist *mein* Visum.   *mon*
Du hast ein Visum. Es ist *dein* Visum.   *ton*
Er hat ein Visum. Es ist *sein* Visum.   *son.*
Sie hat ein Visum. Es ist *ihr* Visum.
Wir haben ein Visum. Es ist *unser* Visum.   *notre*
Ihr habt ein Visum. Es ist *euer* Visum.   *votre*
Sie haben ein Visum. Es ist *ihr* Visum (leur).
Sie haben ein Visum. Es ist *Ihr* Visum (votre).
Les adjectifs possessifs sein/ihr
— *sein* renvoie à un possesseur masculin ou neutre
— *ihr* renvoie à un possesseur féminin ou pluriel
— Leur terminaison dépend du mot qui les accompagne (m, f, n) :
   Sie hat *ihren* Paß
   Er hat *seinen* Paß

TRADUISEZ

1. A-t-il sa carte d'identité ? **2.** A-t-elle déjà son passeport ? **3.** Oui, j'ai ma carte d'identité, mais je n'ai pas de passeport. **4.** Je n'ai pas besoin de celui-là pour la France. **5.** As-tu déjà ton billet d'avion ? **6.** A-t-elle son ticket pour Genève ? **7.** Avez-vous votre ticket pour Paris ? **8.** Est-ce ta carte (d'identité), Tonia ? **9.** Elle a déjà sa carte. **10.** Mais Toni n'a pas encore la sienne.

L'INVERSION

Den Ingenieur kenne ich gut.
L'ingénieur, je le connais bien.
Si, en allemand, un mot autre que le sujet commence la phrase, il y aura inversion du sujet et du verbe, c'est-à-dire que le sujet suivra le verbe :
Den kenne ich gut.
Celui-là je le connais.
Remarque : entre l'élément en tête (« den ») et le verbe avec l'inversion (« kenne ich »), **il n'y a pas de virgule.**
Cet élément rejeté en tête sera toujours accentué et remarquez la façon française d'accentuer cet élément.
Ja, ich kenne ihn gut :
Oui, je le connais bien.
Nein, ich kenne ihn nicht :
Non, je ne le connais pas.
Aber er kommt heute nicht :
Mais il ne vient pas aujourd'hui.
Cette règle de l'inversion ne vaut pas après les **interjections** « Ja » (oui) et « Nein » (non) ni après les **conjonctions de coordination** telles « aber » (mais), « sondern » (mais au contraire), « oder » (ou)... :
Aber ich kenne ihn nicht (mais je ne le connais pas).

L'INDICATIF PRÉSENT DE « sein » (ÊTRE)

ich bin *je suis*   wir sind *nous sommes*
du bist *tu es*   ihr seid *vous êtes*
er ⎞   sie sind ⎫ *ils/elles sont.*
sie ⎬ ist *il/elle*   Sie sind ⎭
es ⎠

EXERCICES DE RÉVISION

1. Mettez l'élément souligné en tête et construisez :

1. Ich kenne den Kaufmann nicht. **2.** Ich habe den Paß nicht. **3.** Er braucht keinen Paß für Belgien [fyːr ˈbɛlgiən]. **4.** Er braucht auch keinen Paß für Frankreich [fyːr ˈfrankraiç]. **5.** Er braucht auch kein Visum für Frankreich. **6.** Ich habe die Flugkarte noch nicht. **7.** Ich habe die Fahrkarte für Paris noch nicht. **8.** Ich brauche den Ausweis. **9.** Toni hat das Visum noch nicht.

2. Traduisez :

1. Son passeport, il ne l'a pas encore. **2.** Votre carte d'identité, vous n'en avez pas besoin (brauchen + acc.). **3.** Son passeport, il n'en a pas besoin. **4.** Le visa, il n'en faut pas pour Bonn, mais bien (wohl) pour Berlin (il en faut : man braucht). **5.** Le ticket d'avion, il ne l'a pas encore. **6.** Monsieur Schmitt a déjà son visa. **7.** Elle n'a pas besoin de sa carte d'identité. **8.** Il a besoin de son passeport. **9.** Tonia a son passeport. Son visa, elle ne l'a pas encore.

Herr Schmitt ist ein Kaufmann.
Ist er ein Ingenieur?
Nein, er ist ein Kaufmann.
Hast du noch Lust?
Nein, ich habe keine Lust mehr.
Hast du noch Brot?
Nein, ich habe kein Brot mehr.

M. Schmitt est un marchand.
Est-il ingénieur?
Non, il est marchand.
En as-tu encore envie?
Non, je n'en ai plus envie.
As-tu encore du pain?
Non, je n'ai plus de pain.

VOCABULAIRE

ein (der) Ingenieur [inʒeniˈør]	un ingénieur
ein (-r) Besucher [bəˈzuːxər]	un visiteur
eine (die) Hausfrau [ˈhausfrau]	une ménagère
eine (-e) Tochter [ˈtɔxtər]	une fille
(-e) Lust [lust]	une envie
ein (-r) Tourist [tuːˈrist]	un touriste
ein (-r) Freund [frɔynt]	un ami
ein (-s) Land [lant]	un pays
ein (-s) Taxi [ˈtaksi]	un taxi
ein (-s) Brot [broːt]	un pain
ein (-r) Lehrer [ˈleːrər]	un professeur
ein (-r) Ausländer [ˈauslɛndər]	un étranger
ein (-r) Student [ʃtuˈdɛnt]	un étudiant
ein (-r) Vertreter [ˈfɛrtreːtər]	un représentant

L'ARTICLE INDÉFINI

L'article indéfini est « ein » = un. Voir la déclinaison de « ein » dans la partie mémento grammatical.
Les adjectifs possessifs et « kein » se déclinent comme « ein ».

QUELQUES FORMES NÉGATIVES

L'article indéfini négatif est <u>kein</u>/<u>keine</u> et a la déclinaison de <u>ein</u>.
   kein = m. ou n. sing.
   keine = f. sing.

Les indénombrables, tels « Lust », n'ont pas d'article indéfini (ein), mais prennent bien « kein » à la forme négative.

nicht...mehr : ne plus
kein...mehr : ne plus de

CONJUGAISON DU VERBE AVOIR : haben

ich habe	wir haben
du hast	ihr habt
er hat	sie haben
	Sie haben

TRADUIRE

Toni, est-il ingénieur ?
Non, Toni est marchand.
Toni, qu'est-il ? Est-il (un) professeur ?
Non, ce n'est pas un professeur, et pas un commerçant. Il est représentant.
Est-il étranger ? Est-il étudiant ?
Non, il n'est pas étranger.

Ich sehe den Freund nicht. Ich sehe das Auto nicht.
Fragst du den Freund nicht? Kennst du die Frau
nicht? Ja, ich kenne (aspirez le k) sie.
Ist er nicht zu Haus? Bleibst du heute zu Haus?
Nein, ich bleibe nicht zu Haus.
Gehst du morgen nach Haus? Nein, ich gehe mor-
gen nicht nach Haus.
Sehen Sie das Kind da? Nein, ich sehe es nicht.

Je ne vois pas l'ami. Je ne vois pas l'auto. Ne poses-tu
pas de question à l'ami? Ne connais-tu pas la femme?
Oui, je la connais.
N'est-il pas chez lui? Restes-tu aujourd'hui chez toi? (à
la maison). Non, je ne reste pas chez moi.
Te rends-tu demain chez toi (à la maison)? Non, je ne
me rends pas chez moi demain.
Voyez-vous cet enfant-là? Non, je ne le vois pas (es:
Kind = neutre).

VOCABULAIRE

der Freund	l'ami
die Frau	la femme
das Kind	l'enfant
das Auto	l'auto
nicht [niçt] (négation)	ne pas
zu Hause [tsu ˈhauzə]	à la maison (sans mouvement)
nach Hause [naːx ˈhauzə]	à la maison (avec mouvement = vers la maison)
sondern [ˈzɔndərn]	mais au contraire
heute [ˈhɔytə]	aujourd'hui
morgen [ˈmɔrgən]	demain (adverbe)
der Morgen	le matin (subst.)
fragen (+ acc)	questionner, demander (= poser une question)

zu Hause = **zu Haus**; de même: **nach Hause** = **nach Haus.**

L'ARTICLE DÉFINI

<u>der</u> (m), <u>die</u> (f), <u>das</u> (n) = nominatif
<u>den</u> (m), <u>die</u> (f), <u>das</u> (n) = accusatif

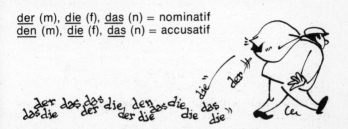

LA NÉGATION « Nicht »

Si elle porte sur **toute la phrase** : elle se met à la fin :
ich sehe den Freund nicht.

Si elle porte sur **un élément** de la phrase : elle se met devant le mot accentué :
ich sehe nicht den Freund,... : je ne vois pas l'ami (mais quelqu'un d'autre).

Elle se place **devant le complément prépositionnel** :
ich bleibe nich zu Haus (je ne reste pas à la maison).

TRADUIRE

Voyez-vous l'enfant ?
Voyez-vous cet homme ? (l'homme)
Non, je ne le vois pas.
Le demandez-vous à cet homme-là ?
Oui, je le lui demande.
Allez-vous à la maison ? (Rentrez-vous) ?
Non, pas aujourd'hui, mais demain.

Kann ich das tun?
Darf ich das?

Kann er kommen? Nein, er kann nicht.
Will sie heute kommen? Nein, sie will nicht.
Dürft ihr mitkommen? (pluriel de tutoiement) Ja, wir dürfen.
Soll ich heute kommen? Nein, du brauchst nicht (zu kommen).
Muß er es noch tun? Nein, er muß es nicht.
Darf ich eine Zigarette rauchen?

Peut-il (est-il à même de) venir? Non, il ne peut pas.
Veut-elle venir aujourd'hui? Non, elle ne veut pas.
Pouvez-vous accompagner? (permission) Oui, nous le pouvons (permission).
Faut-il que je vienne aujourd'hui? Non, tu n'as pas besoin de venir (brauchen).
Doit-il le faire absolument? Non, il ne doit pas (obligation physique).
Puis-je fumer une cigarette? (question polie).

TRADUIRE

1. Peux-tu venir aujourd'hui? (capacité). **2.** Non, je viendrai (présent) demain. **3.** Aimes-tu cette soupe? **4.** Non, je ne l'aime pas. **5.** Puis-je fumer une cigarette? **6.** Cela peut-il être vrai? **7.** J'aimerais venir *ce soir.* **8.** Devez-vous encore travailler? **9.** Que dois-je faire alors?

LES VERBES MODAUX

können : pouvoir, être à même de
dürfen : pouvoir, avoir la permission
mögen : être possible, aimer
  das mag wahr sein : cela peut être vrai. Au négatif : ne pas aimer.
  Ich mag die Suppe nicht : Je n'aime pas la soupe. A l'imparfait : j'aimerais.
  Ich möchte gern ins Kino gehen : J'aimerais bien aller au cinéma.
sollen : devoir (l'obligation morale)
  ich soll es tun : il convient que je le fasse.
müssen : être obligé (contrainte physique)
  ich muß es tun : je dois absolument le faire.
wollen : vouloir
  ich will es tun : je veux le faire.

Conjugaison

	können	**wollen**	**mögen**	
ich	kann	will	mag	möchte
du	kannst	willst	magst	möchtest
er	kann	will	mag	möchte
wir	können	wollen	mögen	möchten
ihr	könnt	wollt	mögt	möchtet
sie	können	wollen	mögen	möchten
Sie	können	wollen	mögen	möchten

	dürfen	**sollen**	**müssen**
ich	darf	soll	muß
du	darfst	sollst	mußt
er	darf	soll	muß
wir	dürfen	sollen	müssen
ihr	dürft	sollt	müßt
sie	dürfen	sollen	müssen
Sie	dürfen	sollen	müssen

Remarque
du muß**t** : après le « ß » on n'ajoute plus de « s » à la 2e personne du singulier.

Construction
Le verbe modal est toujours suivi de l'infinitif sans « zu » :
er darf gehen : il peut partir (permission).

14

*Dann rufe
ich morgen wieder an*

— Hier, Toni.
— Hier, Tonia, guten Morgen, Toni.
— Allo, wie geht's ?
— Danke, gut. Ist Herr Schmitt da ?
— Ja, aber er hat leider keine Zeit. Er fährt gleich ab.
— Ist dann Herr Berger [ˈbɛrgər] da ?
— Leider nicht.
— Dann rufe ich morgen wieder an !
— Auf Wiedersehen ! [auf ˈviːdərseːn]

— Ici Toni.
— Ici Tonia, bonjour, Toni.
— Allo, comment ça va ?
— Merci, bien: Monsieur Schmitt est-il là ?
— Oui, mais il n'a malheureusement pas le temps. Il part de suite.
— Alors, Monsieur Berger est-il là ?
— Malheureusement non. (ne pas)
— Alors je retéléphonerai demain !
— Au revoir !

VOCABULAIRE

dann [dan]	alors
leider [ˈlaidər]	malheureusement
anrufen [ˈanruːfən]	téléphoner
telephonieren [telefoˈniːrən]	téléphoner
wieder [ˈviːdər] **anrufen**	retéléphoner
morgen [ˈmɔrgən]	demain (adv.)
der Morgen	le matin
die Zeit [diː tsait]	le temps (météorologie)
gleich [glaiç]	directement, de suite
reservieren [rezɛrˈviːrən]	réserver

LES VERBES SEPARABLES ET INSÉPARABLES

En allemand, **les verbes composés** peuvent être séparables ou inséparables :
— si l'accent tombe sur la particule ou préfixe, il est **séparable :** <u>ab</u>fahren [ˈabfaːrən] : ich fahre... <u>ab</u>
— si l'accent tombe sur le radical, il est **inséparable.**
— Certains préfixes ne seront **jamais accentués :** ge-,
   be-, er-, ver-, ent-, dès lors les verbes ayant ces préfixes sont inséparables.

LES VERBES EN -ieren

Les verbes en -ieren sont accentués sur *ie*ren et toujours
inséparables.

L'IMPÉRATIF

Formation de l'impératif à la forme polie : **Infinitif + Sie**
   Rufen Sie an : veuillez téléphoner
   Kommen Sie wieder : veuillez revenir
   Reservieren Sie : veuillez réserver.

TRADUISEZ

— Tu me téléphones demain ?
— Non, je pars demain.
— As-tu encore du temps ?
— Non, je n'ai pas le temps.
— Alors que faire ? (que dois-je...)
— Revenez demain.
— Quand revient-il ?
— Quand reviens-tu ?
— Quand revenez-vous ?
— Dois-je (obl. morale) retéléphoner aujourd'hui ?
— Le train part-il d'ici ?
— Quand part-il ?

— Darf ich Sie um Auskunft bitten?
— Ja, sicher, was brauchen Sie?
— Ich möchte den Weg nach München wissen.
  Bitte, wo ist die Straße nach München?
— Ich zeige sie, haben Sie eine Straßenkarte?
  Sehen sie die B 12?
— Bitte, wie lange dauert die Fahrt von hier?
— Sie dauert etwa zwanzig Minuten. Dann sind Sie
  im Zentrum.
— Danke schön [danke ʃøːn]. Ist es noch weit [vait]?
— Nur 5 Kilometer und Sie sind in München. Sie
  fahren immer geradeaus.
— Vielen Dank! [ˈfiːlən dank]
— Gute Fahrt! [guːtə faːrt]

— Puis-je vous demander un renseignement?
— Oui, bien sûr, que vous faut-il?
— J'aimerais connaître le chemin de Munich. Puis-je
  vous demander la route de Munich? (Je vous prie,
  où est la route de Munich?)
— Je (vous) la montre, avez-vous une carte routière?
  Voyez-vous la B 12?
— Combien de temps dure le trajet (à partir) d'ici?
— Il dure environ 20 minutes. Alors, vous êtes dans le
  centre.
— Merci beaucoup! Est-ce encore loin?
— Plus que 5 km et vous êtes à Munich. Vous allez
  (roulez) toujours tout droit!
— Merci beaucoup.
— Bon voyage! (bon trajet).

VOCABULAIRE

um Auskunft bitten	demander un renseignement
der Weg [veːk]	le chemin
den Weg wissen	connaître le chemin
die Straße [ʃtraːsə]	la route, la rue
etwa [ˈɛtva]	environ, à peu près
das Zentrum [ˈtsɛntrum]	le centre
geradeaus [gəraːdəˈaus]	tout droit

L'ACCUSATIF DU PRONOM PERSONNEL

er fragt	*mich*	er fragt	*uns*
ich frage	*dich*	ich frage	*euch*
ich frage	*ihn*	ich frage	*sie*
	sie	ich frage	*Sie*
	es		

Sie : forme polie (sing. + pluriel)
sie : 3ᵉ sing. féminin et 3ᵉ plur. (3 genres).

LES VERBES ET LES CAS

Certains verbes demandent toujours l'accusatif.
1) **fragen** : demander (poser une question)
2) **bitten** : demander (de faire quelque chose)
ich bitte dich : je te le demande.

TRADUIRE

— Me poses-tu la question à moi ou à lui ? (= me questionnes-tu ou lui ?)
— Non, je (le) demande à elle (question).
— Je vous (le) demande (de le faire).
— S'il vous plaît, Munich, est-ce encore loin ?
— Je vous demande du pain (das Brot).
— Je demande une chambre (das Zimmer) pour (für [fyːr]) une nuit.
— Avez-vous encore une chambre de libre ?
— Ils me demandent un renseignement.

— Bitte, ich suche [ˈzuːxə] ein Zimmer für eine Nacht. Finde ich das hier?
— Bestimmt [bəˈʃtimt], das Hotel [hoːˈtɛl] « Am Ring » ist nicht weit.
— Wie heißt das Hotel bitte?
— Am Ring.
— Wie komme ich dahin bitte?
— Sie gehen hier durch den Park. Die erste Straße links, da ist es.
— Ist das Hotel gut?
— Ja, gut und nicht teuer, es ist billig.
— Um wieviel Uhr kommt der Freund?
— Er kommt gegen fünf.
— Er kommt für mich. Ich kann ohne ihn nicht anfangen!

— (Je vous prie) Je cherche une chambre pour une nuit. Je trouve cela ici?
— Certainement, l'hôtel Am Ring n'est pas loin.
— Pardon, comment s'appelle l'hôtel?
— Am Ring [am ˈriŋ].
— Comment puis-je y arriver (dahin : vers là)?
— Vous traversez (aller à travers) le parc.
La première rue à gauche, c'est là.
— Est-ce un bon hôtel? (il est bon?)
— Oui, bon et pas cher, il est bon marché.
— A quelle heure vient l'ami?
— Il vient vers 5 heures.
— Il vient pour moi. Sans lui, je ne puis commencer!

VOCABULAIRE

die Straße links	la rue de gauche
billig [ˈbiliç]	bon marché
teuer	cher
ziemlich [ˈtsiːmliç]	plutôt
anfangen [ˈanfaŋən]	commencer
der Bus [bus]	l'autobus
das Taxi [ˈtaksi]	le taxi

VOCABULAIRE

drüben [ˈdryːbən] de l'autre côté
zu Fuß [tsu ˈfuːs] à pied
rechts [rɛçts] à droite
links [ˈlinks] à gauche
die Zimmersuche la quête d'une chambre

LES PRÉPOSITIONS ET L'ACCUSATIF

Les prépositions suivantes sont toujours suivies de l'accusatif :

durch [durç] : à travers : *durch den Park*
für [fyːr] : pour ; *für dich* : pour toi
gegen [ˈgeːgən] : *gegen Abend* [ˈaːbənt] : vers, aux approches du soir.
  er ist gegen mich : il est contre moi.
ohne [ˈoːnə] : sans ; *ohne dich* : sans toi.
um [um] : *um den Tisch* : autour de la table
      um 5 Uhr : à 5 heures
      um wieviel Uhr : à quelle heure
entlang [ˈɛntlaŋ] : en longeant, empruntant.
  er geht die Straße entlang : il emprunte la rue (remarquez la place de entlang !)

TRADUISEZ

— Traversez le parc et prenez la première rue à droite. C'est là. (là c'est).
— A quelle heure vient-elle ? Peut-il le savoir ? (Capacité)
— Dois-je prendre un bus ou un taxi ? Ou puis-je (y) aller à pied ?
— Pour lui, ce n'est pas nécessaire.
— Demandez lui.
— L'auto percute (roule contre) l'arbre. (der Baum)
— Je n'ai rien (nichts) contre vous, mais je le fais pour lui.
— Qui est contre moi ?

An der Grenze
Ich zeige dem Zöllner den Ausweis.
Den Zöllner frage ich :
— wieviel Alkohol darf man mitnehmen ? (emporter)
— Anderthalb Liter pro Person.
Dann sage ich dem Zöllner :
— Nichts zu verzollen.
— Haben Sie sonst nichts zu verzollen ?
— Wie viele Zigaretten und wieviel Kaffee darf man mitnehmen ?
— Dreihundert Zigaretten und ein Pfund Kaffee pro Person.
— Dann habe ich nichts zu verzollen.
— In Ordnung. Sie können weiterfahren.

A la frontière
Je montre la carte d'identité au douanier.
Je demande au douanier :
— combien d'alcool peut-on emporter ?
— Un litre et demi par personne.
Ensuite, je dis au douanier :
— Rien à déclarer.
— N'avez-vous rien à déclarer sinon ?
— Combien de cigarettes et combien de café peut-on emporter ?
— 300 cigarettes et une livre de café par personne.
— Alors, je n'ai rien à déclarer.
— Ça va. Vous pouvez passer.

VOCABULAIRE

anderthalb [andərt'halp]	un et demi
der Alkohol [ˈalkohɔl]	l'alcool
der Zöllner [ˈtsœlnər]	le douanier (familier)
in Ordnung [ˈ ɔrdnuŋ]	en ordre
die Zigarette/n (plur)	la cigarette
der Kaffee [ˈkafe]	le café (boisson)
das Pfund [pfunt]	la livre (500 g)
weiterfahren [ˈvaitərfaːrən]	passer
zollfrei	libre/ librement (sans taxe)
zeigen	montrer
wieviel ? [viː'fiːl]	combien ? devant un sing.
wie viele [viː'fiːlə]	combien ? devant un plur.

PLURIEL DES SUBSTANTIFS

der Ausländer [ˈauslɛndər] — die Ausländer : l'étranger
die Frau — die Frauen : la femme
das Kind [kint] — die Kinder : l'enfant

LE DATIF

Le datif est le cas de la personne à laquelle je donne,
montre... quelque chose (complément d'objet indirect —
COI).
Ich zeige de*m* Ausländer den Weg
ich zeige de*r* Frau den Weg
ich zeige de*m* Kind den Weg
ich zeige de*n* Ausländer*n* den Weg
ich zeige de*n* Frauen den Weg
ich zeige de*n* Kinder*n* den Weg
Formation du datif
masc. *fém.* *neu.* *plur.*
de*m* de*r* de*m* de*n* (+ n au substantif)
Le datif pluriel
Au datif pluriel, les substantifs prennent un « n » sauf s'ils
l'ont déjà, comme Frau (die Frauen) par exemple.
Place du datif
Le complément au datif précède celui à l'accusatif si l'un
et l'autre sont des substantifs. (C'est l'inverse si ce sont
des pronoms.)
Datif des mots interrogatifs
wem : à qui, se rapporte à une personne
Wem zeigt er den Weg ? : à qui montre-t-il le chemin ?
Attention Certains verbes ont leur complément d'objet
indirect à l'accusatif : ich frage *ihn*.

TRADUISEZ

1. A qui est-ce que je montre le chemin ? **2.** Je le
montre à l'enfant. **3.** Combien de cigarettes peut-on
prendre avec soi (emporter) ? **4.** N'avez-vous rien à
déclarer ? Des cigarettes, de l'alcool ou du café ?
5. Combien peut-on emporter librement ? **6.** A qui
est-ce que je montre le passeport ? **7.** Me donnez-
vous une cigarette ? **8.** Pouvez-vous indiquer le
chemin à l'étranger ? **9.** Montrez-vous votre carte
d'identité au douanier ? **10.** A qui la montrez-vous ?

Die Kamera gefällt mir

Im Fotogeschäft
— Ich möchte mir eine Kamera kaufen.
— In welcher Preisklasse? [ˈpraisklasə].
— Die Kamera hier zu 450 DM gefällt mir. Ist sie gut? (l'attribut = invariable).
— Das ist eine Markenkamera. Die kann ich Ihnen empfehlen. Soll ich Ihnen noch eine Kamera zeigen?
— Nein, danke, diese gefällt mir sehr.
— Die ist sehr [seːr] preiswert!
— Können Sie mir einen Film geben?
— Vierundzwanzig [ˈviːrunt ˈtsvantsiç] oder sechsunddreißig Aufnahmen?
— Wie lege ich den Film ein? Können Sie mir helfen? Danke schön. Das ist nett von Ihnen.
— Gerne gemacht! [ˈgɛrnə gəˈmaxt].

Chez le photographe
— Je voudrais (aimerais) m'acheter un appareil photographique.
— Dans quelle catégorie de prix?
— Cet appareil-ci de 450 DM me plaît. Est-il bon?
— C'est un appareil de marque. Je peux le recommander (inversion). Je vous montre (dois-je) encore un appareil?
— Non, merci, celui-ci me plaît beaucoup.
— Il est très avantageux (de prix)!
— Pouvez-vous me donner un film?
— De 24 ou 36 poses?
— Comment dois-je monter le film? (est-ce que je le monte). Pouvez-vous m'aider?
— Merci. C'est très gentil à (de) vous.
— Il n'y a pas de quoi! (= fait volontiers).

VOCABULAIRE

kaufen [ˈkaufən]	acheter
empfehlen [ɛmpˈfeːlən]	recommander
gefallen (es gefällt)	plaire
zeigen [ˈtsaigən]	montrer
helfen (+ datif!)	aider
den Film einlegen	monter le film (séparable)
preiswert [ˈpraisveːrt]	à prix avantageux
gut [guːt]	bon
freundlich [ˈfrɔyntliç]	gentil, amical
von + datif	de
die Kamera [ˈkaːmera]	l'appareil photographique
die Markenkamera	l'appareil de marque
die Preisklasse	la catégorie de prix
die Aufnahme (pl. + n) [ˈaufnaːmə]	la pose

LE DATIF DES PRONOMS PERSONNELS

er gibt *mir* (il me donne)
ich gebe *dir* (je te donne)
ich gebe *ihm* (je lui donne)
ich gebe *ihr* (je lui donne, à elle)
ich gebe *ihm* (je lui donne, neutre)
er gibt *uns* (il nous donne)
ich gebe *euch* (il vous donne, tutoiement)
ich gebe *ihnen* (je leur donne)
ich gebe *Ihnen* (je vous donne, poli)

TRADUISEZ

— A qui est (appartient) cet appareil ?
— Il est à moi. Mais je vous prie, aidez-moi. Comment monter le film ?
— Pouvez-vous me recommander un film ?
— De 24 ou 36 poses ?
— 36 poses.
— J'aimerais un film de marque.
— Je vous conseille ce film-ci. Il est bon. (L'attribut = invariable !)
— Je le prends alors.
— Comment dois-je le monter ?

19 | *Wohin? Zur Post oder zum Bahnhof?*

Gespräch
— Kommen Sie von der Post oder von zu Haus?
— Jetzt komme ich von der Post.
— Wohin gehen Sie jetzt?
— Nach Haus, aber ich muß zuerst zu meinem Onkel. Et hat Geburtstag [gə'burtstaːk].
— Gratulieren Sie ihm zum Geburtstag!
— Wo wohnt Ihr Onkel?
— Er wohnt dem Bahnhof gegenüber.
— Wann sind Sie dann zu Hause? Sind Sie um fünf Uhr zu Hause?
— Nein, bestimmt nach 5 Uhr.
— Dann komme ich gegen sechs [zɛks] Uhr. Ist das Ihnen recht?
— O ja, das paßt mir! (ou: es ist mir recht).

Conversation
— Venez-vous de la poste ou de chez vous?
— Maintenant, je viens de la poste.
— Où (vers où) allez-vous à présent?
— Chez moi, mais je dois d'abord aller chez mon oncle. C'est son anniversaire (= il a anniversaire).
— Félicitez-le pour son anniversaire!
— Où votre oncle habite-t-il?
— Il habite en face de la gare.
— Quand êtes-vous alors chez vous? Etes-vous chez vous à 5 h?
— Non, certainement après 5 h.
— Alors je viens vers 6 h. Ceci vous convient-il?
— Oh oui, ceci me convient!

VOCABULAIRE
zu dem Onkel: marque un mouvement vers une personne.
beim Onkel: marque une situation.
...gegenüber: vis-à-vis, en face de: *es ist der Post gegenüber.* On place généralement la préposition derrière le complément: *c'est en face de la poste.*

VOCABULAIRE

gratulieren + **datif** + **zu** + **datif** : féliciter quelqu'un pour quelque chose.
recht sein : convenir.
passen : convenir.

PRÉPOSITIONS QUI RÉGISSENT TOUJOURS LE DATIF

aus : origine, sortie (hors de) ; *aus dem Haus :* (hors de la maison, il la quitte).
bei : près de, chez ; *er wohnt bei der Tante* (il habite chez la tante).
mit : avec ; *mit der Freundin* [ˈfrɔyndin], *mit dem Auto* (moyen) : en auto.
nach : (direction) : vers ; *nach Haus(e) :* à (vers) la maison ; *nach Lyon :* vers Lyon ; après : *nach 8 Uhr :* après 8 h.
seit : depuis ; *seit einem* [ˈainəm] *Jahr* [jaːr].
von : de ; *weit vom Bahnhof* [ˈbaːnhoːf] loin de ; *nett von Ihnen :* gentil à vous.
zu : 1) direction vers personne : *er kommt zu mir* (chez moi) ; 2) expression idiomatique : *zu Haus* (à la maison), *zu Fuß* (à pied) ; 3) temps : *zu dieser Zeit :* en ce temps, *zu Weihnachten :* à la Noël ; 4) direction vers bâtiment : *zur Post.*

Contractions usuelles de certaines prépositions avec l'article défini :
bei + dem : **beim** - *beim Frühstück :* au petit déjeuner.
von + dem : **vom** - *es ist vom Onkel :* c'est de l'oncle.
zu + dem : **zum** - *zum Bahnhof :* à la gare.
zu + der : **zur** - *zur Post :* à la poste.

TRADUISEZ

1. A quelle heure vient votre ami ? **2.** Il peut venir chez moi vers 6 h. **3.** Cela vous va ou est-ce trop tôt ? (zu früh) [tsu fryː] **4.** Non, cela me convient bien. **5.** A 8 h il quitte la maison. **6.** Allez-vous à la poste ou à la gare ? **7.** Je vais d'abord [tsuˈeːrst] chez mon ami. **8.** Où habite votre oncle ? Est-ce loin d'ici ? **9.** C'est seulement à 5 minutes d'ici. **10.** Saluez-le de ma part.

1) Le pronom indéfini « kein, keine, keins » remplace un substantif au même titre que « ein, eine, eins », mais au négatif. Voyez la déclinaison du pronom indéfini dans le mémento grammatical. **Déclinez l'offre gentiment dans l'exercice suivant.**

Modèle : Möchtest du noch etwas Kaffee ? Nein, danke, ich möchte *keinen mehr*.
Aimerais-tu encore un peu de café ? Non, merci, je n'en veux (aimerais) plus.

a) Möchtest du noch etwas Bier ?
b) Möchte er noch etwas Brot ?
c) Möchtest du noch etwas Wein ?
d) Möchten Sie noch etwas Suppe ?
e) Möchtet ihr noch etwas Kaffee ?

2) Mettez le verbe modal au singulier :
a) Möchten sie ein Zimmer für eine Nacht ?
b) Dürft ihr mitkommen ?
c) Wollen Sie das Zimmer ?
d) Müßt ihr nach Hause gehen ?
e) Können Sie nicht kommen ?
f) Müssen wir das tun ?
g) Dürfen wir eine Zigarette anbieten ?

3) Employez « fragen » (demander un renseignement, questionner, poser une question) et « bitten » (demander pour obtenir). Demander un renseignement en général se dit : « um Auskunft bitten ». Les deux verbes demandent l'accusatif.

Traduisez :
a) Puis-je vous demander le chemin ?
b) Puis-je te demander un renseignement ?
c) Puis-je vous demander la carte routière ?
d) Puis-je te demander du pain ?
e) Puis-je vous demander le chemin de l'hôtel ?

---

4. Remplacez les substantifs par un pronom. Remarquez : pour les substantifs, le datif précède l'accusatif, pour les pronoms, c'est l'inverse !
Ich zeige dem Freund (D) den Weg (A).
Ich zeige ihn (A) ihm (D).
a) Ich gebe dem Freund den Rat (conseil).
b) Ich zeige dem Zöllner den Ausweis.
c) Ich biete dem Mann eine Zigarette an.
d) Ich zeige der Frau den Weg.
e) Empfiehlst du der Freundin die Fahrt ?
f) Kannst du dem Mann den Film geben ?

---

5. Remplissez avec la préposition correcte :
Er geht ... Onkel und ... Bäcker. Er wohnt ... ihr.
Er fährt ... Lyon. Jetzt geht er ... Bahnhof. Er
wohnt ... einem Jahr ... Deutschland. Das Hotel
liegt nicht weit ... Bahnhof. Wohnt er dem Bahnhof
...? Wie kommt er ? ... dem Auto oder ... Fuß ?
Geht er ... Hause ?

— Entschuldigen Sie, können Sie mir helfen? Ich brauche Feuer für die Zigarette.
— Verzeihen Sie mir, aber ich habe keins.
— Womit kann ich Ihnen dienen?
— Ich möchte den « Spiegel ».
— Wir haben leider keinen mehr.
— Haben Sie noch Zigaretten?
— Nein, wir haben keine mehr. Sie schaden der Gesundheit. Folgen Sie meinem Rat [ra:t]: Bier, Zigaretten und Kaffee können der Gesundheit schaden.

— Excusez-moi, pouvez-vous m'aider? J'ai besoin de feu pour ma cigarette.
— Pardonnez-moi, mais je n'en ai pas.
— En quoi (avec quoi) puis-je vous servir?
— J'aimerais le « Spiegel ».
— Nous n'en avons malheureusement plus.
— Avez-vous encore des cigarettes?
— Non, nous n'en avons plus. Elles nuisent à la santé. Suivez mon conseil : la bière, les cigarettes et le café peuvent nuire à la santé.

VOCABULAIRE

die Gesundheit [gə'zunthait]   la santé

LE PRONOM INDÉFINI NÉGATIF

Au nominatif:
  kein Mann: kein*er*
  keine Frau: kein*e*
  kein Feuer (das): kein*s* (feu)

VERBES RÉGISSANT LE DATIF

schaden (es schadet): nuire à
helfen (hilfst, hilft): aider
dienen: servir à
es geht mir gut: *je* me porte bien
folgen: suivre
danken: remercier
gratulieren + dat. + **zu** + dat: féliciter

Ces verbes régissent toujours le complément (qui se rapporte souvent à une personne) au datif:
  folgen Sie <u>mir</u>: suivez-moi.

Remarquez la tournure: es geht <u>*mir*</u> gut: *je* me porte bien
(ça va bien à moi).

TRADUISEZ

— Qu'est-ce qui nuit à votre santé, le café, la bière
  ou les cigarettes?
— Pardonnez-moi, mais je ne puis vous aider.
— Bonjour, en quoi puis-je vous servir?
— Avez-vous encore du café?
— Non, je n'en ai plus.
— Avez-vous encore de la bière?
— Malheureusement, je n'en ai plus.
— Pouvez-vous me donner du feu?
— Je n'en ai malheureusement plus.
— Vous pouvez (bitte) me suivre à la gare.

Die Autopanne: in der Werkstatt

— Guten Tag. Ich habe eine Panne. Können Sie das Auto abschleppen?
— Wo steht [ʃteːt] der Wagen?
— Auf der B 12, ein paar Kilometer vor [foːr] der Stadt [ʃtat] Die Kupplung ist kaputt.
— Ich schicke Ihnen einen Abschleppwagen, er bringt den Wagen in die Werkstatt. In der Werkstatt reparieren wir ihn.
— Hoffentlich ist die Reparatur nicht zu teuer. Sonst [zɔnst] rufen Sie mich an. Ich wohne im Hotel « Zur Krone » in der Stadt.

— Bonjour, j'ai une panne de voiture. Pouvez-vous dépanner la voiture?
— Où se trouve la voiture? [ˈvaːgən].
— Sur la B 12 (la Nationale 12), (à) quelques km de (avant) la ville. L'embrayage ne fonctionne plus (est cassé).
— Je vous envoie [ˈʃikə] une dépanneuse, elle amène la voiture au garage. Au garage, nous la réparons.
— J'espère (il est à espérer) que la réparation (inversion) n'est pas trop chère. Sinon vous me téléphonez. Je suis (habite) à l'hôtel « Zur Krone » [tsuːrˈkroːnə] (A la couronne) en ville.

VOCABULAIRE

die Garage [gaˈraːʒə]	garage pour garer
die Werkstatt [ˈvɛrkʃtat]	garage pour réparer
die Panne [ˈpanə]	panne
die Reparatur [reparaˈtuːr]	réparation
der Abschleppwagen [ˈapʃlɛpvaːgən]	dépanneuse
der Motor [ˈmoːtɔr]	moteur
die Autobahn [ˈautoːbaːn]	l'autoroute
die Bundesstraße [ˈbundəsʃtraːsə]	la Nationale
ein paar	quelques
abschleppen [ˈapʃlɛpən]	dépanner

PRÉPOSITIONS RÉGISSANT LE DATIF OU L'ACCUSATIF

an: à [an], coup de glotte
auf: sur [auf]
in: dans [in]
hinter: derrière [ˈhintər]
neben: à côté de [ˈneːbən]
über: au-dessus de [ˈyːbər]
unter: en dessous de [ˈuntər]
vor: devant [foːr]
zwischen: entre [ˈtsviʃən]

— Ces 9 prépositions (qui introduisent un complément de lieu) se construisent **avec le datif** lorsqu'elles expriment une **situation**:
  ich bin im Bahnhof: je suis à la gare (à l'intérieur)
  ich arbeite in der Fabrik: je travaille à l'usine
  (situation n'exclut pas une activité en général, mais ici la situation par rapport à l'usine ne change pas.)
— Elles se construisent **avec l'accusatif** (sens de lieu), si elles expriment une **direction, un mouvement** vers le lieu:
  ich gehe ins Zimmer: je vais dans la chambre,
  ich gehe ans Fenster: je vais à la fenêtre (= vers).

Contractions de prépositions
an + dem = **am**
an + das = **ans**
auf + das = **aufs**
in + dem = **im**
in + das = **ins**
über + das = **übers**
von + dem = **vom**

TRADUISEZ

Allo, j'ai une panne au moteur. Pouvez-vous m'envoyer une dépanneuse? Où êtes-vous? Sur l'autoroute A 6 en direction de Munich, au km 236 (chiffres: voir leçon 32). Peut-être pouvons-nous la réparer sur place (an Ort und Stelle [ˈʃtɛlə]). Sinon, nous devons la remorquer.

Toni fährt nicht mit dem Auto zum Freund; er wohnt nicht weit vom Hotel. Er läßt das Auto im Hotel, denn er geht zu Fuß. Er sieht den Stadtplan ein und findet die Ludwigstraße. Es wird nicht schwer [ʃveːr] sein, den Weg [deːn veːk] zu finden. Er klingelt an der Tür und der Freund macht auf.
— Allo Paul, [paul] wie geht's dir?
— Danke, gut. Es freut mich dich wiederzusehen.
Er spricht lange mit dem Freund, aber es wird spät [ʃpɛːt]. Er muß zum Hotel zurückgehen [tsuˈrykgeːən]. Er begrüßt [bəˈgryːst] den Freund und nimmt Abschied von ihm. Der Tag [taːk] war schön!

Toni ne va pas en voiture chez son ami; il n'habite pas loin de l'hôtel. Il laisse la voiture à l'hôtel, car il va à pied. Il regarde le plan de la ville et trouve la Ludwigstraße [ˈlutviçʃtraːsə]. Il ne sera pas difficile de trouver le chemin. Il sonne à la porte et l'ami ouvre [ˈaufmachən].
— Bonjour (allo) Paul, comment vas-tu?
— Merci, très bien. Je me réjouis de te revoir.
Il parle longuement avec l'ami, mais il se fait (devient) tard. Il doit retourner à l'hôtel. Il salue l'ami et prend congé de lui. La journée fut (était) belle.

VOCABULAIRE

der Stadtplan [ˈʃtatplaːn]	plan de la ville
der Abschied [ˈapʃiːt]	adieu, séparation
den Weg finden [veːk]	trouver le chemin
die Tür öffnen	ouvrir la porte
wiedersehen [ˈviːdərseːən]	revoir (verbe séparable)
sich unterhalten	
[ziç untərˈhaltən]	(inséparable) s'entretenir
der Besuch [bəˈzuːx]	la visite

CONJUGAISON DES VERBES FORTS

	laufen	**lassen**	**halten**	**sprechen**
	(courir)	*(laisser)*	*(arrêter)*	*(parler)*
ich	laufe	lasse	halte	spreche
du	läufst	läßt	hältst	sprichst
er	läuft	läßt	hält	spricht
wir	laufen	lassen	halten	sprechen
ihr	lauft	laßt	haltet	sprecht
sie	laufen	lassen	halten	sprechen
Sie	laufen	lassen	halten	sprechen

	lesen	**nehmen**	**werden**
	(lire)	*(prendre)*	*(devenir)*
ich	lese	nehme	werde
du	liest	nimmst	wirst
er	liest	nimmt	wird
wir	lesen	nehmen	werden
ihr	lest	nehmt	werdet
sie	lesen	nehmen	werden
Sie	lesen	nehmen	werden

Les verbes forts, qui changent la voyelle du radical, correspondent plus ou moins aux verbes irréguliers anglais.
— **si le radical se termine en s/ss/ß,** ils ne prennent pas de « s » à la 2e personne du singulier.
— **si le radical se termine en d/t,** ils prennent un « e » à la 2e et 3e personnes du singulier, sauf s'ils changent la voyelle du radical : du hältst.

EXERCICE

Mettez la forme correcte du verbe

1. Wohin (fahren) du jetzt ? **2.** Wem [veːm] (öffnen) er die Tür ? **3.** Wer [veːr] (klingeln) an der Tür ? **4.** Mit wem (sprechen) ihr ? **5.** Du (wiedersehen) mich endlich ! **6.** Es (werden) schon [ʃoːn] spät [ʃpɛːt]. **7.** Was (lesen) er wieder ? **8.** Wann (nehmen) er Abschied ? **9.** Das Auto (halten) vor der Tür. **10.** (Finden) du den Weg nicht ?

Wer war in meinem Haus?

Als ich gestern Abend nach Haus zurückkehrte, da erwartete mich eine Überraschung. Und was für eine! Ich holte den Schlüssel aus der Tasche und wollte die Tür aufschließen [ˈaufʃliːsən].
Aber sie war offen! Und ich dachte: «Die Tür war doch zu, als ich fortging!» Da mußte doch jemand drinnen gewesen sein! Ja, da war ich ganz sicher!

Qui a été (fut) dans ma maison?

Lorsque, hier soir, je rentrai chez moi (à la maison), une surprise m'attendait. Et quelle (surprise)! Je retirai (cherchai) la clé de ma (la) poche et voulus ouvrir (avec la clef) la porte. Mais elle était ouverte! Et je pensai: «la porte était tout de même fermée, lorsque je suis parti (je partis)!» Quelqu'un doit avoir été à l'intérieur! (*rem*: l'inversion après «da») J'en étais tout à fait certain! (= oui, là, j'étais certain).

VOCABULAIRE

erwarten	attendre
zurückkehren	(sép.) rentrer
die Tür aufschließen/zuschließen	(sép.) ouvrir/fermer à clef
fortgehen (ging fort)	partir

L'IMPARFAIT DES VERBES MODAUX

Le Umlaut disparaît!
mögen (être possible, aimer): ich mochte...
müssen (devoir): ich mußte...
dürfen (pouvoir): ich durfte...
sollen (devoir): ich sollte...
wollen (vouloir): ich wollte...
werden (devenir): ich wurde...
wissen (savoir): ich wußte...
können (pouvoir): ich konnte...

L'IMPARFAIT DES VERBES FAIBLES

	reisen *(voyager)*	**arbeiten** *(travailler)*	**haben** *(avoir)*
ich	reiste	arbeitete	hatte
du	reistest	arbeitetest	hattest
er	reiste	arbeitete	hatte
wir	reisten	arbeiteten	hatten
ihr	reistet	arbeitetet	hattet
sie	reisten	arbeiteten	hatten

L'imparfait relate un fait passé sans rapport avec le présent ou avec le narrateur. C'est le temps de la **description** ou de la **narration** (souvent distante): *als er zurückkehrte...* Il est moins employé que le passé composé.

Formation:

singulier 1. radical + (e)te   pluriel 1. radical + (e)ten
          2.   + (e)test   2.   + (e)tet
          3.   + (e)te   3.   + (e)ten

Si le radical du verbe faible, se termine par **une dentale** (d/t) on ajoute « e » devant le t: ich arbei<u>te</u>te.

L'IMPARFAIT DES VERBES MIXTES

A l'imparfait, ces verbes ont la même terminaison que les verbes faibles, mais changent une voyelle ou une consonne du radical.

denken (penser): ich d<u>a</u>chte...
bringen (apporter): ich br<u>a</u>chte...
nennen (nommer): ich n<u>a</u>nnte...

L'INVERSION

1. Lorsque la principale suit la subordonnée il y a inversion: *...sagte er.*
2. **als** = conjonction qui introduit une subordonnée: le verbe conjugué sera rejeté à la fin de la proposition: *als ich nach Haus zurückkehrte.*

RÉPONDEZ AUX QUESTIONS

1. Wann kehrte er/sie nach Hause zurück? **2.** Was erwartete ihn zu Haus(e)? **3.** Was holte er/sie aus der Tasche und was wollte er/sie aufschließen? **4.** Was war mit der Tür los? **5.** Was dachte der Mann? **6.** Was vermutete der Mann? vermuten [fɛrˈmuːtən]: supposer.

Und da stand die Tür halb offen! Ein Einbrecher?
Ich ging hinein und fand alles durchwühlt. Zum
Glück waren keine Wertsachen im Haus. In dieser
Nacht schlief ich ganz schlecht. Was sollte ich tun?
Sollte ich zur Polizei gehen oder gegen Unbekannt
Anzeige erstatten? Oder nichts tun? Ich konnte
mich nicht entschließen.

Et voilà la porte entrouverte! Un cambrioleur? J'entrai
et trouvai (que) tout (était) farfouillé. Heureusement, il
n'y avait pas d'objets de valeur dans la maison. Cette
nuit-là, je dormis fort mal. Que faire (que devais-je
faire)? Devais-je aller à la police ou déposer plainte
contre X (inconnu)? Ou ne rien faire? Je ne parvenais
(pouvais) pas à me décider.

VOCABULAIRE

der Einbrecher [ˈainbrɛçər]	cambrioleur
die Wertsachen [ˈveːrtzaxən]	objets de valeur
zum Glück [tsum ˈglyk]	heureusement
die Polizei [poliˈtsai]	la police
Anzeige erstatten	déposer plainte
[ˈantsaigə ɛrˈʃtatən]	
Anzeige gegen Unbekannt	plainte contre X
hineingehen [hiˈnaingeːən]	entrer
halb offen	entrouvert
die Nacht	la nuit
schlecht	mal, mauvais
halten [ˈhaltən] (hielt)	tenir
schließen [ʃliːsən] (schloß)	fermer
schafen [ʃlaːfən] (schlief)	dormir
tun [tuːn] (tat)	faire
sich entschließen	se décider (verbe pronominal)
sein (war)	être
gehen (ging)	aller
finden (fand)	trouver

L'IMPARFAIT DES VERBES FORTS

	sein	gehen	finden
ich	war	ging	fand
du	warst	gingst	fand(e)st
er	war	ging	fand
wir	waren	gingen	fanden
ihr	wart	gingt	fand(e)t
sie	waren	gingen	fanden

1. Ils changent une voyelle (ou une consonne) du radical.

2. Terminaisons :
singulier : 1. —   pluriel 1. — en
2. — (e)st   2. — (e)t
3. —   3. — en

3. à la 2ᵉ personne ils peuvent prendre (e) après <u>d/t</u> : du find(e)st, du hielt(e)st, ihr fand(e)t

4. après ß, s, z en fin de radical, on n'ajoute plus de « s » à la 2ᵉ personne du singulier : du schloßt.

LES VERBES PRONOMINAUX

ich entschloß **mich**
du entschlossest **dich**
er entschloß **sich**
wir entschlossen **uns**
ihr entschloßt **euch**
sie entschlossen **sich**
Sie entschlossen **sich**

EXERCICES

Répondez aux questions
1. Wie war die Tür? **2.** Wußte er, wer drinnen gewesen war? **3.** Wie fand er das Haus? **4.** Was war noch ein Glück? **5.** Schlief er gut in dieser Nacht? **6.** Was konnte der Mann tun? Was fragte er sich?

Traduisez
1. Il alla chez son ami. **2.** Je me décidai à aller chez lui. **3.** Comment trouva-t-il le repas? **4.** Par bonheur, la police était là!

Die Bahnreise

Ich fahre ins Ausland. Ich gehe zum Bahnhof und löse eine Fahrkarte zweiter Klasse, nicht einfach, sondern eine Rückfahrkarte.

— Einmal München, Rückfahrkarte.

Ich nehme den Schnellzug mit Zuschlag. Ich kaufe noch schnell eine Zeitung. Ich gehe zum Bahnsteig, Gleis 13. Dort steige ich ein und lege das Gepäck ins Netz und setze mich ins Abteil. Dort sitzt man gut und bequem. Ich kann ruhig meine Zeitung lesen. In München steige ich aus.

Le voyage en train.

Je me rends à (acc.) l'étranger. Je vais à la gare et prends un ticket de 2ᵉ classe, non pas un aller simple, mais un ticket aller et retour.

— Un ticket pour Munich, aller et retour.

Je prends l'express avec supplément. J'achète encore vite un journal. Je vais sur le quai, voie 13. Là, je monte et je dépose (couche) les bagages dans le filet et je m'installe (m'assieds) dans le compartiment. On y est installé bien et confortablement. Je puis lire tranquillement mon journal. A Munich, je descends.

VOCABULAIRE

einfach	aller (simple)
ins Ausland	à l'étranger (mouvement)
die Fahrkarte lösen [ˈløːzən]	prendre un ticket
der Personenzug	l'omnibus
der Eilzug	le direct
der Schnellzug [tsuːk]	express
der Zuschlag [ˈtsuːʃlaːk]	supplément
ein- und aussteigen	monter et descendre
bequem [bəˈkveːm]	comfortable(ment)
das Gleis	la voie
der Bahnsteig [ˈbaːnʃtaik]	quai
die Rückfahrkarte	le ticket aller et retour
das Gepäck	les bagages
das Netz	le filet
das Abteil	le compartiment
die Zeitung	le journal
sondern [ˈzɔndərn]	mais, après négation
ruhig	tranquille(ment)
nehmen (nahm)	prendre
kaufen	acheter

LES VERBES DE POSITION

Ils peuvent être transitifs (vt) ou intransitifs (vi).

stehen (vi) ; stand, gestanden : se trouver
er stand [ʃtant] *vor* [foːr] *dem Fenster* [ˈfɛnstər] : il se trouvait devant la fenêtre
stellen (vt) stellte, gestellt : placer
er stellte die Vase [ˈvaːzə] *vor das Fenster* : il mettait le vase devant la fenêtre
sitzen (vi), saß, gesessen : être assis
er saß [saːs] *auf dem Stuhl* : il était assis sur la chaise
setzen (vt), setzte, gesetzt : placer (asseoir)
er setzte das Kind auf den Stuhl : il asseyait l'enfant sur la chaise
liegen (vi), lag, gelegen : être couché
er lag [laːk] *im Bett* [bɛt] (le lit) : il était couché dans son lit
legen (vt), legte, gelegt : déposer (en posit. couchée)
er legte [leːktə] *sich ins Bett* : il se coucha dans son lit
hängen (vi), hing, gehangen : être accroché
der Mantel hing am Haken : le manteau pendait au crochet
hängen (vt), hängte, gehängt : pendre
er hängte ihn an den Haken [haːkən] : il l'accrocha
stecken (vi), steckte, gesteckt : être enfoncé
die Hand steckte in der Tasche : la main était en poche
stecken (vt), steckte, gesteckt : enfoncer
er steckte die Hand in die Tasche : il mit la main en poche

1. **le verbe intransitif est fort,** sa préposition demande un datif.
2. **le verbe transitif est faible,** sa préposition demande l'accusatif.
3. ceci pour autant que les prépositions demandent le datif ou l'accusatif (in, an...).

EXERCICES

Mettez le verbe entre parenthèses à l'imparfait.
Ich (fahren) ins Ausland. Ich (gehen) zum Bahnhof und (lösen) eine Fahrkarte zweiter Klasse, nicht einfach, sondern eine Rückfahrkarte. Ich (nehmen) einen Schnellzug. Ich (kaufen) noch schnell eine Zeitung. Ich (gehen) zum Bahnsteig. Dort (steigen) ich ein, (legen) ich das Gepäck ins Netz und (setzen) mich. Dort (sitzen) man gut und bequem und ich (können) meine Zeitung lesen. In München (steigen) ich aus.

— Wo hast du denn gesteckt? Du warst nicht bei Meyer ['maiər] um elf Uhr?
— Nein, es stimmt. Ich konnte nicht dasein ['daːzain]
— Hast du so lange gearbeitet?
— Es hat den ganzen Vormittag geregnet [gə'reːknət] Und ich wollte noch ein Taxi bestellen, aber keins war frei. Und mit der Straßenbahn konnte ich nicht mehr fahren. Dazu ['daːtsuː] war es zu spät.
— Warum hast du nicht telefoniert?
— Entschuldigung, das habe ich ganz vergessen!

— Où as-tu été? Tu n'étais pas chez Meyer à 11 heures?
— Non, c'est correct. Je ne pus y être.
— As-tu travaillé si longtemps? [ge'arbaitət].
— Il a plu toute la matinée. Et je voulus encore commander un taxi, mais aucun (neutre) n'était libre. Et je ne pouvais plus me déplacer en tram. Pour cela, il était trop tard [ʃpɛːt].
— Pourquoi n'as-tu pas téléphoné? (pas de *ge*)
— Excuse-moi, j'ai complètement oublié cela.

VOCABULAIRE

Wo hast du gesteckt: allemand usuel
  pour: **wo bist du gewesen?:** où es-tu allé?

elf Uhr	11 heures (moment)
elf Stunden	11 heures (durée)
der ganze Vormittag	toute la matinée
['gantsə 'foːrmitaːk]	
der Zug [tsuːk]	le train
die U-Bahn ['uːbaːn]	le métro
die Straßenbahn	le tram
['ʃtraːsənbaːn]	
dasein ['daːzain]	y être
telefonieren [teːleːfo'niːrən]	téléphoner
es stimmt	c'est juste
arbeiten	travailler
lange	longtemps
regnen	pleuvoir
bestellen	commander
dazu	pour cela

VOCABULAIRE

spät	tard
Entschuldigung!	pardon! excusez-moi
ganz	tout à fait, complètement
vergessen	oublier

LE PASSÉ COMPOSÉ (DAS PERFEKT)

On l'utilise, si la relation avec le présent ou avec la personne qui parle est importante.

On l'emploie aussi pour le passé immédiat : il a plu (pleuvoir) : *es hat geregnet.*

Ainsi que pour la supposition : *da ist doch etwas gefallen?* Il y a quelque chose qui vient de tomber?

Ce temps est bien plus fréquent que l'imparfait (nommé aussi prétérit), surtout en Allemagne du Sud.

Formation :

présent de <u>haben/sein</u> + participe passé du verbe.

LE PARTICIPE PASSÉ
DES VERBES FAIBLES ET MIXTES

Formation : ge + radical + **(e)t**

— **Les verbes en** « <u>ieren</u> » n'ont pas de « <u>ge</u> » : passieren, passiert (passer).

— **Les verbes séparables :** placent le « ge » entre la particule et le radical : *abgeholt* (allé chercher).

— **Les préfixes :** be-, er-, ge-, ver-, zer-, sont toujours inséparables et il n'y a pas de « <u>ge</u> » au participe passé : *er hat es entdeckt* (découvert).

TRADUISEZ

1. Il a plu toute la journée. **2.** Où as-tu été hier? **3.** Pourquoi ne (m')as-tu pas téléphoné? **4.** Pourquoi ne pouvais-tu pas aller en (avec) taxi? **5.** As-tu dicté la lettre à la secrétaire? **6.** Combien de temps (combien longtemps) as-tu déjà travaillé (arbeiten)? **7.** Je t'ai attendu jusque 14 h. (warten auf + acc., bis + acc.) **8.** Ne pouvais-tu pas aller en(avec) tram ou en métro?

Unfall auf der Straße
— Was ist passiert?
— Heute morgen gegen acht Uhr hat ein Bus ein Auto angefahren (tamponner). Im Bus waren sechs Personen verletzt. Der Autofahrer war schwer verletzt und man hat ihn sofort ins Krankenhaus gebracht. Nach dem Unfall kam die Polizei. Sie hat alles protokolliert und die Zeugen haben die Protokolle unterschreiben müssen.

Accident dans la rue
— Que s'est-il passé?
— Ce matin (aujourd'hui matin) vers 8 heures, un bus a tamponné une voiture (inversion). Il y eut 6 blessés dans le bus. (Dans le bus il y avait 6 blessés). L'automobiliste était grièvement blessé et on l'a transporté immédiatement à l'hôpital. Après l'accident, la police est venue (vint). Elle a tout enregistré (a dressé procès-verbal) et les témoins ont dû signer les procès-verbaux.

VOCABULAIRE

Was ist passiert??	que s'est-il passé?
	Was ist (dir) passiert?
heute morgen [hɔytə]	ce matin (= aujourd'hui matin)
anfahren (accent sur « an » = séparable)	tamponner
ins... bringen (bracht)	transporter à...
protokollieren (accent sur « ie » = inséparable) :	enregistrer, aussi verbaliser
der Zeuge/n [ˈtsɔygə]	le témoin
unterschreiben, unterschrieb, hat unterschrieben (accent sur « ei » = inséparable)	signer
es gibt	il y a + accusatif
verletzen	blesser
der Autofahrer	l'automobiliste
schwer	gravement
das Krankenhaus	l'hôpital
der Unfall	l'accident.

LE PARTICIPE PASSÉ DES VERBES FORTS

Les **verbes forts** changent une voyelle ou consonne du radical (comme à l'imparfait) et prennent invariablement : **ge** + radical + **en** au participe passé.

— **pour les verbes séparables** : le **ge** se place entre la particule et le radical : *du bist heute mit**ge**kommen.*
— **les verbes inséparables** n'ont pas de **ge** : ici on retrouve les mêmes préfixes inséparables : be-, er-, ge-, ver-, zer-, ent- : *ich habe es verstanden* (compris : [fɛrˈʃtandən]).
— Si le verbe composé a **l'accent tonique sur la particule**, il est séparable : *das Auto hat den Mann **um**gefahren* (a renversé l'homme) mais : *es um**fährt** die Stadt* : elle contourne la ville. Dans le second cas, **l'accent tonique tombe sur le radical**, le verbe est inséparable. Faites donc bien attention à l'accent tonique.

TRADUISEZ

1. Que s'est-il passé ? **2.** Il y a eu un accident dans la rue (imparfait). **3.** Y a-t-il eu (imparf.) des blessés ? **4.** La voiture a renversé (umfahren, accent sur « um » = séparable) le piéton (der Fußgänger). **5.** Un tram a tamponné la voiture. **6.** Dans le tram, il y avait des blessés. On les a conduits à l'hôpital. **7.** Mais heureusement, personne (niemand) ne fut grièvement (imparf.) blessé. **8.** La police a tout enregistré. **9.** Et les témoins ont signé les procès-verbaux.

Ich bin spät eingeschlafen

Morgens bin ich um sieben Uhr aufgestanden. Ich habe mich angezogen und ich habe um halb acht gefrühstückt. Um acht Uhr bin ich zur Arbeit gefahren. Um 12 Uhr habe ich zu Mittag gegessen und dann habe ich weitergearbeitet. Gegen 4 Uhr war ich mit der Arbeit fertig. Ich bin zurück nach Hause gefahren. Ich bin noch abends mit der Frau ins Kino gegangen. Nach der Vorstellung sind wir noch in ein Café gegangen und haben noch etwas getrunken. Am Abend war ich sehr müde und ich bin gleich eingeschlafen.

Je me suis endormi tard

Ce matin, je me suis levé à 7 heures. Je me suis habillé et j'ai pris mon petit déjeuner à 7 h 30. A 8 heures, je me suis rendu au travail (avec un moyen de locomotion). A midi, j'ai déjeuné et j'ai continué à travailler. Vers 4 heures, j'avais fini de travailler (j'étais prêt avec le travail). Je suis rentré à la maison. Le soir, j'ai encore été avec ma (la) femme au cinéma. Après la séance, nous sommes encore allés dans un café et nous avons encore bu quelque chose. Le soir, j'étais très fatigué et je me suis endormi immédiatement.

EMPLOI DE ⟨haben⟩ OU ⟨sein⟩ AU PASSÉ COMPOSÉ

En règle générale, on emploie **le verbe haben** :
haben (au présent) + participe passé du verbe
  ich habe ihn getroffen : je l'ai rencontré
  er hat sich gewaschen : il s'est lavé (verbes réfléchis + **haben**)

On emploie **le verbe sein** :
1. Avec les verbes sein, bleiben, werden
   er ist alt geworden (il est devenu vieux)
2. Avec les verbes exprimant **un mouvement** (but) :
   er ist (nach Haus) gefahren
3. Avec les verbes marquant un **changement d'état** du sujet :
   ich bin spät eingeschlafen.

VOCABULAIRE

aufstehen, bin aufgestanden	se lever
sich anziehen,	s'habiller, (séparable, accent
hat sich angezogen	sur « an »)
frühstücken (v. simple),	prendre un petit déjeuner
gefrühstückt [gə'fryːʃtykt]	
essen, gegessen [gə'gɛsən]	manger
zu Mittag/Abend essen	déjeuner, dîner
ins Kino gehen	aller au cinéma
trinken, getrunken	boire
einschlafen, eingeschlafen	s'endormir
die Stunde [ˈʃtundə]	l'heure (60 min.)
die Uhr [uːr]	l'heure (précise)
bleiben, ist geblieben	rester
werden, ist geworden	devenir
weiterarbeiten	continuer à travailler
fertig sein	être prêt, avoir fini
die Vorstellung	la séance
müde	fatigué
gleich	tout de suite

LES COMPLÉMENTS ET ADVERBES DE TEMPS

Différence entre **am Abend** et **abends** (le soir), **am Morgen** et **morgens** (le matin) :
— préposition + substantif : complément de temps.
  Marque un événement plus occasionnel.
— **morgens** et **abends** : adverbes de temps.
  Marquent davantage une habitude.

TRADUISEZ

1. Je me suis rendu chez mon oncle. **2.** Il a pris le petit déjeuner à 9 h. **3.** A 9 h, il a été au bureau. **4.** Au soir, il a été au théâtre. **5.** La séance a duré 2 heures (dauern). **6.** Après la séance, nous nous sommes installés (sich setzen) dans un café. **7.** Là, nous sommes restés deux heures. **8.** Après cela, nous sommes rentrés chez nous. Il s'est fait fort tard (il est devenu très tard).

1. Répondez affirmativement au passé composé (attention au cas et au verbe : leç. 26)
Modèle : Sitzt das Kind auf dem Stuhl ? Ja, ich habe es auf **den** Stuhl **gesetzt**.

1. Steht das Buch im Regal (étagère) ?
2. Liegt das Kind im Bett ?
3. Steckt der Schlüssel im Schloß ?
4. Hängt der Mantel schon am Haken ?
5. Steckt das Taschentuch in der Tasche ?

2. Répondez négativement. Attention au verbe et au cas !
Modèle : Ist Herr Schmitt am Telefon ? Nein, er **kommt** gleich **ans** Telefon.

1. Ist Inge schon zu Hause ?
2. Bin ich an der Reihe ? (an der Reihe sein : avoir son tour)
3. Sind wir auf der Autobahn ?
4. Ist er schon in der Stadt ?
5. Ist Tonia schon im Büro ?

3. Confirmez au passé composé :

Modèle : Gestern schlief er am Schreibtisch (der Schreibtisch : bureau/meuble) — Ja, er hat am Schreibtisch geschlafen (-s Büro : lieu de travail).

1. Heute morgen rasierte er sich nicht.
2. Heute morgen frühstückte ich um 7 Uhr.
3. Vorgestern (avant-hier) verfuhr er sich (s'égarer) mit dem Wagen.
4. Gestern blieb er eine Stunde länger (de plus) im Büro.
5. Gestern schlief er spät ein.
6. Er stand heute morgen schon um 6 Uhr auf.
7. Kam er zu spät ?
8. Hielt der Zug in Aachen ?
9. Ging er zu Fuß dahin ?

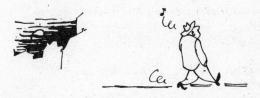

4. Traduisez

1. Je lui ai demandé le chemin.
2. Fumer fait du tort à la santé.
3. A-t-elle aidé son amie ?
4. Aida-t-il son ami ?
5. Aida-t-il son amie ?
6. A-t-elle aidé son ami ?
7. Je l'ai félicité pour son anniversaire.
8. Il m'a vivement (herzlich) remercié.
9. Pourquoi ne lui a-t-il pas demandé ?
10. Estimes-tu cela correct (für richtig halten) ?
11. Pourquoi ne m'aides-tu pas ?
12. Ne l'as-tu pas invité ?
13. Lui avez-vous offert une cigarette ?
14. Quand es-tu parti (en voiture) ?
15. J'ai fait sa connaissance hier (kennenlernen : [ˈkɛnənlɛrnən]).

Bei Tisch
— Bitte setzen Sie sich doch!
— Karl, gib mal das Salz her bitte.
  In der Suppe ist zu wenig Salz.
— Möchtest du etwas Brot?
— Ja, gerne. Aber Karl, kannst du mir auch die
  Butter geben?
— Ja, gerne. Bitte sehr!
— Danke sehr. Das ist sehr nett von dir.
— Es ist warm hier. Karl, mach das Fenster auf bitte.
— Jetzt wird es zu kalt. Karl und Peter, macht das
  Fenster und die Tür zu!
— Karl, das Essen war hervorragend.
  Ich danke dir sehr herzlich!

— Karl an Peter: Ruf mal ein Taxi an!
— Peter: Ist schon gemacht!

A table
— Je vous prie, asseyez-vous donc (doch)!
— Karl, passe (un peu) le sel, s'il te plaît.
  Il y a trop peu de sel dans la soupe.
— Aimerais-tu un peu de pain?
— Oui, volontiers. Mais Karl, peux-tu me donner aussi
  le beurre?
— Oui, volontiers. Voici (je t'en prie)!
— Merci beaucoup. C'est très gentil à toi.
— Il fait chaud ici. Karl, ouvre la fenêtre, s'il te plaît.
— Maintenant il fait trop froid. Karl et Peter, fermez la
  fenêtre et la porte!
— Karl, le repas était excellent. Je te remercie très
  cordialement!

— Karl à Peter: téléphone (un peu) (pour) un taxi!
— Peter: C'est déjà fait!

VOCABULAIRE

-s Salz [ˈzalts]	sel
-r Zucker [ˈtsukər]	sucre
hergeben [ˈheːrgeːbən]	passer
-e Butter [ˈbutər]	beurre
nett	gentil, aimable
aufmachen [ˈauf]	ouvrir
zumachen [ˈtsuː]	fermer
hervorragend [hɛrˈfoːraːgənt]	excellent
herzlich [ˈhɛrts]	cordial(ement)
anrufen [ˈan]	téléphoner

L'IMPÉRATIF

Il rend l'invitation, une exhortation ou un ordre.

Formation

— *2ᵉ personne du singulier :* infinitif _sans n_.
Mais dans la langue courante le _e_ tombe souvent, sauf après t/chn/fn en fin de radical.
  frag ihn doch, antworte mir

Verbes forts : le « a » du radical ne prend pas d'Umlaut et le « e » du radical devient « i ».
  fahr nicht so schnell !
  sprich leiser (parle moins fort)

— *2ᵉ personne du pluriel :* forme de l'indicatif (ihr), mais sans pronom : fragt ihn doch ! (demande-lui donc = forme de tutoiement pluriel).

— *forme polie :* forme de l'indicatif (Sie) en inversant le pronom :
  fragen Sie ihn doch !

TRADUISEZ

1. Ne roule donc (doch) pas si vite ! **2.** Pierre, passe-moi le sucre, s'il te plaît. **3.** Attendez (warten) ici (poli + tutoiement). **4.** Déposez-le là (poli) (hinlegen). **5.** Demandez (fragen)-le lui (poli) ! **6.** Montre-moi (zeigen) ! **7.** Parlez plus lentement (tutoiement) ! **8.** Parle moins fort (leiser) ! **9.** Tiens-le un peu (mal 'festhalten) ! **10.** Réveillez-moi à 7 heures demain matin (wecken) !

In der Bäckerei
— Haben Sie Brot?
— Welches möchten Sie, Weiß- oder Schwarzbrot?
— Haben Sie Vollkornbrot?
— Ja, wieviel Stück?
— Nur eins von 400 Gramm (400 g).
— Soll ich es einpacken [ˈain]?
— Ja, gern(e). Haben Sie auch Brötchen?
— Ja, wie viele möchten Sie?
— Ich möchte 5.
— Bitte sehr. Das macht zusammen 12,50 DM(Mark).
— Können Sie auf 50 Mark herausgeben?

A la boulangerie
— Avez-vous du pain?
— Quel pain (lequel) voulez-vous, du pain blanc ou du pain gris (= pain noir)?
— Avez-vous du pain (de seigle) complet?
— Oui, combien (de pièces) faut-il?
— Seulement un de 400 grammes.
— Dois-je l'emballer?
— Oui, volontiers. Avez-vous aussi des petits pains?
— Oui, combien en voulez-vous?
— J'en voudrais 5.
— Voici. Cela fait en tout 12,50 DM.
— Pouvez-vous rendre sur 50 DM?

Auf dem Markt:
— Sind diese Äpfel saftig?

— Ja, sehr saftig.
— Wieviel kosten die?
— 3,50 DM das Pfund (je Pfund).
— Ich nehme ein Kilo (-s). Können Sie das bitte in eine Tüte tun?
— Das macht sieben Mark.

Au marché:
— Ces pommes sont-elles juteuses?
— Oui, très juteuses.
— Combien coûtent-elles?
— 3,50 DM la livre (par livre)
— J'en prends un kilo. Pouvez-vous les mettre dans un sachet [ˈtyːtə]?
— Cela fait sept marks.

VOCABULAIRE

-s Salz	sel
-r Salat	salade
-r Zucker	sucre
-e Kartoffel(n)	pomme(s) de terre

LES CHIFFRES

1 eins	11 elf	
2 zwei	12 zwölf	(20) zwanzig
3 drei	13 dreizehn	(30) dreißig
4 vier	14 vierzehn	(40) vierzig
5 fünf	15 fünfzehn	(50) fünfzig
6 sechs	16 sechzehn	(60) sechzig
7 sieben	17 siebzehn	(70) siebzig
8 acht	18 achtzehn	(80) achtzig
9 neun	19 neunzehn	(90) neunzig
10 zehn	20 zwanzig	(100) (ein)hundert

21 ein*und*zwanzig
110 (ein)hundertzehn
200 zweihundert
222 zweihundertzweiundzwanzig (1 mot)
999 neunhundertneunundneunzig !
3 000 000 drei Millionen

Formation : 21 : ein*und*zwanzig : on place l'unité avant la dizaine et on les relie par **und en 1 mot.** La centaine se place avant l'unité et la dizaine ; en un mot également : 210 : zweihundertzehn.

Remarques sur l'orthographe
1. zwanzig, drei_ß_ig, vierzig, fünfzig...
2. les noms de nombre s'écrivent avec minuscule, sauf « Million, Milliarde », qui se déclinent : zwei Millionen.

Prononciation :
— 4 [fiːr] 14 [ˈfɪrtseːn] 40 [ˈfɪrtsɪç]
— 7 [ˈziːbən] 17 [ˈziptseːn] 70 [ˈziptsɪç]
— 6 [ˈzɛks] 16 [ˈzɛçtseːn] 60 [ˈzɛçtsɪç]

Déclinaison : seul « ein » se décline (comme l'article indéfini : « eine » Mark) et on n'utilise « eins » que dans les énumérations : eins, zwei, drei...

LES NOMS D'UNITÉ DE MESURE

Les noms d'unités de mesure restent invariables : 2 Liter, 3 Mark, 50 Gramm, 2 Glas Bier...

Die Verabredung

Ich muß eine Geschäftsverbindung aus Hallein treffen. Wo können wir uns aber treffen? Ich fahre zu ihm und wir verabreden uns in der Salzburger Bahnhofshalle am Donnerstag um 11.03 Uhr MEZ. Herr Helmut Fuchs holt mich vom Bahnhof ab. Ich treffe ihn zum ersten Mal. Er wird einen grauen Anzug mit heller Krawatte tragen und wird in der rechten Hand die « Salzburger Nachrichten » halten. Er wird um 11 Uhr pünktlich in der Salzburger Bahnhofshalle [ˈbaːnhoːfshalə] auf uns warten. Wir werden mit seinem Wagen nach Hallein weiterfahren. Gegen 11.30 Uhr, am spätesten gegen 11.45 Uhr, werden wir bei ihm zu Hause sein.

Le rendez-vous

Il me faut (= je dois) rencontrer une relation d'affaires de Hallein. Mais où pouvons-nous nous rencontrer? Je me rends chez lui et nous prenons rendez-vous dans le hall de la gare de Salzbourg, le jeudi à 11.03 heures(Mitteleuropäische Zeit [ˈmitəlɔyroˈpɛːiʃə tsait] : heure d'Europe centrale). Mr H. Fuchs [fuks] vient me chercher à la gare. Je le rencontre pour la première fois. Il portera un costume gris et une cravate claire et tiendra dans la main droite les « Salzburger Nachrichten » (Nouvelles de Salzbourg).

Il nous attendra dans le hall de la gare de Salzbourg à 11 heures précises. Nous irons à Hallein [haˈlain] avec sa voiture (littéralement : nous continuerons à rouler...) Nous serons chez lui à la maison vers 11.30 au plus tard vers 11.45 heures.

LE FUTUR

ich <u>werde</u> kommen [iç ˈveːrdə ˈkɔmən]
du <u>wirst</u> [duː ˈvirst]
er <u>wird</u> [eːr virt]
wir <u>werden</u> kommen [viːr ˈveːrdən kɔmən]
ihr <u>werdet</u> [iːr ˈveːrdət]
sie <u>werden</u> [ziː ˈveːrdən]
Sie <u>werden</u> [ziː ˈveːrdən]

LIRE ET DIRE L'HEURE

Heure non officielle

11.00 Uhr (Es ist) elf Uhr
11.05 Uhr fünf nach elf
11.10 Uhr zehn nach elf
11.15 Uhr Viertel nach elf
            Viertel *zwölf*
11.20 Uhr zwanzig nach elf
11.25 Uhr 25 nach 11
            ou fünf vor halb *12*
11.30 Uhr halb *zwölf*
11.35 Uhr fünf nach halb 12
            5 vor 12
11.40 Uhr zwanzig vor 12
11.45 Uhr Viertel *vor* 12
            drei Viertel *zwölf*
11.50 Uhr zehn vor 12
11.59 Uhr eine Minute vor 12
13.30 Uhr halb *zwei* (nachmittags). S'il faut préciser le
            matin: on ajoutera *vormittags*
00.05 Uhr fünf nach Mitternacht [mitər'naxt] (minuit).

Heure officielle

C'est celle qui est annoncée à la radio, en gare: on lit les
chiffres sans plus en employant le mot « Uhr » entre
l'heure et les minutes:
11.45 elf Uhr fünfundvierzig
13.30 dreizehn Uhr dreißig
00.05 null Uhr fünf

TRADUISEZ

1. Quand et où pouvons-nous nous rencontrer?
2. J'arriverai par le train de 13.10 h. **3.** Je tiendrai en
main le « Die Welt ». **4.** Je porterai un costume gris.
5. A 13.30 h, nous serons à la maison. **6.** Le voyage
durera 3 heures (Stunde: durée; à 5 heures: um
5 Uhr). **7.** Alors, nous aurons assez de temps. **8.** Je
serai prêt dans 3 quarts d'heure. **9.** Quelle heure est-
il? 13.45 h (officiel et non officiel). **10.** Nous prenons
rendez-vous à 7.15 h de l'après-midi.

Auskunft auf dem Bahnhof

Ich gehe in die Bahnhofshalle von Köln und erkundige mich nach den Zügen (datif) nach München. Ich gehe zu den Schaltern (datif), über Schalter 4 steht « Auskunft ».

— Guten Tag. Wie viele Züge fahren nach München?

— Ich schaue mal im Kursbuch nach. Nach München haben Sie 3 Züge, einen Personenzug, einen Eilzug und einen D-Zug oder Schnellzug.

— Wie geht es am schnellsten?

— Mit dem D-Zug.

— Wann fährt der Zug ab?

— Um 20.30 U. fährt er von Köln ab. Und er kommt um 2.40 nachts in München an. Die Fahrt dauert 6 Stunden und Sie brauchen nicht umzusteigen, aber Sie bezahlen einen Zuschlag von 8 DM.

— Dann einmal München einfach.

Renseignement en gare

Je vais dans le hall de la gare de Cologne et je me renseigne sur les trains pour Munich. Je vais aux guichets, au-dessus du guichet 4 se trouve (la mention) « Information ».

— Bonjour. Combien de trains vont à Munich?

— Je (vais) (un peu) vérifier dans l'indicateur des chemins de fer. Pour Munich vous avez 3 trains, un omnibus, un express et un rapide.

— Lequel est le plus rapide? (Comment ça va-t-il le plus vite?)

— (Avec) le rapide.

— Quand le train part-il?

— Il part de Cologne à 20.30 h. Et il arrive à 2.40 h de la nuit à Munich. Le voyage dure 6 heures et vous ne devez pas (= n'avez pas besoin de) changer de train, mais vous payez un supplément de 8 marks.

— (Alors) un ticket (1 fois) Munich simple.

VOCABULAIRE

-r Personenzug/«e [pɛr'zo:nəntsu:k] : train omnibus
-r Eilzug ['ail] : train express
-r D-Zug/Schnellzug : le rapide
-e Bahnhofshalle(n) ['ba:nho:fshalə] : hall de gare
sich erkundigen ['kun] **nach** : se renseigner sur
-r Schalter(-) : le guichet
-e Auskunf("e) : l'information
-r Anschluß("sse) : correspondance
wievel [vi: fi:l] : devant un nom singulier ou un nom collectif : wieviel Zeit haben Sie : combien
wie viele ['vi:fi:lə] : devant un nom pluriel : wie viele Züge fahren
nach Köln ? Combien de trains se rendent à Cologne ?

FORMATION DU PLURIEL

Le pluriel des substantifs

Le nominatif, le génitif et l'accusatif ont toujours la même
forme au pluriel.
Au datif, ils prennent « n » sauf s'ils l'ont déjà : die Tage/
den Tag**en**.
Le pluriel indiqué sera celui du nominatif.

Le pluriel des noms masculins

1. **Règle générale**, on ajoute un Umlaut à la dernière
   voyelle du radical, + « e » en terminaison : radical + "e
   -r Umfall/Umf**ä**lle ['unfɛlə] ; -r Sohn/S**ö**hne ['zø:nə] ;
   -r Bahnhof/Bahnh**ö**fe ['ba:nhø:fə] ; Anschl**ü**sse...
2. Certains mots prennent seulement un « e » final : radical + e
   Tag**e**, Mon**a**te (mois), Arm**e** (bras)
3. Les mots masculins et neutres terminés en **-el, -er, -en**,
   ne prennent pas de « e » et éventuellement l'Umlaut :
   radical + " (éventuel) Apfel (pomme) **Ä**pfel, Wagen
   (voitures), Laden (magasin) / L**ä**den, Lehrer (professeur) / Lehrer

Le pluriel de l'article

die [di:] au nominatif et à l'accusatif
der [de:r] au génitif
den [de:n] au datif

TRADUISEZ

1. Il y a 4 guichets : où dois-je me renseigner ?
2. Avec l'(train)express, il vous faut changer de train.
3. A quelle heure le train arrive-t-il à la gare centrale
de Munich ? 4. Quand y a-t-il une correspondance
pour Munich à Francfort ? 5. Combien de jours dure
le voyage de Munich à Bordeaux ?

Die Studenten am Bodensee
Die Studenten fahren in Urlaub an den Bodensee.
Sie möchten nur ausspannen. Sie wollen es gemütlich machen und haben eine Reise gebucht. Die Professoren sind damit einverstanden. Die Praktikanten
machen ein Praktikum und möchten mit den Studenten mitfahren. Die Spezialisten möchten an den
Chiemsee [ˈkiːmzeː] fahren.
Ihre Direktoren wollen es nicht. Die Namen dieser
Herren sind mir nicht bekannt. Kennen Sie ihre Vor-
namen und ihre Familiennamen oder Zunamen? Ich
habe sie vergessen.

Les étudiants au lac de Constance
Les étudiants se rendent en congé au lac de Constance.
Ils voudraient seulement se détendre. Ils veulent être à
leur aise et ont acheté (réservé) un voyage. Les professeurs (accent : [profesˈoːrən]) sont d'accord (= avec
cela). Les stagiaires font un stage et voudraient accompagner les étudiants. Les spécialistes voudraient se rendre au Chiemsee. Leurs directeurs ne le veulent pas.
Les noms de ces messieurs ne me sont pas connus.
Connaissez-vous leurs prénoms et leurs noms de famille ? Je les ai oubliés.

—

VOCABULAIRE

-r See/-s/-n	lac
ausspannen [ˈaus]	se détendre
gemütlich [ˈmyːt]	où l'on se sent à l'aise, confortable
einverstanden mit [ˈainf]	d'accord
-r Praktikant/-en/-en	stagiaire
-s Praktikum	le stage
Herr Doktor	monsieur le docteur
-r Name/-ns/-en	le nom
-r Vorname (id)	prénom
Familienname [faˈmiːliənnaːmə]	nom de famille (= -r Zuname [ˈtsuː])

LES NOMS FAIBLES

Les noms dits faibles ont le singulier (sauf le nominatif) et le pluriel en **-en** :
- -r Student/-en/-en, -r Praktikant/-en/-en,
- -r Lieferant/-en/-en (fournisseur)

Quelques noms faibles prennent en plus « s » au génitif singul. : -r Name/-ens/-en, et aussi -r Gedanke et le neutre -s Herz/-ens/-en (cœur).

Remarque
Herr prend **-n** au singulier (sauf au nominatif) et **-en** au pluriel.

LES NOMS MIXTES

Les noms dits mixtes ont le singulier comme -r Zug/-es et le pluriel en **-en** comme -r Student. C'est le cas pour : -r See/-s/-n et les noms en **-or** : Professor/Professoren.

Remarque : les noms en **-or** prennent l'accent sur la syllabe qui précède **-or** au singulier, et sur la syllabe **-or** au pluriel : -r Direktor [di'rɛktɔr] / Direktoren [dirɛk'toːrən].

LE GÉNITIF

C'est le cas de la possession. Voir leçon 45. Die Namen dieser Herren : Les noms de ces messieurs.

TRADUISEZ

1. Ce week-end, les directeurs visitent les lacs de Bavière (Bayern). **2.** Je ne suis pas d'accord avec ce monsieur. **3.** Les professeurs ont réservé un voyage. **4.** Les professeurs peuvent (permission : dürfen) accompagner. **5.** Les stagiaires ont fait leur stage à l'usine (-e Fabrik). **6.** Les noms des étudiants me sont connus. **7.** La ville se trouve au cœur (= dans le) de l'Allemagne (se trouver : liegen). **8.** Je te remercie de tout cœur (danken + dat.) (tout : ganz).

Die Einbahnstraßen werden gut gekennzeichnet. Wo man ein « i » sieht, findet man Information, oder auf deutsch « Auskünfte ». Auch die Telefonzelle findet man an vielen Straßenecken. Ueber Bäckereien und Konditoreien findet man auch Aufschriften. Bundesstraßen werden mit einem « B » vor der Straßennummer (z. B. B 10) und Autobahnen mit einem « A » vor der Autobahnnummer (z. B. A 6) gekennzeichnet. Ein Schild mit « H » kennzeichnet meist die Haltestellen der Busse (-r Bus) oder Straßenbahnen (-e Straßenbahn), für die U-Bahn findet man « U » als Aufschrift. Ohne die Aufschrift « Toiletten für Damen und Herren » zu vergessen.

Les rues à sens unique sont bien indiquées. Là où on voit un « i » on trouve des informations, ou en allemand « renseignements ». On trouve aussi la cabine téléphonique à de nombreux coins de rue. Au-dessus des boulangeries et pâtisseries, l'on trouve aussi des inscriptions. Les routes nationales (fédérales) sont caractérisées par un « B » (p. ex. B 10) devant le numéro de la route et les autoroutes par un « A » devant le numéro de l'autoroute (p. ex. A 6). Un panneau avec (l'inscription) « H » caractérise en général les arrêts des autobus ou des tramways, pour le métro, on trouve « U » comme inscription. Sans oublier l'inscription « toilettes pour dames et messieurs ».

VOCABULAIRE

-e Einbahnstraße/n	sens unique
kennzeichnen	indiquer, marquer, caractériser
-e Auskunft/"e	renseignements
-e Telefonzelle [tele 'foːntsɛlə]	cabine téléphonique
-e Straßenecke/n	coin de rue
-e Autobahnnummer/n	le numéro d'autoroute
] 'autobaːn 'numər]	

VOCABULAIRE

-s Schild	panneau, enseigne
-e Haltestelle/n?	arrêt
-e Toilette/n	les toilettes
sich verständlich machen	s'expliquer
[fɛrˈʃtɛntliç]	
-e Bank (pl.: **Bänke**)	bancs d'école
-e Bank (pl.: **Banken**)	banques

LE PLURIEL DES NOMS FÉMININS

Règle générale : on ajoute **-en** au radical :
  -e Frau - Frau<u>en</u>
— Si le nom féminin se termine par **-el/-en/-e** on ajoute
  -n : die Nummer/-e Nummer<u>n</u>.
Exception : Mutter (mère), Tochter (fille) qui prennent
l'Umlaut : M<u>ü</u>tter, T<u>ö</u>chter [tœçtər].
— Les féminins surtout monosyllabiques terminés par **-d**
  ou **-t**, prennent -ʺ**e** : Nacht (nuit) N<u>ä</u>cht<u>e</u>, Stadt/St<u>ä</u>dt<u>e</u>
  (ville) [ʃtɛːtə].
— Les féminins en **-in** forment leur pluriel en **-innen** (terminaison qui n'est pas accentuée) : Französin/<u>innen</u>
  (Française) [franˈtsøːzinen], Belgierin [ˈbɛlgiərin] (Belge),
  Schweizerin (Suissesse) [ˈʃvai].
— Les féminins en **-ma** font **-men** au pluriel :
  -e Firma/Firm<u>en</u> (firme)
— Les mots terminés par **-heit, -ung** et **-ei** sont toujours
  féminins et ont **-en** au pluriel : -e Freiheit (liberté)/Frei-
  heit<u>en</u>.
— Quelques noms étrangers terminés par une voyelle
  prennent **-s** au pluriel : -e Kamera [ˈkaːmeras]/Kamera<u>s</u>.

TRADUISEZ

1. Les sens uniques sont bien marqués. **2.** Pouvez-
vous me dire où je puis trouver des renseignements
sur cette ville ? **3.** Y a-t-il une cabine téléphonique
près d'ici ? (in der Nähe). **4.** Où est-ce que je puis
trouver une boulangerie ici ? **5.** Où sont les toilettes
pour messieurs/dames ? **6.** Où est l'arrêt du tram/
bus/métro ? **7.** Les Belges et les Français ont pu
s'expliquer en allemand.

Straßenverkehrszeichen

Es gibt drei Arten von Zeichen: die Gebots- und die Verbotszeichen, die Warnzeichen und die Zeichen zur Information.

Zu den Gebotszeichen gehören u.a. (unter anderem) die Zeichen für Vorfahrt und Vorfahrtsstraßen, die Einbahnstraßen, Bahnübergänge, Fußwege, Radwege, Umleitungen und Parkplätze.

Zu den Verbotszeichen gehören die Schilder für Parkverbote, Ueberholverbote, Halteverbote, Verbote für Kraftfahrzeuge (Kfz).

Zu den Warnzeichen gehören die Schilder für Engstellen, Schleudergefahr, Gefahrenstellen.

Zur Information gibt es Straßenschilder für Postämter, Bahnhöfe, Krankenhäuser, Tankstellen und Parkhäuser.

La signalisation routière

Il y a trois sortes de signaux: les signaux d'obligation et d'interdiction, les signaux d'avertissement et ceux pour l'information.

Font partie (gehören zu) entre autres des signaux d'obligation ceux pour la priorité et les routes prioritaires, les sens uniques, les passages à niveau, les chemins (réservés aux piétons), les pistes cyclables, les déviations et les parkings.

Font partie des signaux d'interdiction, les signaux pour les interdictions de stationner, les défenses de doubler, de s'arrêter, les interdictions pour véhicules (de circuler).

Font partie des signaux d'avertissement, les panneaux pour le rétrécissement (de la voie), route glissante (= danger de dérapage), danger.

Pour l'information, il y a les panneaux indiquant (= pour) les bureaux de poste, les gares, les hôpitaux, les postes d'essence et les garages (parking).

VOCABULAIRE

-s Zeichen/- : signal/signe
-s Gebotszeichen [gəˈboːtstsaiçən] : le signal d'obligation
-s Verbotszeichen [ˈboːts] : signal d'interdiction
-s Warnzeichen : signal d'avertissement
-s Vorfahrtsstraße [ˈfoːrfaːrt...] : route/rue prioritaire
-r Bahnübergang : passage à niveau
-r Fußweg [ˈfuːsveːk] : chemin (piéton)
-r Radweg [ˈraːt] : piste cyclable
-s Ueberholverbot [yːbərˈhoːlfɛrboːt] : interdiction de dépasser
-s Kraftfahrzeug : véhicule automobile
-e Schleudergefahr : route glissante
-s Parkhaus/«er : garage (parking)
-r Parkplatz : parking
-e Tankstelle/n : poste d'essence

LE PLURIEL DES NOMS NEUTRES

Règle générale : radical + e
-s Verbot [fɛrˈboːt] - Verbot**e** (interdiction)
— Les noms terminés par **-el/-er/-en** ne prennent pas de terminaison au pluriel. Ils prennent éventuellement un Umlaut. Au datif pluriel, ils prennent un **-n** : -s Zimmer/-, in den Zimmer**n** ; -s Mittel/-/ mit den Mittel**n** ; -s Abkommen/- (accord conclu).
— Quelques noms prennent **-(e)n** : -s Auge/**n**(œil) -s Bett/**en**(lit), -s Hemd/**en** (chemise).
— **Pour rappel :** -s Herz/**ens/en**

LES NOMS NEUTRES

— Tous **les diminutifs en -lein** sont du neutre et ont la même forme au pluriel : -s Fräulein/- (demoiselle).
— Sont neutres : **les noms collectifs :** -s Gebirge/- (massif), **les noms des villes et des pays** et sont rarement au pluriel, sauf si un article précède : die Schweiz, die Niederlande (pluriel : Pays-Bas).

TRADUISEZ

1. Il est interdit de stationner ici. **2.** Il est permis de dépasser ici. **3.** Cette rue est fermée (gesperrt) pour tous les véhicules automobiles. **4.** Attention, danger de dérapage ! **5.** La signalisation routière est la même (dieselben = pluriel en allemand) dans tous les pays d'Europe. **6.** Je ne trouvais pas de mots pour exprimer (ˈausdrücken) mon indignation (-e Entrüstung).

Hast du schon Bücher von Böll gelesen?

Freizeitbeschäftigung

Jeder Mensch hat ein Hobby. Einige basteln oder wandern gern, oder sammeln Briefmarken. Oder sie interessieren sich für Musik oder lesen gern Bücher. Andere sind in einem Verein oder in einem Klub oder fotografieren. Noch andere gehen gern spazieren, machen schöne Spaziergänge (-r). Abends geht man oft aus, man geht in ein Kino, ein Theater oder ein Café oder man besucht Diskotheken (-e Diskothek/en). Haben Sie kein Hobby? Und sind Sie nicht Mitglied eines Vereins oder eines Klubs? Was gibt es heute abend im Kino, im Fernsehen oder im Theater?
Sind die Museen am Sonntag auf?
Hast du schon eine Eintrittskarte im Vorverkauf gekauft?

Occupation des loisirs

Chaque personne a son dada. Certains aiment bricoler ou faire des randonnées à pied, d'autres collectionnent des timbres. Ou ils s'intéressent à la musique ou ils aiment lire des livres. D'autres sont dans une association ou un club, ou font de la photographie. D'autres encore aiment se promener, font de belles promenades. Le soir, souvent on sort, on va dans un cinéma, un théâtre ou un café, ou l'on va faire un tour dans (visite) les discothèques.
N'avez-vous pas de violon d'Ingres? Et n'êtes-vous pas membre d'une association ou d'un club? Qu'y a-t-il ce soir au cinéma, à la télévision ou au théâtre? Les musées sont-ils ouverts le dimanche? As-tu déjà acheté une carte (d'accès) à l'avance?

VOCABULAIRE

-e Freizeitbeschäftigung [ˈfraitsait]	occupation des loisirs
-s Hobby/s	passe-temps, dada

VOCABULAIRE

basteln [ˈbastəln]	bricoler
wandern	faire une excursion (à pied)
Briefmarken sammeln	collectionner des timbres-poste
-r Verein/e [fɛrˈain]	association
-r Klub/s [klup]	le club
-s Kino/s	cinéma
-s Theater/-	théâtre
-s Café/s	café, taverne
-s Mitglied/er	membre (association)
auf sein [ˈauf zain]	être ouvert
-r Vorverkauf [ˈfoːrfərkauf],	
im Vorverkauf	à l'avance

LE PLURIEL DES NOMS NEUTRES

1. Une série de monosyllabiques prennent : **-er** au pluriel :
Bücher (Buch), Länder (Land : pays), Lieder (Lied :
chant), Lichter (Licht : lumière), Aemter (Amt : bureau),
Bilder (Bild : image), Schilder (Schild : enseigne),
Blätter (Blatt : feuille), Häuser (Haus : maison), Räder
[rɛːdər] (Rad : roue), Völker (Volk : peuple), Wörter
(Wort : mot isolé).

Remarque
- **-s Wort/e** : les paroles (dans un contexte)
- **-s Wort″er** : les mots isolés

2. Les mots étrangers se terminant souvent par une voyelle
prennent **-s** au pluriel : Büro/s [byˈroː] (bureau, lieu de
travail), Café/s, Auto/s [ˈautoː] Appartement/s, Kino/s
(cinéma).

3. Noms étrangers en **-um** : Datum/Daten, Visum/Visen
[ˈviːzən] aussi : Visa.

TRADUISEZ

1. Quand commence le film ce soir ? 2. Les données furent communiquées ('mitteilen) par les bureaux du travail (-s Arbeitsamt). 3. Jusqu'à quelle
heure les syndicats d'initiative (Verkehrsamt) sont-
ils ouverts ? 4. Dans les bureaux on travaille jusqu'à
5 h du soir. 5. As-tu déjà lu les livres de Böll ?
6. Quand les cafés ferment-ils ? 7. Après la séance
(cinéma), nous allons au café.

Reklamationen

— Sie haben mir ein ruhiges Hotelzimmer versprochen. Das Zimmer ist gar nicht ruhig und ich höre ständig viel Straßenlärm. Das Hotelzimmer ist mir viel zu teuer! Ruhe hatte ich mir anders vorgestellt!

— Ich habe gestern bei Ihnen einen neuen Kassettenrecorder gekauft. Das Ding funktioniert heute schon nicht mehr. Können Sie es mir entweder ersetzen oder kostenfrei reparieren?

— Das Radio spielt viel zu laut. Kannst du es nicht weniger laut einstellen? Der Lärm stört mich, ich habe Kopfweh. Sei mir bitte nicht böse, aber ich vertrage den Lärm nicht.

Réclamations

— Vous m'avez promis une chambre d'hôtel calme. La chambre n'est pas du tout calme et j'entends continuellement beaucoup de bruit de circulation. Elle (la chambre) est beaucoup trop chère pour moi (pronom datif)! Je m'étais représenté le calme autrement!

— Hier, j'ai acheté chez vous un nouvel enregistreur à cassettes. Ce truc ne fonctionne déjà plus aujourd'hui. Pouvez-vous me le remplacer ou le réparer sans frais?

— La radio joue beaucoup trop fort. Ne peux-tu pas la régler moins fort? Le bruit me dérange, j'ai des maux de tête. Ne m'en veux pas (= ne sois pas fâché contre moi), mais je ne supporte pas le bruit.

LES NOMS TOUJOURS AU PLURIEL

Leute (gens), Ferien (vacances), Lebensmittel (vivres), Kosten (frais).

VOCABULAIRE

-e Leute	les gens
sich beschweren=reklamieren	réclamer
versprechen, a, o	promettre
-r Straßenlärm	bruit de la circulation
sich vorstellen [ˈfoːr]	se représenter
entweder [ˈveː] ... oder	ou ... ou...
kostenfrei	sans frais (gratuit)
einstellen [ˈain]	régler
einem böse sein	être fâché contre quelqu'un
-s Ding	la chose, ce truc
-e Erholung [ɛrˈhoːluŋ]	repos
viel Spaß [ʃpaːs]	beaucoup de plaisir.

LES NOMS SANS PLURIEL

Noms de matière : -r Zucker (sucre), -r Kaffee [ˈkafe] (boisson), -s Benzin [bɛnˈtsiːn] essence), -e Butter (ˈbutər] beurre).
Noms collectifs : -s Gepäck (bagages), -e Polizei [pɔliˈtsai], -s Geld (monnaie).
Noms abstraits : -r Durst (soif), -r Verkehr (circulation), -s Fieber (fièvre), -e Bedienung [bədiːnuŋ] le service).
Noms de mesures : 300 Mark, 100 Gramm.

TRADUISEZ

1. Les gens ont été chercher (abholen von) les bagages à la gare. **2.** Les vacances ont été reposantes. (reposant : erholsam [ərˈhoːlzaːm]). **3.** Bon repos et bonnes vacances et beaucoup de plaisir ! **4.** J'avais de la fièvre et je pouvais à peine (kaum) assouvir ma soif. (den Durst löschen) **5.** Garçon, je dois me plaindre de votre service (klagen über + acc). Les boissons (die Getränke) ne sont pas froides. **6.** J'ai commandé 3 kg de sucre et 500 grammes de beurre. **7.** Ceci m'irrite fort (ärgern). **8.** Veux-tu me rendre mes 300 marks, la qualité était bien trop mauvaise.

1. Donnez l'heure en langue courante
1. Der Zug kommt um 18.30 U. an.
2. Der Zug fährt um 14.20 ab.
3. 24.02 U. schlief er erst ein.
4. Die Rezeption beginnt ab 14.15 U.
5. Er muß sich um 16.45 pünktlich anmelden (se présenter).

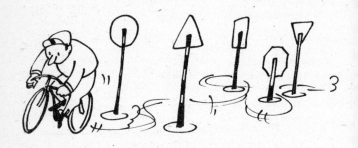

2. Demandez d'agir en conséquence. Utilisez la forme polie et courante (2ᵉ solution).
Modèle : Der Tank ist leer ('volltanken). Bitte tanken Sie voll! (Bitte tanke voll!)

1. Im Kühler (radiateur) ist nicht genug Wasser ('nachfüllen: ajouter).
2. Die Batterie ist leer. ('aufladen)
3. Die Frontscheibe ist schmutzig (reinigen).
4. Das Oel ist alt. (s- Oel wechseln).

3. Répondez négativement en utilisant « zwei » :

1. Brauchen Sie das Zimmer für eine Nacht?
2. Bleiben Sie noch eine Woche hier?
3. Wohnen Sie hier seit einem Jahr?
4. Bleiben Sie noch eine Stunde?
5. Kostet das nur eine Mark?

4. Traduisez :

1. Les travailleurs travaillaient quarante-huit heures. Maintenant ils ne travaillent plus que quarante heures et bientôt plus que trente-cinq heures.
2. Les bagages furent déposés ('abgeben) à la gare.
3. Les paquets furent expédiés par la poste. ('aufgeben)
4. Ses collègues (à lui) n'étaient pas d'accord avec ses propositions (-r Vorschlag/"e).
5. En République fédérale, les vacances d'été commencent à des moments (-r Zeitpunkt/e) différents.
6. Les médecins (-r Arzt: [ˈaːrtst]) visitent chaque jour leurs patients (-r Patient [patsiˈɛnt] faible).
7. Les dictionnaires contenaient près de (etwa: [ˈɛtva]) 40 000 mots.
8. Les Allemands dépensent 40 milliards pour leurs vivres.
9. Malgré les prix qui montent (ascendants), les Allemands vont en vacances à l'étranger.
10. Les murailles de la ville ont quatre cents ans (-e Mauer).

Jedes Jahr wird am 25. Dezember [ˈfynfunt ˈtsvantsɪçstən] Weihnachten gefeiert. Es ist und bleibt ein stilles Familienfest [faˈmiːliən], besonders in den katholischen Gegenden des Landes. Schon der Tag vor Weihnachten, der heilige Abend (oder Heiligabend) ist ein Feiertag [ˈfaiərtaːk].
Gegen Mitternacht geht man zu Fuß oder mit dem Wagen zur Christmesse.
Das moderne Weihnachtsfest hat den stillen, gemütlichen Charakter einigermaßen [ˈainigərmaːsən] verloren. Aber es bleibt ein Familienfest. Die Kinder versammeln sich um den brennenden Lichterbaum, bekommen die erwarteten Geschenke und singen die bekannten Lieder « Stille Nacht » oder « O Tannenbaum ».

Chaque année, le 25 décembre, on fête (est fêtée) Noël. C'est et cela reste une fête de famille tranquille, surtout [bəˈzɔndərs] dans les régions catholiques du pays. Déjà le jour avant la Noël, la veille de Noël (= la soirée sainte) est un jour férié.
Vers minuit, l'on va à pied ou en voiture à la messe de minuit.
La fête moderne de Noël a perdu quelque peu son(le) caractère tranquille et agréable. Mais elle reste une fête familiale. Les enfants se rassemblent autour de l'arbre de Noël illuminé, reçoivent les cadeaux attendus et chantent les chants connus « Stille Nacht » (Douce nuit) ou « O Tannenbaum » (O, arbre de Noël).

VOCABULAIRE

Weihnachten (pl)	Noël
der Lichterbaum	l'arbre de Noël
gemütlich [gə'myːtliç]	agréable
das Fest [fɛst]	la fête
die Gegend ['geːgənt]	la région
der Heiligabend [hailiç'aːbənt]	nuit de Noël
die Christmette ['kristmɛtə] ou **Christmesse**	la messe de minuit
frohe Weihnachten ['froːə 'vainaxtən]	Joyeux Noël
das Geschenk [gə'ʃɛnk]	cadeau
brennend	brûlant, illuminé
der Tannenbaum ['tanənbaum]	le sapin, l'arbre de Noël.

DÉCLINAISON DE L'ADJECTIF ÉPITHÈTE (I)

— **l'adjectif attribut** est toujours invariable.
— **Un déterminatif** (<u>der</u> ou tout déterminatif ayant la même terminaison) **précède l'adjectif:**
  – l'adjectif prend **-e** au nominatif masculin, féminin, neutre singulier et à l'accusatif féminin, neutre singulier
  – l'adjectif prend **-en** à tous les autres cas du singulier et du pluriel.

der/dieser alt<u>e</u> Wagen — den alt<u>en</u> Wagen
das/dieses alt<u>e</u> Auto — das alt<u>e</u> Auto
die/diese alt<u>e</u> Maschine — die alt<u>e</u> Maschine
die/diese alt<u>en</u> Maschinen (Pl)...

Place de l'adjectif: toujours devant le substantif.

TRADUISEZ

1. Que dit-on (souhaite) pour la Noël? **2.** On souhaite: «Bonne fête de Noël» **3.** Les enfants se réjouissent surtout à la pensée de la Noël (sich freuen auf + accus.) **4.** Noël reste une fête familiale tranquille. **5.** Noël est une fête importante dans les régions catholiques de la RFA. **6.** Les enfants se rassemblent autour de l'arbre de Noël et chantent leurs beaux chants. Vers minuit, les gens se rendent à l'église.

42 *Ein neues Kleid: etwas Hübsches*

Frau Schmitt braucht ein neues leichtes Kleid. Sie geht in ein großes Kaufhaus, sucht etwas Hübsches und will es probieren.
— Bitte, können Sie mir helfen. Ich suche ein leichtes Sommerkleid.
— Welche Größe haben Sie?
— Größe 40 - 42.
— Da findet man leider nicht viel mehr. Das ist eine gängige Größe. Aber hier habe ich vielleicht noch etwas für Sie.
— Steht mir dieses Kleid gut?
— Ja, das paßt ganz gut zu Ihrer schlanken Figur Damit machen Sie eine gute Figur.
— Dann nehme ich es. Kann ich auch den karierten Mantel und die gestreifte Bluse probieren?
— Aber selbstverständlich!

Madame Schmitt (veut) a besoin d'une nouvelle robe légère. Elle va dans un grand magasin, cherche quelque chose de joli et veut l'essayer.
— Pardon, pouvez-vous m'aider. Je cherche une robe d'été légère.
— Quelle taille avez-vous?
— Taille 40 - 42.
— On n'en trouve malheureusement plus beaucoup. C'est une taille courante. Mais j'ai peut-être encore quelque chose pour vous ici.
— Est-ce que cette robe me va bien?
— Oui, elle va très bien avec votre ligne svelte. Avec elle, vous ferez bonne impression.
— Alors, je la prends. Puis-je essayer le manteau à carreaux et la blouse rayée?
— Mais évidemment.

VOCABULAIRE

das Kleid [klait]	la robe
es ist warm	il fait chaud
das Kaufhaus	le grand magasin
es steht mir gut	ça me va bien
es paßt gut zu	ceci va bien avec, ceci est en harmonie avec
schlanke Figur [fi'gu:r]	ligne svelte
eine gute Figur machen	faire bonne impression
kariert [ka'ri:rt]	à carreaux
gestreift [gəʃtraift]	rayé
selbstverständlich [zɛlpstfɛrʃtɛntliç]	évidemment
die Größe [grø:sə]	taille

DÉCLINAISON DE L'ADJECTIF ÉPITHÈTE (II)

— Si devant l'adjectif, il n'y a pas de déterminatif ou s'il y a un déterminatif qui n'a pas la terminaison de l'article défini (ex. : ei<u>n</u> Mann, ei<u>n</u> Kind), **l'adjectif prend la terminaison manquante de l'article défini.**
  ein klein<u>er</u> Mann, ein klein<u>es</u> Kind.

Mais Uns<u>er</u> neu<u>er</u> Direktor (les adj. possessifs mein, unser, euer, ihr se déclinent comme *ein*).
Le <u>er</u> de uns<u>er</u> n'est donc pas la terminaison de « der », mais fait partie du radical : lieb<u>er</u> (der) Freund, lieb<u>e</u> (die) Freundin.

TRADUISEZ

Dans le magasin de confection pour dames

— J'aimerais essayer une jupe et une blouse.
— Quelle est votre taille, s'il vous plaît ?
— 42 en France. Est-ce la même taille en Allemagne ?
— Cela fait probablement du 40. Voici une très belle jupe et elle vaut vraiment son prix. Et j'ai une blouse assortie. Essayez-la dans la cabine d'essayage !
— J'aimerais aussi essayer ce jeans et ce pullover. Ils me plaisent bien.

43 *Denken Sie an Ihre Gesundheit*
Ich denke daran

— Guten Tag. Ich habe mich erkältet. Ich fühle mich unwohl. Ich glaube, ich habe Fieber. Ich muß die Grippe haben.

— Sie sehen tatsächlich [taːtˈzɛçliç] ziemlich blaß aus. Ziehen Sie Ihr Hemd aus. Ich untersuche Sie. Sie haben einen Schnupfen. Sie dürfen nicht mehr rauchen. Denken Sie daran! Ich verschreibe Ihnen eine Medizin. Sie ist hier in der Apotheke erhältlich. Sie nehmen eine Tablette dreimal täglich vor dem Essen ein. Nach drei Tagen geht es Ihnen besser. Haben Sie einen Krankenschein?

— Nein.

— Den holen Sie bei der Ortskrankenkasse.

— Bonjour. J'ai un rhume. Je ne me sens pas bien (unwohl [ˈunvoːl]). Je crois que j'ai de la fièvre. Je dois avoir la grippe.

— Vous paraissez (aussehen) effectivement plutôt (ziemlich: [ˈtsiːmliç]) pâle. Enlevez votre chemise. Je vous examine (= je vais vous examiner). Vous avez un rhume. Vous ne pouvez plus fumer. Pensez-y! Je vous prescris un médicament. Il est en vente [ɛrˈhɛltliç] ici dans la pharmacie. Vous en prenez un comprimé [taˈblɛtə] trois fois par jour avant le repas. Après trois jours, vous vous sentirez (= sentez) mieux. Avez-vous le certificat de la mutualité?

— Non.

— Allez le chercher à la caisse locale de maladie.

VOCABULAIRE

denken an + acc	penser à
die Gesundheit [gə'zunthait]	santé
das Fieber ['fi:bər]	fièvre
die Grippe ['gripə]	grippe
blaß [blas]	pâle
der Schnupfen ['ʃnupfən]	rhume
die Erkältung [ɛr'kɛltuŋ]	rhume, refroidissement
die Medizin [medi'tsi:n]	médicament
der Krankenschein ['krankənʃain]	le certificat de mutualité (donnant droit aux soins)
die Krankenkasse	mutualité
der Husten ['hu:stən]	toux
das Hustenmittel	le médicament contre la toux
sich erkälten	attraper un rhume
erhältlich	en vente

L'ADVERBE PRONOMINAL

ich sehe <u>den *Freund*</u> : ich sehe *ihn* (= personne)
ich warte <u>auf den *Freund*</u> : ich warte <u>auf *ihn*</u>
Pour remplacer **une personne** : préposition + pronom.

ich sehe <u>*den Bus*</u> : ich sehe *ihn* (chose)
ich warte <u>*auf den Bus*</u> : ich warte *darauf*
Pour remplacer **une chose précédée d'une préposition** :
da (+r)+ préposition. Ainsi toute préposition + nom de
chose peut se remplacer par <u>da(r) + préposition</u>.
Si la préposition commence par une voyelle, on intercale
« r » entre *da* et la *préposition*.
Avec un verbe de mouvement **nach** devient *hin* :

Ich frage nach dem Weg : ich frage *danach* (je demande
le chemin)
Ich fahre nach Berlin : ich fahre *dahin*
Nach marque ici le mouvement vers un but et correspond
à la question *wohin*.

TRADUISEZ

1. Le médecin s'informe (fragen nach) de votre santé.
2. Je vous prescris un médicament. Il est très effi-
cace. **3.** J'ai un gros rhume. Avez-vous un bon médicament (contre lui) ? **4.** Je dois préparer le médicament. Vous n'attendrez guère (là-dessus). **5.** Vous
avez quelque chose contre la toux ?

— Verzeihung. Wo hält die Vier?
— Wohin wollen Sie fahren?
— Nach Pullach [ˈpulax].
— Dort drüben vor der Konditorei ist die Haltestelle der Vier.
— Wovor [voːˈfoːr] bitte?
— Vor der Konditorei. Aber machen Sie schnell, dort kommt gerade die Straßenbahn [ˈʃtraːsənbaːn] Vier.
— Vielen Dank.
— Gern geschehen [gəˈʃeːən]
— Ich muß nach Pullach.
— Die 4 fährt aber nicht so weit. Sie müssen umsteigen. Hier ist der Umsteigefahrschein. Am Bahnhof steigen Sie um. Wenn ich « Bahnhof » rufe, steigen Sie aus, überqueren Sie die Straße und steigen in die Sieben um.
— Vielen Dank.
— Keine Ursache [ˈurzaxə].

— Pardon, où s'arrête le quatre?
— Où voulez-vous aller?
— A Pullach.
— Là, de l'autre côté, devant la pâtisserie, se trouve (est) l'arrêt du quatre.
— Devant quoi dites-vous (plaît-il)?
— Devant la pâtisserie. Mais dépêchez-vous (faites vite). Voilà le tram 4 qui arrive justement.
— Merci beaucoup.
— Il n'y a pas de quoi.
— Je dois aller à Pullach.
— Mais le 4 ne va pas aussi loin. Vous devez changer de tram [ˈumʃtaigən]. Voici le ticket de correspondance [ˈumʃtaigəfaːrʃain]. À la gare vous changez de tram. Lorsque je crie « la gare », vous descendez, traversez [ybərˈkveːrən] la rue et vous montez (en changeant) dans le 7.
— Merci beaucoup.
— Il n'y a pas de quoi.

VOCABULAIRE

dort drüben   là de l'autre côté
die Konditorei [kɔndito:ˈrai]   pâtisserie
umsteigen [ˈumʃtaigən]   changer de tram, de bus...
-r Umsteigefahrschein   billet de correspondance
aussteigen [ˈausʃtaigən]   descendre
-e Haltestelle [ˈhaltəʃtɛlə]   arrêt

L'ADVERBE PRONOMINAL INTERROGATIF

Ich sehe den Freund: _Wen_ siehst du?
Ich warte auf den Freund: _Auf wen_ wartest du?
Pour remplacer les noms de personnes: **préposition + wen/wem**
Ich nehme den Bus: _Was_ nimmst du?
Ich warte auf den Bus: _Worauf_ wartest du?
Pour remplacer les noms de choses: **wo(r) + préposition**
Remarque: Ich fahre nach Berlin: _Wohin_ fährst du? Ich
fahre <u>dahin</u>.

TRADUISEZ

— Je voudrais aller à l'hôtel de ville.
— Où voulez-vous aller?
— A l'hôtel de ville. Est-ce encore loin?
— Allez-y en bus ou en taxi. Mais en bus vous devrez (présent) prendre une correspondance. Vous prenez un ticket de correspondance et vous changez à la gare. Là vous prenez le 34 vers l'hôtel de ville. Vous pouvez prendre le bus en face. Vous pouvez l'attendre là. Il passe toutes les dix minutes.

Das Auto meines Freundes

— Wem gehört das Auto? Ist es dein Auto?
— Nein, es ist das Auto meines Freundes.
— Und ist das dein Zimmer?
— Es ist das Zimmer meiner Eltern.
— Wessen Zeitung ist das?
— Es ist die Zeitung des Touristen.
— Und ist das die Uhr deiner Mutter?
— Nein, es ist die Uhr meiner Tante. Aber du weißt doch, die Uhr meiner Mutter ist kaputt.
— Wessen Kamera ist das?
— Es ist die Kamera des Touristen.

— A qui appartient la voiture? Est-ce ta voiture?
— Non, c'est la voiture de mon ami.
— Et ceci, est-ce ta chambre?
— C'est la chambre de mes parents.
— C'est le journal de qui?
— C'est le journal du touriste.
— Et ceci, est-ce la montre de ta mère?
— Non, c'est la montre de ma tante. Mais tu sais tout de même (doch) que la montre de ma mère est fichue.
— C'est l'appareil photo de qui?
— C'est l'appareil du touriste.

VOCABULAIRE

der Freund	l'ami
die Freundin [ˈfrɔyndin]	l'amie. Tous les féminins en **-in** ont l'accent sur la syllabe précédant « **-in** ».
das Kind	l'enfant
der Herr	le monsieur, seigneur
die Uhr ist kaputt [kaˈput]	la montre est fichue
bald [balt]	bientôt
er ist bald fertig	verbe + adverbe: remplace le futur = il sera bientôt prêt.
die Meinung	l'opinion
der Aufenthalt [ˈaufɛnthalt]	le séjour
die Dauer [ˈdauər]	la durée
die Musik [muˈziːk]	la musique
das Leitmotiv [ˈlaitmotiːf]	le leitmotiv

VOCABULAIRE

der Mord [mɔrt]   le meurtre
der Diebstahl [ˈdiːpʃtaːl]   le vol
sicher + génitif   sûr de

LE GENITIF

Le génitif est le cas du complément déterminatif (marquant la possession).
Le voyage de l'ami : die Reise <u>des</u> Freund<u>es</u>(m)
Le voyage de l'amie : die Reise <u>der</u> Freundin(f)
Le voyage de l'enfant : die Reise <u>des</u> Kind<u>es</u>(n)
Au pluriel :
die Reise <u>der</u> Freunde/Freundinnen/Kinder(m/f/n)

L'interrogatif « de qui » = <u>wessen</u>
Wessen Reise ist das : die Reise des Mannes/der Frau/des Kindes/der Freunde
Tout comme « wer », « wen » ou « wem », « wessen » se rapporte à des personnes (m/f/n, sg/pl).

Règle générale : au masculin et au neutre singulier, on ajoute **-(e)s** au substantif : des Freund<u>es</u> - des Kind<u>es</u>.
Aux **substantifs faibles** (substantifs masculins auxquels on ajoute **-(e)n** partout sauf au nominatif), on ajoute **-(e)n** :
    der Herr, des Herr<u>n</u> [hɛrn]
    der Student, des Student<u>en</u> [ʃtuˈdɛntən]
    Journalist, Tourist, des Journalist<u>en</u>, des Tourist<u>en</u>
    der Nachbar [ˈnaːxbaːr], des Nachbar<u>n</u> (voisin)

TRADUISEZ

1. Est-ce que la chambre du touriste est libre ? **2.** Non, pas encore, mais celle de monsieur le sera bientôt. **3.** Cette voiture est à qui ? **4.** C'est celle du monsieur. **5.** Avez-vous demandé l'opinion du journaliste ? (fragen nach). **6.** La durée du séjour est de 8 jours. **7.** Le séjour de mon ami était long. **8.** Le nom de l'étranger m'était connu. **9.** L'arrêt du train était de 10 minutes. **10.** Il était sûr de son opinion.

Beim Einwohnermeldeamt

Ziehen Sie in eine Stadt ein, so müssen Sie sich anmelden.

Wegen der Meldepflicht müssen Sie sich eintragen lassen.

Auch in den Hotels müssen Sie das Anmeldeformular/den Anmeldeschein ausfüllen.

Wegen des Gewitters habe ich unterwegs in einem Hotel außerhalb der Stadt übernachtet. Denn ich konnte während des Gewitters doch nicht weiterfahren. So habe ich während der letzten Ferienzeit in einem kleinen Hotel übernachtet.

Halten Sie sich weniger als 3 Monate in der Bundesrepublik auf, so brauchen Sie nicht zum Einwohnermeldeamt zu gehen.

Au bureau de déclaration domiciliaire

Si vous allez habiter dans une ville, vous devez vous inscrire (l'inversion donne souvent à la proposition un sens conditionnel ; la principale qui suit commence par « so » + inversion).

A cause de l'obligation de déclaration domiciliaire, vous devez vous faire inscrire.

De même dans les hôtels, vous devez remplir le formulaire d'inscription.

A cause de l'orage, j'ai passé la nuit en cours de route dans un hôtel en dehors de la ville. Car je ne pus tout de même continuer ma route pendant l'orage. C'est ainsi que j'ai passé la nuit, durant les dernières vacances, dans un petit hôtel.

Si vous séjournez moins de 3 mois en République fédérale, il ne faut pas que vous alliez (il ne vous faut pas aller) au bureau de déclaration domiciliaire.

VOCABULAIRE

-s **Einwohnermeldeamt** [ˈainvoːnərmɛldəamt]	bureau de déclaration domiciliaire
-e **Meldepflicht**	obligation de déclaration domiciliaire
-s **Anmeldeformular**/-r **Anmeldeschein**	formulaire d'inscription
sich **anmelden** = sich **eintragen lassen**	se faire inscrire
-e **Anmeldung**	l'inscription
sich **aufhalten**	séjourner
-e **Ferienzeit** [ˈfeːriəntsait]	le temps des vacances
unterwegs	en cours de route
einziehen	emménager, aller habiter.

PRÉPOSITIONS + GÉNITIF

(an)statt [ʃtat] : au lieu de
trotz [trɔts] : malgré
während [ˈvɛːrənt] : pendant
wegen [ˈveːgən] : à cause de
außerhalb [ˈausərhalp] : en dehors de

MOTS COMPOSÉS

la porte de la maison : -e Haustür
Dans ces formations, le dernier mot est le mot de base dictant le genre ; le premier, le déterminant, reçoit l'accent.
Substantif + substantif : -e Stadtmitte (centre ville)
Adjectif + substantif : -e Altstadt (la vieille ville)
Verbe + substantif : -s Lesebuch (livre de lecture)
Pronom + substantif : -e Ichsucht (égoïsme)
Préposition + substantif : -e Vorstadt (faubourg)

TRADUISEZ

1. Après mon arrivée, j'ai rempli un formulaire. **2.** J'ai interrompu le voyage à cause de l'orage. **3.** Malgré le court séjour à l'hôtel, j'ai rempli le formulaire d'inscription. **4.** Le lendemain, j'ai poursuivi mon voyage malgré le mauvais temps. **5.** Si vous résidez plus de 3 mois en République fédérale, il existe une déclaration obligatoire d'arrivée.

Die Autopanne

Ich habe eine Panne. Da ist etwas kaputt, der Motor
dreht nicht mehr. Ich gehe zur Notrufsäule und hebe
die Klappe hoch:
— Hier Autobahnmeisterei Stuttgart.
— Hier Jacques Legrand. Ich bin auf der A 8 Karls-
 ruhe-Stuttgart bei km 226, Richtung Stuttgart.
 Ich habe eine Autopanne. Ich kann nicht weiterfahren.
— Es kommt schnell jemand von der ADAC-Stras-
 senwacht.
— Wird es noch heute repariert?
— Das wird untersucht. Falls es nicht möglich ist, so
 wird es zur Werkstatt abgeschleppt.

La panne de voiture

J'ai une panne de voiture. Quelque chose est cassé (là
est quelque chose de cassé), le moteur ne tourne plus.
Je vais à la borne téléphonique et je soulève le volet (de
la borne):
— Ici le service de la régie des autoroutes de Stuttgart.
— Ici Jacques Legrand. Je me trouve sur la A 8 Karls-
 ruhe-Stuttgart au km 226 sur la voie vers (en direc-
 tion de) Stuttgart. J'ai une panne. Je ne peux plus
 rouler (continuer de rouler).
— Il y aura vite quelqu'un de l'assistance routière
 ADAC.
— Sera-t-elle encore réparée aujourd'hui?
— Il faudra voir (ce sera examiné). Si ce n'est plus
 possible, la voiture sera remorquée au garage.

VOCABULAIRE

die Panne [´panə]	la panne
die Notrúfsäule [´no:tru:fsɔylə]	borne téléphonique
die Klappe	volet (de la borne)
die Autobahnmeisterei [´autoba:nmaistərai]	service de la régie des auto-routes
empfangen [ɛmp´faŋən], **empfing, empfangen**	recevoir
die Straßenwacht der ADAC [´ʃtra:sənvaxt de:r a: de: a: tse:]	assistance routière du club automobile
abschleppen [´apʃlɛpən] (séparable)	remorquer

LA FORME PASSIVE

A la forme passive, le sujet subit l'action.

Das Auto wird von ihm repariert : la voiture est réparée par lui.

Es wird abgeschleppt : elle est remorquée (enlevée à la dépanneuse).

Formation du passif = werden + participe passé du verbe

ich werde	wurde	empfangen(je suis reçu)
du wirst	wurdest	» (j'étais, je fus...)
er wird	wurde	»
wir werden	wurden	»
ihr werdet	wurdet	»
sie werden	wurden	»
Sie werden	wurden	»

Passé composé : er ist empfangen worden : il a été reçu.

TRADUISEZ

A la borne téléphonique :

— Allo, je me trouve sur la B 42 près de Goarshausen. Pouvez-vous me dépanner ? Les freins ne fonctionnent plus. Je puis enfoncer complètement la pédale de freins sans (qu'il y ait d') effet.

— Où vous trouvez-vous ?

— Justement avant Goarshausen en direction de Cologne, près de la Loreley.

— J'envoie quelqu'un de l'assistance routière. Il passera d'ici une heure (= il est chez vous).

Auf der Party

Gestern war ich auf einer Party. Der Kollege hatte
Geburtstag und das haben wir gefeiert. Da wurde
getrunken, gesungen und getanzt. Auch wurde da
viel gelacht. Wir haben viel Spaß gehabt. Langweilig
war es auf jeden Fall nicht!

A la soirée

Hier, j'assistai (étais) à une soirée. Le collègue avait son
anniversaire et nous avons fêté cela. On a bu, chanté et
dansé. On a aussi bien (beaucoup) ri. Nous nous sommes bien amusés. En aucun cas, ce ne fut ennuyeux!

VOCABULAIRE

die Party [ˈpaːrti]	soirée
der Kollege [kɔˈleːgə]	collègue
er hat Geburtstag [gəˈburtstaːk]	c'est son anniversaire
Spaß [ʃpaːs] **haben**	s'amuser
langweilig [ˈlaŋvailiç]	ennuyeux
eine Frage [ˈfraːgə] **stellen**	poser une question
diskutieren, diskutiert	discuter
(verbe en **-ieren**, pas de « ge- » au participe passé)	
den Paß verlängern	renouveler le passeport
unterschreiben	signer (inséparable)
das Formular ausfüllen	remplir le formulaire
[ausˈfylən]	
singen (verbe fort)	chanter
trinken (verbe fort)	boire
eigentlich [ˈaigəntliç]	en réalité

LA FORME PASSIVE

1. D'autres verbes que les transitifs (ceux qui demandent un complément d'objet direct) peuvent se mettre au passif, mais alors sans sujet : <u>ich helfe/half ihm</u> devient <u>Ihm wird/wurde geholfen</u>.

2. Le passif est bien plus fréquent en allemand qu'en français et sert souvent à marquer une généralisation (il remplace souvent le « on » français) :
   On ne travaille pas le dimanche : <u>Sonntags wird nicht gearbeitet</u> ;
   Aujourd'hui, on téléphone beaucoup : <u>Heute wird viel telefoniert</u>.

EXERCICE

Mettre au passif

1. Man stellt eine Frage. 2. Man hat auch gespielt. 3. Man stellte viele Fragen. 4. Man diskutierte auch viel. 5. Man verlängerte den Paß nicht. 6. Man unterschreibt immer die Briefe. 7. Man bespricht das Thema (sujet) 8. Man füllte das Formular aus. 9. Man legt die Prüfung ab. 10. Man hat es bewiesen.

Was am Wagen zu tun ist

Da muß noch viel erledigt werden.
Das Oel muß noch gewechselt werden.
Die Frontscheibe ist schmutzig: sie muß noch geputzt werden.
Die Batterie ist leer: sie muß aufgeladen werden.
Im Kühler ist nicht genug Wasser: Wasser muß nachgefüllt werden.
Der Wagen hat bald kein Benzin mehr: er muß vollgetankt werden.
Der Wagen ist kaputt: er muß repariert werden.

Ce qu'il faut faire à la voiture

Il reste beaucoup à faire (beaucoup doit être fait).
Il faut encore vidanger l'huile.
Le pare-brise est sale : il doit encore être nettoyé.
La batterie est vide : elle doit être rechargée.
Il n'y a pas assez d'eau dans le radiateur : il faut ajouter de l'eau.
La voiture n'a bientôt plus d'essence : il faut faire le plein (doit être remplie).
La voiture est en panne : elle doit être réparée.

VOCABULAIRE

viel erledigen [ɛrˈleːdigən]	faire beaucoup
volltanken (séparable)	faire le plein
Öl wechseln [vɛksəln]	faire la vidange (d'huile)
die Frontscheibe	le pare-brise
die Batterie aufladen	recharger la batterie
den Kühler nachfüllen [ˈkyːlər ˈnaːxfylən]	remplir le radiateur
die Zündkerze [ˈtsyntkɛrtsə]	bougie
der Verletzte (adjectif substantivé : se décline comme adjectif)	blessé
der Scheibenwischer	essuie-glace
austauschen	remplacer
das Hemd bügeln	repasser la chemise
widersprechen [viːdərˈʃprɛçən] (verbe intransitif + datif)	contredire
-s Benzin : Normal, Super, bleifrei	essence normale, super, sans plomb

LE PASSIF AVEC LES VERBES MODAUX

Le passif est souvent construit avec les verbes modaux : ich muß noch einen Brief schreiben : ein Brief muß noch geschrieben werden.

Seul le verbe modal est conjugué, l'infinitif qui l'accompagne est mis à l'infinitif passif : <u>schreiben</u> devient <u>geschrieben werden</u>

Es muß gesagt werden : il faut le dire
Dem muß widersprochen werden : il faut le contredire.

TRADUIRE AU PASSIF

1. Faut-il nettoyer les bougies ? **2.** Peut-on (permission) laver le tissu dans la machine ? **3.** Convient-il de répondre à ces lettres ? **4.** Doit-on aider le blessé ? **5.** Peut-on (capacité) réserver la chambre ? **6.** Faut-il faire le plein ? **7.** Faut-il remplir encore le formulaire ? **8.** La voiture doit-elle être lavée aujourd'hui ? **9.** Faut-il remplacer l'essuie-glace ? **10.** La chemise doit-elle encore être repassée ?

1. Répondez négativement (Voir leçons 41 et 42).
Modèle: Bin ich auf dem richtigen Weg? (falsch)
Nein, Sie sind auf dem falschen (Weg).
1. Fährst du ein altes Auto? (neu)
2. Möchtest du fettes Fleisch? (mager)
3. Möchten Sie kalte Milch? (warm)
4. Sitze ich hier nicht in der zweiten Klasse? (erst)
5. Rauchen Sie nur schwere Zigaretten? (leicht)
6. Hast du dir den billigen Wagen gekauft? (teuer)
7. Möchten Sie ein farbiges Hemd? (weiß)
8. Haben Sie keine französische Broschüre?
   (deutsch).
9. Ist er Franzose? (ein Deutscher = adj. subst.)

2. Répondez affirmativement avec l'adverbe pronominal.
1. Bist du schon *in die Schweiz* gefahren?
2. Hast du dich *nach dem Weg* erkundigt?
3. Hast du ihm *für seine Hilfe* gedankt?
4. Wohnst du *in diesem Hotel*?
5. Bist du *mit der Kamera* zufrieden?

3. Posez la question pour obtenir les réponses suivantes (utilisez l'adverbe pronominal).
1. Ich bin schon in die Schweiz gefahren.
2. Ich habe mich nach dem Weg erkundigt.
3. Ich habe ihm für seine Hilfe gedankt.
4. Ich wohne in diesem Hotel.
5. Ich bin mit der Kamera zufrieden.

4. Répondez avec un génitif
1. Wessen Auto ist das? (Direktor)
2. Ist das das Haus deines Freundes? (Nein, Professor)
3. Wann hat er es dir gesagt (während Essen)?
4. Warum ist er nicht gekommen? (Unfall)
5. Ist er bei so schlechten Wetter dort geblieben?

5. Rendez la tournure impersonnelle (man) par passif (leçons 37, 38, 39)
1. Telefoniert man oft in Deutschland?
2. Man aß dort immer sehr gut.
3. Wann stellte man dies fest?
4. Kann man den Wagen noch reparieren?
5. Kann man ihm noch helfen?
6. Muß man das Formular ausfüllen?
7. Konnte man das Zimmer reservieren?
8. Diese Frage stellte man nicht.
9. Wechselte man den Reifen?
10. Soll man Oel nachfüllen? (ajouter de l'huile: Oel nachfüllen)

Ich habe die Straße nicht finden können

— Allo, hier Alain, kann ich mit Toni sprechen?
[ˈtoːni].
— Ich bin es, Alain! Wie geht's?
— Gut, aber ich bin in der Hochstraße [ˈhoːxʃtraːsə]
und ich habe die Breite Straße nicht finden kön-
nen. Ich habe schon dreimal nach dem Weg fra-
gen müssen.
— Na ja, es ist nicht leicht. Es ist eine Einbahn-
straße. Aber du bist in der Hochstraße, sagst du?
Hast du nicht die Post sehen können?
— Ich habe nur die Hausnummer 434 sehen können
— Fahre bis zur Post (Richtung Stadtmitte). Nach
der Post biegst du rechts in die zweite Straße ein.
Das ist sie. Das findest du bestimmt.
— Danke, bis gleich.

— Allo, ici Alain, puis-je parler à Toni?
— C'est moi, Alain! Comment cela va-t-il?
— Bien, mais je suis dans la « Hochstraße » [ˈhoːx-
ʃtraːsə] et je n'ai pas pu trouver la « Breite Straße ».
J'ai déjà dû demander trois fois le chemin.
— Oui, en effet, ce n'est pas facile. C'est une rue à
sens unique. Mais tu es dans la Hochstraße, n'est-
ce pas (tu dis)? N'as-tu pas pu voir la poste?
— Je n'ai pu voir que le numéro de maison 434.
[ˈfiːrhundərt ˈfiːruntˈdraisiç]
— Va jusqu'à la poste (en direction du centre). Après
la poste, tu prends la 2ᵉ rue à droite (links/rechts
einbiegen : séparable). C'est là (= elle). (Cela) Tu la
trouveras (trouves) certainement.
— Merci. A tout de suite.

VOCABULAIRE

dreimal [ˈdraimaːl]	3 fois
nach dem Weg fragen [naːx deːm veːk]	demander le chemin
ich rufe ihn an = ich telefoniere mit ihm	je lui téléphone
die Einbahnstraße [ˈainbaːnʃtraːsə]	le sens unique
Richtung Stadtmitte [ˈʃtatmitə]	direction centre ville
in die Straße einbiegen [ˈainbiːgən]	prendre une rue.
bis gleich	à tout de suite.

DOUBLE INFINITIF

1. Si un verbe modal (können, dürfen...) au passé composé est accompagné d'un infinitif, il transforme son participe passé en infinitif
   er hat <u>gedurft</u> : il a pu (permission) ; er hat kommen <u>dürfen</u> : il a pu venir.
2. **Remarquez** la place du participe passé transformé en infinitif : avant le verbe modal.
   Cette construction est fréquente avec les verbes modaux et les verbes : <u>lassen</u>, <u>helfen</u>, <u>sehen</u>, <u>hören</u> et <u>brauchen</u> :
   ich habe ihn kommen sehen : je l'ai vu venir.

TRADUISEZ

1. Allo Toni, tu ne m'as pas vu (getroffen : rencontré) hier au cinéma. Je n'avais pas la permission de mes parents (die Eltern) d'y aller. J'avais trop de travail. 2. Bonjour Alain. Je t'ai apporté un cadeau (das Geschenk). Tu n'aurais (hättest) pas dû faire cela. 3. Il n'a pas pu trouver le chemin. 4. Il n'a pas voulu faire cela. 5. C'est très gentil à lui. 6. Il n'a pas dû faire ce travail. 7. Je l'ai vu venir. 8. Il l'a entendu venir.

— Was ist passiert? Was war hier los?
— Soeben ist hier ein Unfall passiert. Ein PKW hat beim Überholen einen Fußgänger überfahren. Er schien zuerst abzubremsen. Aber dann plötzlich beschleunigte er.
— Ja, das Mißachten der Verkehrsregeln führt oft zu Unfällen.
— Zum Überholen reichte es nicht mehr. Er wollte noch überholen, aber sah den Fußgänger zu spät.

— Que s'est-il passé?
— Il vient de se produire un accident. Une voiture a écrasé un piéton lors d'un dépassement. D'abord, elle sembla freiner. Mais (puis) soudainement, elle se mit à accélérer.
— Oui, l'inobservation du code de la route conduit souvent à des accidents.
— Il était trop tard (il n'y avait plus assez) pour dépasser. Il a voulu encore dépasser et a vu trop tard le piéton.

VOCABULAIRE

scheinen [ˈʃainən]: sembler
glauben: croire
brauchen: avoir besoin de
lernen: apprendre
was ist passiert? = **was war los?**: que s'est-il passé?
der Unfall: l'accident
das Überholen: le dépassement
beschleunigen (faible): accélérer
das Mißachten: inobservation
die Verkehrsregeln: le code de la route.
soeben [zoːˈeːbən] (adv.): venir de
der PKW [peːkaːˈveː] = **der Personenkraftwagen**: la voiture
überfahren [yːbərˈfaːrən] (inséparable): écraser
nachsehen [ˈnaːxzeːn]: inspecter
die Werkstatt: le garage (réparation)

VOCABULAIRE

packen : boucler ses valises
den Unfall verursachen [fɛr'uːrzaxən] (inséparable) : causer l'accident
der Führerschein [ˈfyːrər ʃain] : le permis de conduire.

INFINITIF ALLEMAND

Il est d'un usage très fréquent ; **il peut être substantivé.**
1. **en tant que sujet**
   <u>Irren</u> ist menschlich : il est humain de se tromper
   [ˈirən ist mənʃliç]
   <u>Rauchen</u> schadet der Gesundheit : fumer nuit à la santé
   (schaden + datif).
2. **en tant que complément**
   Er war gerade _am Lesen_ : il était justement en train de lire (forme progressive).
   Der Unfall ist _beim Überholen_ passiert : l'accident s'est passé en doublant (alors qu'il doublait = simultanéité).
   Er will heute Abend _zum Tanzen_ gehen : il veut aller danser ce soir (aller faire quelque chose).
Remarque : l'infinitif substantivé prend une majuscule.
L'infinitif avec ou sans zu
1. Les verbes modaux (wollen, ...) et les verbes <u>lassen</u>, <u>sehen</u>, <u>hören</u>, <u>helfen</u> sont suivis de l'infinitif <u>sans zu</u> :
   Ich sehe ihn kommen (je le vois venir)
2. après les verbes : <u>scheinen</u>, <u>glauben</u>, <u>brauchen</u>, <u>lernen</u> (apprendre), il y a un infinitif <u>avec zu</u> :
   er scheint gesund <u>zu</u> sein (il paraît être en bonne santé)
   du brauchst nicht mit<u>zu</u>kommen : tu n'as pas besoin d'accompagner
Remarquez : mitzukommen en un mot, tout comme mitkommen l'est aussi.

TRADUIRE

1. En inspectant la voiture. **2.** Il est en train d'écrire. **3.** J'ai besoin de quoi écrire. **4.** J'ai téléphoné pour le remorquage. **5.** J'étais en train de me reposer. **6.** Je me suis blessé en courant. **7.** Il est en train de boucler ses valises. **8.** Il a provoqué l'accident en freinant. **9.** Pour conduire, il faut un permis.

Studium in Heidelberg

Ich möchte in Heidelberg studieren. Ich habe vor, in Heidelberg zu studieren. Mir wurde es empfohlen, denn ich möchte dort Germanistik studieren. Aber ist es möglich, dort zu studieren, ohne genug Deutsch zu können? Und um schneller Deutsch zu studieren, ist es ratsam nach Deutschland (in die Bundesrepublik) zu gehen. Es gibt auch einen Numerus clausus, aber der gilt eigentlich nur für Deutsche. Ich hoffe, ein Stipendium zu bekommen, dann kann ich mich gleich immatrikulieren lassen.

Études à Heidelberg

J'aimerais étudier à Heidelberg. J'ai l'intention d'étudier à Heidelberg. Cela m'a été conseillé car j'aimerais y étudier la philologie allemande. Mais est-il possible d'y étudier sans connaître assez d'allemand? Et pour étudier plus vite l'allemand, il est à conseiller d'aller en Allemagne (en République fédérale). Il y a aussi un numerus clausus, mais celui-ci ne vaut, au fond, que pour les Allemands. J'espère obtenir une bourse (d'études), alors je puis me faire inscrire immédiatement.

VOCABULAIRE

vorhaben [ˈfoːrhaːbən]	projeter, avoir l'intention (séparable)
empfehlen [ɛmpˈfeːlən] **ie, a, o.**	recommander
das Einschreiben	lettre recommandée
raten (ä, ie, a)	conseiller
es ist ratsam	il est à conseiller
das Stipendium [ʃtiˈpɛndium]	bourse
es gibt + acc.	il y a
sich immatrikulieren lassen	se faire inscrire (université)

VOCABULAIRE

abholen [ˈaphoːlən] **von** (sépa- aller chercher à
rable)
Darf ich + **infinitif** question polie : puis-je (me permettre de)...
der Numerus clausus nombre limité d'étudiants admis (à l'université)
an der See à la mer (sans mouvement)
im Gebirge à la montagne (sans mouvement)

PROPOSITION INFINITIVE (-r Infinitivsatz)

Proposition, qui n'a pas de sujet propre, mais dont le sujet
est le même que celui de la proposition dont il dépend
ou même un complément de celle-ci.
C'est une subordonnée, donc son verbe sera rejeté en fin
de proposition.
Dans une proposition subordonnée infinitive, il faut donc
au moins 3 éléments : un complément ou « **um** » pour l'introduire + « **zu** » + infinitif.
1. Ich habe vergessen, ihn <u>zu</u> fragen (j'ai oublié de lui
   demander).
      Ich bitte Sie, das Formular aus<u>zu</u>füllen
      (je vous prie de remplir le formulaire)
      Ich rate Ihnen, zu einem Spezialisten <u>zu</u> gehen :
      (... d'aller chez un spécialiste).
2. Ich brauche etwas, <u>um</u> die Dose auf<u>zu</u>machen
   (j'ai besoin de quelque chose pour ouvrir la boîte)
   um zu : implique une finalité.
Remarque : n'oubliez pas de placer une virgule avant la
proposition infinitive ! L'allemand place toujours **une virgule entre toutes les propositions !**

TRADUISEZ

1. Est-il possible d'étudier à Cologne sans bourse ?
2. Il n'a pas réussi à s'inscrire à cause du numerus
clausus. 3. Il a espéré obtenir une bourse. 4. Il a
essayé d'étudier le droit (Jura). 5. Le douanier m'a
demandé de montrer le passe-port (vorzeigen).
6. As-tu l'intention de passer l'examen d'allemand
à Heidelberg ? 7. Espères-tu trouver bientôt une
chambre à Bonn ? 8. Je projette de passer les vacances à la mer.

Heutzutage wird immer weniger gearbeitet. Die Arbeitszeit wird immer kürzer. Früher wurde viel länger gearbeitet. Aber kürzere Arbeitszeit bedeutet manchmal auch weniger Lohn. Und weniger Lohn bedeutet weniger Kaufkraft. Es geht uns heute nicht besser als früher. Besonders in diesem Winter, der viel kälter war, bedeutet das auch höhere Heizungs-kosten. Ja, die Zeiten haben sich geändert und das Leben wird nicht gerade billiger.

Aujourd'hui, on travaille de moins en mois. La durée (horaire) de travail devient de plus en plus courte. Jadis (auparavant), on travaillait beaucoup plus longtemps. Mais une durée de travail plus courte signifie souvent aussi un salaire plus bas. Et un salaire réduit signifie un pouvoir d'achat réduit. Nous ne nous portons pas mieux que jadis. Spécialement au cours de cet hiver qui fut beaucoup plus froid, ceci représente (= signifie) des frais de chauffage plus élevés. Oui, les temps ont bien changé et la vie ne devient pas spécialement meilleur marché.

VOCABULAIRE

sich ändern	changer
die Arbeitszeit	durée du travail
immer + compar.	de plus en plus
der Lohn	salaire (ouvrier)
das Gehalt	traitement
die Heizung	chauffage
die Heizungskosten (pl)	frais de chauffage
lieber haben	préférer
nicht gerade	justement pas, pas spécialement

LE COMPARATIF

Berlin ist grö**ß**er **als** Köln.
  (Berlin est plus grand que Cologne).
Bonn ist klein**er** **als** Köln.
  (Bonn est plus petit que Cologne).
Frankfurt ist **so** groß **wie** Stuttgart.
  (Francfort est aussi grand que Stuttgart).
Bonn ist **nicht so** groß **wie** Köln.
  (Bonn n'est pas aussi grand que Cologne).

Formation : (") + **er** : schön devient schöner.
1. le radical en *a, o, u* prend l'Umlaut : grö**ß**er, **ä**lter, j**ü**nger
2. si le radical se termine par -el/ -er non accentués, le
  « e » devant « l » ou « r » tombe :
    dunk**e**l : dunkler ; teu**e**r : teurer
3. irréguliers :
    viel : mehr (plus)
    gern : lieber (plus volontiers)
    gut : besser (mieux, meilleur)
    hoch : höher (plus haut)
    nah : näher (plus proche)

Remarque : les comparatifs sont déclinés comme les adjectifs, sauf mehr et weniger qui sont invariables.
Emploi : on emploie le comparatif lorsqu'on ne compare que deux choses ou personnes : mein älterer Bruder (frère aîné de deux).

TRADUISEZ

1. Aujourd'hui nous nous portons mieux (cela va mieux à nous). **2.** Ma sœur aînée ne m'accompagne pas. **3.** Ma voiture est plus chère que la tienne. **4.** L'essence est moins chère en Allemagne qu'en France (das Benzin). **5.** Elle est plus chère en Belgique qu'au Luxembourg. **6.** Elle est plus âgée que moi. **7.** Je préfère passer mes vacances en Allemagne. **8.** Je préférerais travailler plus longtemps.

Kellner und 2 Kunden (clients):
— Was wünschen die Herrschaften?
— Ich möchte am liebsten das Menü bestellen, das ist am billigsten.
— Und ich weiß nicht, was ich bestellen soll. Können Sie mir etwas vom Haus empfehlen?
— Ja, als Suppe unsere beste Kraftbrühe. Dann einen guten Braten mit Kartoffeln oder Spätzele. Möchten Sie ihn englisch (halb durch) oder gut durchgebraten? Zum Nachtisch Eis oder Obstsalat. Was möchten Sie zum Trinken?
— Ich trinke gern Mineralwasser, Selterwasser (Sprudelwasser), lieber Bier, aber am liebsten einen fruchtigen Wein.

Un garçon et 2 clients:
— Que désirent ces messieurs, dames?
— J'aimerais de préférence commander le menu, c'est le meilleur marché.
— Et moi, je ne sais quoi commander (ce que je dois commander). Pouvez-vous me recommander quelque chose du chef (= de la maison)?
— Oui, en guise de soupe notre meilleur bouillon. Ensuite un bon rôti avec des pommes nature ou Spätzele. Le voulez-vous saignant (à point) ou bien cuit? Pour dessert (il y a) de la glace ou une macédoine de fruits. Que désirez-vous à boire?
— J'aime l'eau minérale, l'eau Selter (pétillante), je préfère la bière, mais par-dessus tout (je préfère) un vin fruité.

VOCABULAIRE

das Essen	le repas
das Menü bestellen	commander le menu
ich möchte	j'aimerais...
die Kraftbrühe	le bouillon
die Küche	cuisine
der Braten	le rôti
englisch	saignant (Braten)

VOCABULAIRE

halb durch	à point
gut durchgebraten	bien cuit
die Kartoffel/n	pommes de terre
Spätzele (All. Sud) (pl)	petits gnocchi de farine
zum Nachtisch	pour dessert
zum Trinken	pour boisson
Selterwasser/Sprudelwasser	eau Selter/pétillante
-r Obstsalat [ˈoːpstzalaːt]	macédoine de fruits

LE SUPERLATIF

Superlatif absolu : *sehr teuer :* très cher.

Superlatif relatif : (″) + **(e)st :** les adjectifs et adverbes d'une syllabe, terminés par -d, -t, -z, -tz, -ß, -sch, prennent « e » devant -st.

Es war das teuerste Auto
Karl ist der jüngste zu Hause
Er war der älteste von 5 Kindern

Superlatifs irréguliers

groß (größer) größt
gut (besser) best (le meilleur)
hoch (höher)höchst [høːçst]
nah (näher) nächst [nɛːçst] (le plus proche)
gern (lieber) liebst
viel (mehr) meist

Remarques

1. Les superlatifs sont déclinés comme les adjectifs.
2. En comparant différents degrés d'une même qualité, le superlatif a la forme adverbiale : *am...-sten :* die Tage sind im Sommer am längsten.

TRADUISEZ

1. La Zugspitze est la montagne la plus élevée d'Allemagne. 2. La plupart des Allemands aiment le pain complet (das Vollkornbrot). 3. Je préfère rester à la maison. 4. Trèves est la ville la plus vieille. 5. Les meilleurs vins sont exportés. 6. La gare la plus proche est à 3 km. 7. L'aîné des (2) frères me visite régulièrement (regelmäßig besuchen). 8. Ceci est la meilleure place.

— Entschuldigung, wie komme ich zum Rathaus?

— Verzeihung, ich habe Sie nicht verstanden. Wohin wollen Sie?

— Zum Rathaus. Ist das weit?

— Ja, zu Fuß sind es zehn Minuten. Oder Sie können Bus drei nehmen, der hält gerade vor dem Rathaus.

— Aber wie weiß ich, daß ich am Rathaus bin?

— Es ist die dritte Haltestelle. Sie können sich nicht irren, denn es ist leicht zu erkennen. Oder Sie können zu Fuß gehen. Sie gehen dreihundert Meter geradeaus. Dann biegen Sie links in die dritte Straße ein. Nach zweihundert Metern sind Sie am Rathaus.

— Schönen Dank.

— Gern geschehen. Nichts zu danken.

— Excusez-moi (excuse), comment arrive-t-on (est-ce que j'arrive) à l'hôtel de ville (mairie)?

— Pardon, je ne vous ai pas compris. Où voulez-vous aller?

— A l'hôtel de ville. Est-ce loin?

— Oui, à pied il faut (ce sont) 10 minutes. Ou vous pouvez prendre le bus 3, il s'arrête (celui-ci) justement devant l'hôtel de ville.

— Mais comment saurai-je que je suis à l'hôtel de ville?

— C'est le troisième arrêt. Vous ne pouvez pas vous tromper, car c'est facile à reconnaître. Ou bien vous pouvez aller à pied. Vous faites (allez) 300 m tout droit. Ensuite vous prenez la troisième rue à gauche. Après 200 m, vous êtes à l'hôtel de ville.

— Merci beaucoup.

— Il n'y a pas de quoi. Je vous en prie.

VOCABULAIRE

aber [ˈaːbər] Knacklaut! coup de glotte!	mais
sondern [ˈzɔndərn]	mais au contraire, après une négation
und ([ˈund] Knacklaut)	et
oder ([ˈoːdər] Knacklaut)	ou
denn [dɛn]	car
doch [dɔx]	mais, cependant
Entschuldigung (f)	excuse
Verzeihung [fɛrˈtsaiuŋ] (f)	pardon
verstehen, a, a [fɛrˈʃteːən]	comprendre
-s Rathaus [ˈraːthaus]	hôtel de ville
-a Haltestelle [ˈhaltəʃtɛlə]	arrêt
geradeaus [gəraːdəˈaus]	tout droit
gern geschehen [gɛrn gəˈʃeːən]	il n'y a pas de quoi (volontiers fait)
nichts zu danken	je vous en prie
einbiegen [ˈainbiːgən]	prendre (rue)

LES CONJONCTIONS DE COORDINATION

1. Les conjonctions de coordination introduisent une proposition coordonnée qui se construit **comme une principale.**
2. Les conjonctions ne causent **pas d'inversion**, sauf si elles sont suivies par un mot autre que le sujet (par ex. un complément) : doch morgen kommen sie wieder : cependant ils reviennent demain.
3. N'oubliez jamais la **virgule** avant la conjonction, car la conjonction introduit une nouvelle proposition et les propositions sont toujours séparées par des virgules.
4. Ne confondez pas l'**adverbe de temps** « <u>dann</u> » (ensuite), et la conjonction « <u>denn</u> » (car) : Zuerst bestelle ich Suppe, <u>denn</u> ich habe Hunger, <u>dann</u> bestelle ich einen guten Braten.

TRADUISEZ

1. Aujourd'hui, je n'ai pas le temps, mais je viendrai certainement demain. **2.** Je ne puis le faire directement, mais ça ne presse (eilen) pas. **3.** Je ne puis venir demain, car nous avons de la visite (der Besuch). **4.** Nous pouvons aller au cinéma ou aller nous promener au parc. **5.** Vous ne prenez pas la rue à gauche, mais celle à droite.

Das Fernsehen

Was gibt es heute abend im Fernsehen? Ich schalte das Fernsehgerät ein. Ich weiß, daß es jeden Abend im 1. Programm (in der ARD) um 8 Uhr die Tagesschau gibt. Dort berichtet man über die letzten Tagesereignisse. Gegen 22.30 U werden in der Sendung « Tagesthemen » gewisse Themen eingehend behandelt. Im zweiten Programm (im ZDF) heißt die Tagesschau « heute » und läuft schon um 7 Uhr abends. Im dritten Programm heißt sie wieder Tagesschau. Darüber hinaus gibt es Spielfilme, Unterhaltungssendungen, und ich bin sicher, daß auch die « Sportschau » eine sehr beliebte Sendung ist. Wir sind überzeugt, daß das Programmangebot durch das Kabelfernsehen noch erweitert wird.

La télévision

Qu'y a-t-il ce soir à la télévision? J'allume le poste de télévision. Je sais que chaque soir au 1er programme (ARD) il y a à 8 heures le journal télévisé. On y traite des derniers événements du jour. Vers 22 h 30 dans l'émission « Tagesthemen » (sujets du jour), certains sujets sont traités en détail. Au deuxième programme (ZDF) la « Tagesschau » s'appelle « heute » (aujourd'hui) et passe déjà à 7 heures du soir. Au troisième programme, elle s'appelle de nouveau « Tagesschau ». En outre, il y a des longs métrages, des émissions de variétés et je suis sûr que la « revue sportive » est une émission très populaire. Nous sommes convaincus, que le nombre de programmes offerts (l'offre de programme sera élargie) augmentera avec la télévision par câble.

VOCABULAIRE

-s Fernsehen [ˈfɛrnzeːən]	télévision
-r Fernseher,	l'appareil de télévision
-r Fernsehapparat	

den Fernseher einschalten (sép)	allumer la télévision
-ARD [aːɛrˈdeː]	1ere chaîne
-ZDF [tsɛtdeːˈɛf], **zweites deutsches Fernsehen**	deuxième chaîne
-s Dritte Programm	3e chaîne
-e Tagesschau	le journal télévisé
-e Sportschau [ˈʃpɔrtʃau]	revue sportive
-e Unterhaltung [untərˈhaltuŋ]	divertissement, variétés
-s Thema/Themen	les sujets
Tagesereignisse (pl)	événements quotidiens
-r Spielfilm	le long métrage

LA PROPOSITION SUBORDONNÉE COMPLÉTIVE

1. Es macht mir Freude, daß es dir gut geht.
2. Wir hoffen, daß du uns bald wieder besuchst. Wir hoffen, du besuchst uns bald wieder.
3. Ich freue mich, daß alles gut gegangen ist.

Remarques

1. Toute proposition subordonnée a toujours le verbe conjugué en fin de proposition. (= **rejet du verbe conjugué à la fin**).
2. La proposition subordonnée est introduite par : **a)** daß, **b)** un mot interrogatif, **c)** un pronom relatif, **d)** une conjonction de subordination.
3. Surtout après un verbe déclaratif qui énonce un jugement, (tels denken, glauben, hoffen, wissen...), la conjonction « daß » se supprime souvent. Dans ce cas, la proposition qui dépend de ce verbe se construit comme une principale : ex. 2 : wir hoffen, du besuchst uns bald wieder.
4. N'oubliez pas la virgule qui sépare les propositions.

EXERCICE

Transformez la subordonnée sans « daß » en subordonnée avec « daß »

Es tut mir leid, der Fernseher ist kaputt. Ich denke, Sie können ihn reparieren. Es freut mich, ich kann Ihnen eine gute Nachricht melden. Ich denke, es gibt heute im 2. Programm einen guten Film. Ich hoffe, das Fußballspiel wird im ZDF übertragen. Entschuldigen Sie, ich habe Sie nicht eingeladen. Schade, du hast den Fernseher zu spät eingeschaltet.

Im Lufthansa-Büro

Ich will von Paris nach Frankfurt fliegen.
— Ich möchte wissen, ob ich noch für den Flug
Frankfurt-Paris einen Platz buchen kann.
— Ich weiß nicht, ob noch ein Platz frei ist. Ich
schaue mal nach. Für wann möchten Sie bu-
chen?
— Für übermorgen, Samstag.
— Ja, da ist noch ein Platz frei für den Flug LH 117
von 18.45 Uhr.
— Gibt es Ermäßigung, wenn ich den Hin- und
Rückflug buche?
— Sie haben den Flieg- & Spar-Tarif. Der Rückflug
ist frühestens am Sonntag nach Reiseantritt, und
Sie müssen den Flugschein gleichzeitig mit der
Buchung bezahlen. Dann können Sie 20 kg Frei-
gepäck und Handgepäck mitnehmen.
— Wann ist Meldeschluß?
— Dreißig Minuten vor dem Abflug.

Au bureau de la Lufthansa

Je veux aller (en avion) de Paris à Francfort.
— J'aimerais savoir, si je puis encore réserver une place pour
le vol de Paris-Francfort.
— Je ne sais pas s'il y a encore une place de libre. Je vais
vérifier (vérifie un peu). Pour quand voulez-vous réserver?
— Pour après-demain, samedi.
— Oui, il y a encore une place (libre) pour le vol LH 117 de 18
heures 45.
— Y a-t-il une réduction, si je prends (réserve) un aller-re-
tour?
— Vous avez le tarif Flieg & Spar (vol-épargne).
Le retour est au plus tôt le dimanche après le début du voyage,
et vous devez payer le ticket (simultanément) en même temps
que la réservation. Alors vous pouvez emporter 20 kg de
bagage en franchise et les bagages à main.
— Quelle est l'heure limite d'enregistrement?
— 30 minutes avant le départ de l'avion.

VOCABULAIRE

-r Flug [flu:k]	le vol
-r Abflug ['apflu:k]	départ d'avion
-r Hin- und Rückflug	vol aller retour
-r Flugschein	ticket d'avion
-r Sitzplatz	la place assise
nachschauen ['na:xʃauən]	vérifier
einen Platz buchen ['bu:xən]	réserver une place
-e Buchung ['bu:xuŋ]	réservation
-e Ermäßigung	réduction
-r Reiseantritt	début du voyage
-s Gepäck (sing)	les bagages
-s Freigepäck	franchise de bagages
-s Handgepäck	bagages à main
-r Meldeschluß	heure limite d'enregistrement

LES SUBORDONNÉES INTRODUITES PAR UN MOT INTERROGATIF

Il y a deux types de **propositions interrogatives directes** :
1. celle introduite par le **verbe** : kommt er noch heute ?
2. celle introduite par un **mot interrogatif** : Wann kommt er ? Wer kommt heute noch ?

Toute interrogation directe (principale) peut être **interrogative indirecte** (= proposition subordonnée).
1. si l'interrogative directe est introduite par **le verbe**, la proposition interrogative indirecte sera introduite par **ob.**

Ich frage mich, **ob** er heute noch kommt !
Je me demande s'il viendra encore aujourd'hui !
2. Si elle est introduite par **un mot interrogatif**, celui-ci sert de conjonction :

Ich weiß nicht, wann er kommt.
           wer heute noch kommt.
Je ne sais pas quand il vient/qui vient encore aujourd'hui.

Remarques
1. L'interrogative indirecte est une subordonnée, donc **rejet du verbe** en fin de proposition.
2. L'interrogative directe est suivie d'un point d'interrogation, l'interrogative indirecte d'un point.

Beim Arzt [aːrtst]

Ich bin sehr gesund, aber heute fühle ich mich unwohl : ich habe Verdauungsbeschwerden. Die Krankheit, die am meisten grassiert, ist wohl die Darmgrippe. Ein Kranker, der sich oft erbrechen muß, kann zum Arzt gehen. Der ganze Körper tut ihm weh. Ich gehe zum Arzt in die Sprechstunde, in der schon andere Patienten auf den Arzt warten. Der Arzt, der mich untersucht, stellt einen Darmkatarrh fest. Er verschreibt mir eine Medizin, die in der Apotheke erhältlich ist.

Chez le médecin

Je suis en très bonne santé, mais aujourd'hui je ne me sens pas bien : j'ai des troubles digestifs. La maladie qui sévit le plus est l'entérite (grippe intestinale). Un malade, qui doit souvent vomir, peut aller trouver le médecin. Le corps tout entier lui fait mal. Je vais à la consultation, où d'autres patients attendent déjà le médecin. Le médecin, qui m'examine, constate une entérite. Il me prescrit un médicament qui est en vente à la pharmacie.

VOCABULAIRE

-s Rezept [reːˈtsɛpt]	ordonnance
verschreiben	prescrire (inséparable)
-e Verdauungsbeschwerde	trouble digestif
-r Patient/en/en [patsiˈɛnt]	malade
-e Sprechstunde [ˈʃprɛçʃtundə]	consultation
sich erbrechen (i, a, o)	vomir
untersuchen (inséparable)	examiner
es tut mir weh	ça me fait mal
-e Apotheke [ˈteːkə]	pharmacie
hier erhältlich	en vente ici

LA PROPOSITION RELATIVE

La proposition relative est introduite par un pronom relatif.
C'est une subordonnée, le verbe est rejeté à la fin.

Er war der einzige, <u>der</u> gerettet wurde : il fut le seul qui
fut sauvé.

Sie war die Frau, <u>der</u> ich helfen mußte : elle était la
femme que je devais aider.

Er ist der Mann, <u>den</u> ich nach dem Weg frage : il est
l'homme auquel je demande le chemin.

Déclinaison du pronom relatif (voir l'article)

	m	f	n	pl (3 genres)
N	der	die	das	die
A	den	die	das	die
D	dem	der	dem	den<u>en</u>
G	dess<u>en</u>	der<u>en</u>	dess<u>en</u>	der<u>en</u>

Le pronom relatif introduisant la subordonnée relative
prend **le cas de sa fonction dans la subordonnée**, il prend
le genre de l'antécédent.

<u>Die</u>, welche hier anwesend sind, müssen fort.
Ceux qui sont ici présents doivent partir.

Welcher (décliné comme « der », mais inusité au génitif) est surtout employé dans la langue écrite pour éviter
l'accumulation de « der », « die » ou « das ».

TRADUISEZ

1. Le malade qui se sent mal doit aller trouver un médecin. **2.** J'ai des troubles digestifs qui ont com-
mencé hier. **3.** Le médecin chez qui je suis allé hier
est affilié (Mitglied) à la AOK. **4.** Il me prescrit un
médicament qui est en vente à la pharmacie. **5.** La
maladie qui sévit le plus à l'heure actuelle est l'entérite. **6.** L'homme que le médecin examine se sent
mal.

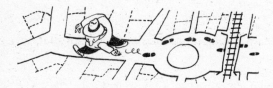

---

1. Traduisez : double infinitif (leçon 51)
1. Il n'a pas pu trouver la rue.
2. Je n'ai pas voulu acheter la voiture.
3. Il n'a pas pu aider son ami.
4. Je n'ai pas pu voir.
5. Je l'ai vu venir.

---

2. Répondez et utilisez l'infinitif substantivé (leçon 52)
1. Wie ist es zum Unfall gekommen ? (er hat zu stark gebremst).
2. Wozu reichte es nicht mehr ? (Ueberholen).
3. Wohin will er heute abend ? (Tanzen).
4. Wann ist der Unfall passiert ? (Als er überholte).

3. Demandez poliment de faire quelque chose :
Darf ich Sie bitten, ... + proposition infinitive : puis-je vous demander de...
1. Ein Taxi anrufen.
2. Das Anmeldeformular ausfüllen.
3. Mir das Salz geben.
4. Mich um 7 Uhr wecken.
5. Mich nach Hause begleiten (accompagner).

4. Comparez et employez le superlatif avec une proposition relative.
Modèle : Es war ein schwerer Unfall. Es war der schwerste Unfall, den ich je [jeː] (jamais) gesehen habe (que j'ai jamais vu).
1. Es war ein schöner Film.
2. Es war eine dumme Geschichte (erleben [ɛrˈleːbən] vivre).
3. Es waren herrliche Ferien (pluriel, vacances).
4. Es war ein schöner Tag.

5. Traduisez (Complétives et interrogatives indirectes)
1. Je crois qu'il ne vient pas aujourd'hui (avec et sans « daß »).
2. Je me demande s'il a raison (recht haben).
3. Je me demande quand il viendra.
4. Je lui demande où il a été hier.
5. Je lui demandai où il s'est rendu (se rendre : fahren, verbe de mouvement !)
6. Je me demande comment il s'est déplacé (fahren).
7. J'espère qu'il se porte bien (es geht mir, dir, ihm, ihr gut).
8. Je ne crois pas qu'il ait raison.

Die AOK

Als Urlauber (und Angehöriger der EG) kann ich in einem anderen Land der Gemeinschaft unentgeltlich eine ärztliche Behandlung beanspruchen. Ich brauche nur zur AOK zu gehen und dort das Dokument E 111 zu übergeben [yːbər ˈgeːbən]. Die Urlauber, deren Dokument E 111 übergeben wurde, bekommen dort einen Krankenschein. Dieser darf und kann dann fast gratis behandelt werden. Der Arzt gibt dann dem Patienten das Rezept und einen Schein, mit dem er in die Apotheke gehen kann. Dort bekommen Sie gegen eine Selbstbeteiligung, deren Höhe festgelegt ist, das Heilmittel.

La caisse de l'assurance-maladie

En tant que vacancier (et ressortissant de la CEE), je puis faire appel gratuitement, dans un autre pays de la communauté, à un traitement médical. Il me suffit (j'ai besoin que) d'aller à la caisse de l'assurance-maladie et d'y remettre le document E 111. Les vacanciers dont le document aura (avait) été remis, y obtiennent un certificat de l'assurance-maladie. Le vacancier peut (permission + capacité) être traité pratiquement (presque) gratuitement. Le médecin donne alors au patient l'ordonnance et un document (certificat) avec lequel il peut aller à la pharmacie. Là il obtient le médicament contre un ticket modérateur (somme à payer par le malade) dont le montant a été fixé.

VOCABULAIRE

-e AOK (allgemeine Ortskrankenkasse)	caisse de maladie-invalidité
-r Krankenschein	certificat de l'assurance maladie-invalidité
-r Versicherte (adj. subst.)	l'assuré

VOCABULAIRE

-e Krankenkasse	la mutualité
-e Höhe, -r Betrag	montant
-r Urlauber ['urlaubər]	vacancier
-r Angehörige der EG (-e Europäische Gemeinschaft)	le ressortissant de la CEE (communauté européenne)
in Anspruch nehmen = beanspruchen	faire appel à (un service)
-e ärztliche Behandlung ['ɛrtstliçə]	traitement médical

LA PROPOSITION RELATIVE

1. Le relatif composé **wer** [veːr] (celui qui) peut être aussi pronom interrogatif (qui ?). Il est surtout usité pour des maximes et des sentences : Wer nicht hören will, muß fühlen : quand on n'écoute pas les conseils, on s'instruit à ses dépens (celui qui ne veut entendre raison, doit ressentir).

2. De même **was** (ce que) : Er hat nicht reagiert, was ich bedauere : ...ce que je regrette.

3. **dessen, deren** : au génitif le pronom relatif a une construction propre : il n'est pas suivi de l'article : Die Krankheit, deren Ursache unbekannt war : la maladie dont la cause était inconnue...

4. **L'adverbe pronominal** (voir leçon 34) peut introduire une relative. On lui préfère une préposition avec le relatif : Die Verspätung, mit der (womit) ich nicht gerechnet hatte : le retard que je n'avais pas escompté.

TRADUISEZ

1. Qui consulte un médecin doit avoir un certificat de la mutualité. 2. Ce certificat lui permet d'aller trouver un médecin allemand, ce qui est fort pratique. 3. Le ticket modérateur, dont le montant est fixé officiellement, doit être payé par l'assuré. 4. Le vacancier dont la femme tombe malade doit aller à la AOK. 5. Le document E 111, avec lequel on peut consulter un médecin partout en Europe, est fort utile (nützlich).

In der Buchhandlung
— Ich möchte ein interessantes Buch kaufen.
— Was möchten Sie, einen Roman oder einen Krimi?
— Haben Sie etwas von Böll in Taschenbuchausgabe?
— « Der Zug war pünktlich » ist nicht mehr vorrätig. Es ist vergriffen. Aber wenn Sie Geduld haben, kann ich es bestellen. Ich weiß aber nicht, wann es eintrifft. Wenn Gedichte Sie interessieren, da gibt es eine neue Ausgabe von Celan [tseː ˈlaːn].
— Wenn ich Zeit habe, lese ich den « Buddenbrooks » von Thomas Mann.

A la librairie
— J'aimerais acheter un livre intéressant.
— Que voulez-vous, un roman ou un roman policier?
— Avez-vous quelque chose de Böll en édition de poche?
— « Der Zug war püntlich » (le train était à l'heure) n'est plus en stock. Il est épuisé. Mais si vous patientez (avez patience), je puis le commander. Je ne sais toutefois pas, quand il arrivera (il arrive). Si la poésie (des poèmes) vous intéresse, il y a une nouvelle édition de Celan (= poète).
— Si j'ai le temps, je lirai le « Buddenbrooks » (= roman) de Thomas Mann.

VOCABULAIRE

-e Buchhandlung	librairie
-r Roman [roˈmaːn]	roman
-e Kurzgeschichte	nouvelle (short story)
-r Kriminalroman [krimiˈnaːlr . .] =	
-r Krimi [ˈkriːmi]	roman policier
-e Ausgabe	édition

VOCABULAIRE

-e Taschenbuchausgabe [ˈtaʃən]	édition en livre de poche
-e Geduld [gəˈdult]	patience
-s Werk	l'œuvre, l'ouvrage
-s Gedicht	poème

LA CONJONCTION wenn

1. La conjonction **wenn** (quand, lorsque, si) introduit une temporelle ou conditionnelle. En général, celle-ci précède la principale qui a alors l'inversion :
   Wenn ich Zeit habe, besuche ich dich (Lorsque/si j'ai le temps, je te rends visite).
2. Généralement, on peut **omettre « wenn »**. Alors on construit la proposition comme une **principale avec inversion** ; la principale qui suit est introduite par **so** ou **dann** et a aussi l'inversion (voir fin leçon 46).
   Halten Sie sich länger als 3 Monate in der Bundesrepublik auf, **so** besteht Meldepflicht.
   Si vous résidez plus de 3 mois en République fédérale, il existe une déclaration obligatoire d'arrivée.
3. Après « wenn », **le verbe est au présent** :
   Wenn ich Zeit habe, lese ich.
   Quand j'aurai le temps, je lirai.

EXERCICES

1. Traduisez

1. Lorsque j'aurai le temps, je lirai Böll. **2.** Si je ne viens pas aujourd'hui, je viendrai demain. **3.** Si vous avez assez de patience, vous attendrez encore quelque peu. **4.** S'il se porte mal, il va chez le médecin. **5.** Lorsque j'aurai l'argent, je m'achèterai le livre.

2. Supprimez « wenn » et construisez autrement

1. Wenn ich Zeit habe, lese ich Böll. **2.** Wenn ich nicht heute komme, komme ich morgen. **3.** Wenn Sie genug Geduld haben, warten Sie noch etwas. **4.** Wenn es ihm schlecht geht, geht er zum Arzt. **5.** Wenn ich Geld habe, kaufe ich mir das Buch.

Als ich das Hotel verließ, war starker Verkehr

Einbruch in den Wagen

Als ich heute Morgen das Hotel verließ, war schon starker Verkehr auf der Straße. Ich nahm die Schlüssel und wollte die Wagentür aufschließen ('aufschließen: ouvrir avec une clef). Aber die Fensterscheibe war eingeschlagen. Auf dem Vordersitz fand ich die Spitze eines Messers (n). Jemand hatte in den Wagen eingebrochen. Und der graue Anzug, der am Kleiderhaken hing, war verschwunden. Ich ging zum Polizeirevier und erstattete Anzeige gegen Unbekannt. Die Polizei untersuchte den Wagen und nahm das Protokoll auf. Der Täter hatte sonst keine Spur hinterlassen.

Effraction dans la voiture

Lorsque je quittai l'hôtel ce matin, il y avait déjà beaucoup de trafic dans la rue. Je pris mes (les) clefs et voulus ouvrir (à clef) la portière de la voiture. Mais la vitre avait été (était) défoncée. Je trouvai la pointe d'un couteau sur le siège avant. Quelqu'un s'était introduit par effraction dans la voiture. Et le costume gris qui était accroché (= pendre au crochet: -r Kleiderhaken) avait disparu. Je me rendis au commissariat de police et déposai plainte contre X. La police examina la voiture et rédigea le procès-verbal. L'auteur n'avait laissé sinon (sonst) aucune trace [diːʃpuːr].

VOCABULAIRE

-r Verkehr [fɛrˈkeːr]	trafic
auf der Straße sein	être à la rue
auf die Straße gehen	descendre à la rue
-r Anzug,/**ᵉe**	costume
-r Vordersitz [ˈfɔrdər..]	siège avant
-r Einbruch	effraction
einbrechen [ˈain..] **i, a, o**	s'introduire par effraction
-s Polizeirevier	commissariat de police
-s Protokoll [ˈkɔl]	procès verbal

VOCABULAIRE

-s Protokoll aufnehmen [´auf..] rédiger le procès verbal
(de constatation)
-r Täter auteur (d'une action)
hinterlassen [´las..] **ä, ie, a** laisser (derrière soi)

LA CONJONCTION als

Dans une proposition temporelle, **als** (quand, lorsque)
rend **un fait unique dans le passé** (en français cela correspond au passé simple).
  <u>Als</u> ich heute morgen das Haus verließ, war starker Verkehr.
  Quand je quittai la maison ce matin, il y avait beaucoup
  de trafic.
Comparez avec wenn :
  <u>Wenn</u> ich morgens das Haus verließ, war starker Verkehr.
  Chaque fois que je quittais la maison le matin, il y avait
  beaucoup de trafic.

RAPPEL

1. **einbrechen** a l'accent sur la particule « ein », c'est donc
   un verbe séparable.
2. **-s Revier** [poli´tsairəviːr] : le ' v ' dans les mots étrangers
   est souvent prononcé « v » au lieu de « f ».
3. Anzeige (f) erstatten gegen Unbekannt : porter plainte
   contre X.

TRADUISEZ

1. Lorsque je descendis dans la rue, je constatai
qu'on s'était introduit dans ma voiture. **2.** Lorsque la
police arriva, elle ne put que rédiger le procès-verbal.
3. Lorsque je voulus téléphoner à la police, je constatai (feststellen) que je n'avais plus d'argent.
4. Lorsque je revins à l'hôtel, on s'était introduit
dans ma chambre. **5.** Lorsque je rencontrai mon
ami, il venait de quitter l'hôtel (venir de = soeben
[zoː´eːbən] + (passé composé).

Zum Wintersport

Wenn der Winter einbricht, fahren viele Sportler zum Skilauf oder zum Langlauf in die deutschen Alpen (nach Oesterreich oder in die Schweiz).

Deutschland, Oesterreich und die Schweiz haben viele interessante Wintersportplätze.

Auch das Eislaufen ist immer beliebter. Als der Wintersport noch sehr exklusiv war, wurde er nur von wenigen getrieben. Inzwischen ist er zum Massensport geworden.

Da fährt oder rast man den ganzen Tag Abhänge hinab und wird man von Sessel- und Schleppliften wieder hinaufbefördert.

Jeden Winter gibt es dann auch auf den Autobahnen immer wieder Stauungen, wenn die vielen Sportler in den Wintersport fahren.

Aux sports d'hiver

Lorsque l'hiver commence, beaucoup de sportifs se rendent dans les Alpes allemandes pour le ski alpin ou le ski de fond (en Autriche ou en Suisse).

L'Allemagne, l'Autriche et la Suisse ont de nombreuses stations de sports d'hiver intéressantes.

Le patinage est aussi de plus en plus populaire (aimé). Lorsque les sports d'hiver étaient encore très exclusifs, ils furent pratiqués par fort peu (de personnes). Entre-temps ils sont devenus un sport de masse. (Là) on descend ou on dévalle (descend à toute vitesse) toute la journée les pentes et l'on est remonté par des télésièges et des remonte-pente.

Chaque hiver, il y a toujours des embouteillages sur les autoroutes, lorsque les nombreux sportifs se rendent aux sports d'hiver.

VOCABULAIRE

-r **Wintersport** [ˈvintərʃpɔrt]	sport d'hiver
-r **Ski** [ʃi]	le ski. Attention à la prononciation.
-r **Skilauf**	le ski (la pratique)
-r **Langlauf**	ski de fond
-r **Eislauf**	patinage
-r **Wintersportplatz**	la station d'hiver

Sport treiben (ie, ie)	pratiquer le sport
-r Sportler	le sportif
einbrechen	1) cambrioler 2) commencer
hinabfahren	descendre (voiture, ski)
hinabrasen	descendre (à toute allure)
-e Stauung (ou -r Stau)	embouteillage
-r Sessellift	télésiège
-r Schlepplift	remonte-pente
hinaufbefördern	remonter (quelqu'un, quelque chose)
ich steige hinauf	je remonte

LA CONJONCTION wenn

Dans une proposition temporelle, **wenn** (quand, lorsque, si) rend :
— un fait passé qui n'est pas unique mais répété :
Wenn ich morgens das Haus verließ, war starker Verkehr. (Quand je quittai la maison le matin, il y avait beaucoup de trafic).
— ou un fait unique au présent ou au futur :
Wenn mein Freund heute um 5 Uhr kommt, werde ich schon fort sein. (Quand mon ami viendra à 5 heures, je serai déjà parti).
— ou un fait qui n'est ni passé ni unique :
Wenn der Winter einbricht, fahren viele Sportler in die Alpen. (Quand l'hiver commence, beaucoup de sportifs se rendent dans les Alpes).

Hin ET her

Employés seuls ou avec une préposition, ils marquent un mouvement d'éloignement (**hin**) ou de rapprochement vis-à-vis de celui qui parle (**her**) :
Er fährt den Abhang *hin*ab : il descend la pente
Kommen Sie *her*unter ! : descendez !

TRADUISEZ AVEC als OU wenn

1. Lorsque je veux remonter la pente, je prends le remonte-pente. **2.** Si la piste est fermée à 4 h, je la quitte vers 3 h 30. **3.** Chaque année, lorsque j'allai en Allemagne, il y a eu des embouteillages. **4.** Lorsque je pris l'autoroute le 23 décembre, elle était libre. **5.** Lorsque la voiture descendit (à toute vitesse) la pente, elle tamponna une autre voiture. **6.** Lorsque l'hiver commença, il n'y avait pas encore de neige (-r Schnee).

65 *Nachdem ich den Flug gebucht habe, gehe ich durch die Zollabfertigung*

Vor dem Abflug

Nachdem Sie den Flug gebucht haben, müssen Sie die Vorkehrungen für die Reise treffen. Bevor Sie abfliegen, prüfen Sie auch, ob Sie alle erforderlichen Papiere (Reisepaß, Visum, Impfbescheinigung) bei sich haben. Wenn man sich für den Abflug anmeldet, sollte man sich erkundigen, ob die Maschine keine Verspätung hat. Dann muß man das Gepäck aufgeben. Man bekommt die Einsteigekarte. Bevor man einsteigt, muß man durch die Zollabfertigung. Paß oder Ausweis müssen vorgezeigt werden. Schnell kaufe ich noch etwas zollfrei ein und gehe zu den Flugsteigen. Eine letzte Kontrolle wird durchgeführt, bevor man in die Maschine einsteigt.

Avant le départ (d'avion)

Après avoir (que vous avez) réservé le ticket (le vol), vous devez prendre les dispositions pour le voyage. Avant de prendre l'envol, vous vérifierez aussi (vérifiez), si vous avez tous les documents nécessaires (passe-port, visa, certificat de vaccination) sur vous. Lorsque on se présente au départ (d'avion), il faut se renseigner (pour savoir) si l'avion n'a pas de retard. Il faut alors enregistrer les bagages. L'on obtient la carte d'accès à bord. Avant de monter à bord, on doit passer (à travers) la douane. Le passeport ou la carte d'identité devront être montrés. J'achète vite encore quelque chose et je vais aux quais d'embarquement (d'avion). Un dernier contrôle est fait avant de monter dans l'avion.

VOCABULAIRE

Vorkehrungen treffen	prendre des mesures, ses dispositions.
erforderlich	nécessaire
einschließlich ['ain]	inclusivement

VOCABULAIRE

Impfbescheinigung [ˈimpfbəʃainiguŋ]	certificat de vaccination
bei sich haben	avoir sur soi
-s Zielland [ˈtsiːl]	pays de destination
-e Behörde [ˈhøːr]	autorité
-s Gepäck aufgeben [ˈauf]	enregistrer les bagages
-e Zollabfertigung	dédouanement
-e Einsteigekarte	carte d'accès à bord
vorzeigen [ˈfoːr]	présenter
-e Maschine [maˈʃiːnə]	l'avion
-r Flugsteig/e [ˈfluːkʃtaik]	quai d'embarquement (d'avion)

| Nachdem | Vordem |
+ PROPOSITION TEMPORELLE

Nachdem ich gegessen habe, rauche ich.
Après avoir mangé, je fume.
Bitte die Tür nicht öffnen, **bevor** der Zug hält.
Veuillez ne pas ouvrir la porte, avant que le train ne s'arrête.

Remarques
1. Le verbe est rejeté à la fin dans la subordonnée.
2. La principale qui suit la subordonnée à l'inversion (le sujet suit le verbe).
3. La concordance des temps après **nachdem** (après que) qui marque un fait antérieur dans le temps :
   gegessen habe .... rauche ich.

quand la principale est :	la subordonnée est au :
au présent	passé composé
à l'imparfait	plus-que-parfait

TRADUISEZ

1. Avant de passer la douane, il faut aller au guichet (-r Schalter). 2. Après avoir contrôlé si j'ai tous les documents, je vais à l'enregistrement des bagages. 3. Lors (bei) du dédouanement, je déclare mes cigarettes. 4. Avant de monter à bord, je me fais contrôler encore une fois. 5. Après avoir montré ma carte d'identité, je puis faire mes achats en franchise douanière (duty free).

Ein Strafmandat

Ich werde von einem Polizisten an einer Straßenkreuzung angehalten.

— Haben Sie nicht gesehen, daß die Ampel auf Rot stand? Warum sind Sie weitergefahren?

— Entschuldigen Sie, Herr Wachtmeister, ich bin weitergefahren, weil ich die rote Ampel nicht gesehen hatte.

— Das kostet Sie ein Strafmandat. Und Sie haben auch das Ueberholverbot und die Vorfahrt nicht beachtet. Und dazu sind Sie noch zu schnell gefahren. Das kann Sie teuer zu stehen kommen! Wahrscheinlich ein hohes Bußgeld und den Führerscheinentzug! (acc. dépendant de 'das kostet Sie den...)

Une contravention

Je suis arrêté par un policier à un carrefour.

— Vous n'avez pas vu, que le feu était au rouge? Pourquoi ne vous êtes-vous pas arrêté (= avez-vous continué)?

— Excusez-moi, monsieur l'agent, je ne me suis pas arrêté parce que je n'avais pas vu le feu rouge.

— Je vous donne (cela vous coûte) une contravention. Vous n'avez pas non plus observé l'interdiction de dépasser ni la priorité. Et en plus, vous avez roulé trop vite. Cela peut vous coûter cher. Probablement une forte amende (élevée) et le retrait du permis de conduire.

VOCABULAIRE

-s Strafmandat [ˈʃtraːf]: contravention
-s Bußgeld [ˈbuːsgɛlt]: amende
-s Protokoll [ˈkɔl]: procès-verbal
-s Ueberholverbot [yːbərˈhoːlfɛrboːt]: l'interdiction de dépasser
-e Ampel steht auf Rot: le feu est rouge
-s Nichtbeachten [bəˈaxtən]: inobservance
-e Nichtbeachtung: inobservance
-e Verwarnungsgebühr [fɛrˈvarnuŋsgəbyːr]: avertissement taxé
es kommt Sie (acc.) **teuer zu stehen**: cela va vous coûter cher.
Herr Wachtmeister: monsieur l'agent
-e Vorfahrt [ˈfoːrfaːrt]: priorité
-e Geschwindigkeit [ˈʃvind]: vitesse
-s Ueberschreiten [ˈʃrait]: dépasser (= transgresser)

-r Führerschein : permis de conduire
-r Entzug [ɛnt'tsuːk] : retrait
-s Verbot : l'interdiction
-e Gebühr : redevance

LA CONJONCTION weil

Le complément causal peut être rendu par une proposition causale avec **weil** (parce que) :
> **Wegen** des Ueberholverbots bekam er ein Strafmandat.
> A cause de l'interdiction de dépasser, il reçut une contravention.
> Er bekam ein Strafmandat, <u>weil</u> das Ueberholen verboten war. *Ou :* <u>Weil</u> das Ueberholen verboten war, bekam er ein Strafmandat. Il reçut une contravention parce qu'il était interdit de dépasser.

L'INFINITIF SUBSTANTIVÉ

L'infinitif substantivé a une majuscule et est du neutre :
> das Parken, -s Ueberholen, -s Nichtbeachten
Il peut être accompagné d'un adjectif : verbotenes, falsches Parken.

L'EXPRESSION um mehr als

Remarquez l'expression « **um** mehr als » : « de plus de » :
> Das Ueberschreiten der zulässigen Geschwindigkeit um mehr als 20 km : dépasser la vitesse admise de plus de 20 km.

EXERCICE

Changez le complément en causale avec weil
1. Wegen des Zu-schnellen-Fahrens wurde er angehalten.
2. Wegen des Ueberholverbots bekam er ein polizeiliches Protokoll. (procès-verbal de la police). 3. Wegen der Nichtbeachtung der Vorfahrt gab es einen schweren Unfall.
4. Wegen des Ueberschreitens der zulässigen (admise) Geschwindigkeit um mehr als 20 km bekam er ein Bußgeld. 5. Wegen Nichtbeachtung des Rotlichts bekam er ein Strafmandat. 6. Wegen des falschen Parkens bekam er eine Verwarnungsgebühr von 10,- DM.

Der Verkehrsfunk

Wir fahren auf der Autobahn mit einer Richtgeschwindigkeit von 130 km.

Wir hören Radio und haben den Verkehrsfunk eingeschaltet. Plötzlich hören wir drei Pilottöne [pi-ˈlɔːttøːnə] und eine Durchsage:

— In der Schwäbischen Alb auf der A 8 Stuttgart-München in Richtung München 6 km Stau.

— Auf der A 9, Nürnberg-München, vor Ingolstadt in Richtung Nürnberg zäh fließender Verkehr durch hohes Verkehrsaufkommen und 3 km weiter Baustelle.

— Auf der A 81 Glatteisbildung durch überfrierende Nässe.

— Auf der A 7, Ulm — Kempten, Schneefall über die ganze Strecke. Schneeketten erforderlich. Es wird um eine besonders vorsichtige Fahrweise gebeten.

L'information routière (le radioguidage)

Nous sommes (roulons) sur l'autoroute à la vitesse conseillée de 130 km/h.

Nous écoutons la radio et nous avons branché le radioguidage.

Soudain, nous entendons le triple indicatif et un message:

— Dans le Jura souabe sur la A 8 Stuttgart-Munich en direction de Munich, file (embouteillage) de 6 km.

— Sur la A 9, Nuremberg-Munich, avant Ingolstadt circulation ralentie suite à un trafic très dense et 3 km plus loin travaux (chantier).

— Sur la A 81 formation de verglas par humidité qui se recouvre de glace.

— Sur la A 7, Ulm — Kempten, chute de neige sur tout le parcours. Chaînes de neige requises. On demande de rouler très prudemment.

VOCABULAIRE

überfrieren [ˈfriː]	se recouvrir d'une couche de glace.
-r Verkehrsfunk	information routière (radio-guidage)
zäh fließend	(circulation) ralentie
-e Baustelle	travaux (= chantier)
-e Richtgeschwindigkeit	vitesse conseillée
hohes Verkehrsaufkommen	trafic dense
-e Durchsage	message (par la radio)
-e Staugefahr	danger d'embouteillage
-e U 62	itinéraire de dégagement 62
ausweichen über + acc.	prendre autre route
-e Fahrweise	(style de) conduite
-e Strecke	le parcours
-e Schneedecke	couche de neige
-e Schneekette	chaîne de neige
-r Schneefall⁄ˮe	chute de neige
erforderlich	nécessaire, requis

LA PRÉPOSITION durch

La causalité ou le moyen est souvent rendu par un complément introduit par **durch** (par) + acc. Il remplace souvent toute une proposition causale.

Durch hohes Verkehrsaufkommen. Suite à un trafic très dense.

Ce style où l'on utilise fréquemment des substantifs est appelé aussi **le style nominal** (voir aussi l'infinitif substantivé).

LES VERBES bitten ET fragen

Bitten = demander de faire quelque chose.
Wir bitten um eine vorsichtige Fahrweise: nous demandons de rouler prudemment.

Fragen = demander (renseignement), poser une question
Ich frage nach dem Weg: je demande le chemin.

TRADUISEZ

1. Sur la A 7, Ulm - Memmingen, circulation à l'arrêt suite à un accident. **2.** Sur la B 10 entre Stuttgart et Pforzheim, la route est bloquée suite à des chutes de neige. **3.** La police demande aux automobilistes de rouler avec une extrême prudence. **4.** Suite à un accident, il fut blessé. **5.** Nous demandons votre attention pour le message suivant.

Ich rufe dich an, damit dein Freund mitkommt

In der Papierhandlung

Ich will einen Kartengruß ins Ausland schicken.
— Haben Sie Ansichtskarten von diesem Luft-
kurort? Haben Sie auch Briefmarken? Wieviel ist
es fürs Ausland?
— 70 Pfennig für eine vollgeschriebene Karte. Soll
ich den Brief einwerfen?
— Nein danke, das mache ich selber. Haben Sie
Sachbücher über Skilaufen? Ich möchte es mei-
nem Freund schenken, damit er sich auf den
Wintersport vorbereiten kann.
— Dann verpacke ich es als Geschenk.
— Können Sie ein Nachrichtenmagazin oder eine
Wochenzeitung empfehlen?
— Für die Nachrichten der Woche wird meist « Der
Spiegel » gekauft. Wünschen Sie mehr Kommen-
tar, dann « Die Zeit ».
— Dann nehme ich « Die Zeit », damit auch meine
Frau am Wochenende was lesen kann.

A la papeterie

Je veux envoyer une carte postale (en guise de salut) à l'étranger.
— Avez-vous des cartes postales de cette station climatique?
Avez-vous aussi des timbres-poste? Combien est-ce pour
l'étranger?
— 70 Pf. pour une carte remplie. Dois-je poster la lettre?
— Non merci, je le ferai (fais) moi-même. Avez-vous des
livres (spécialisés) sur le ski? J'aimerais l'offrir à mon ami
pour qu'il puisse (peut) se préparer aux sports d'hiver.
— Alors, je l'emballe comme cadeau.
— Pouvez-vous recommander un magazine d'information ou
un hebdomadaire?
— Pour les nouvelles de la semaine, on achète le plus souvent
le « Spiegel ». Si vous voulez plus de commentaires, (prenez) alors « Die Zeit ».
— Alors, je prends « Die Zeit » pour que ma femme puisse
(peut) lire quelque chose pendant (au) le week-end.

VOCABULAIRE

-e Papierhandlung [pa'pi:r]	papeterie
-r Kartengruß	carte en guise de salut
-e Ansichtskarte	la carte postale
-r Luftkurort	station climatique
-e Briefmarke zu	timbre-poste à
einwerfen ['ain] i, a, o	poster (lettre)
-s Sachbuch/''er ['zax]	livre spécialisé
vorbereiten ['fo:r] auf + acc	préparer
-e Geschenkpackung	emballage-cadeau
-s Wochenende ['vɔxən]	le week-end
-e Wochenzeitung	l'hebdomadaire
-e Nachricht/en ['na:x]	la nouvelle
-s Magazin [maga'tsi:n]	magazine

LA CONJONCTION $\boxed{\text{damit}}$

1. Er kauft sich ein Buch <u>zum</u> Lesen : il s'achète un livre pour lire.
2. Er kauft sich ein Buch, <u>um zu</u> lesen (avec um ... zu : même sens)
3. Ich kaufe das Buch, <u>damit</u> du es lesen kannst : **je** t'achète le livre pour que **tu** puisses le lire.

Dans les cas 1. et 2. les sujets sont identiques :
   Er kauft sich ein Buch, damit **er** es lesen kann : <u>il</u> s'achète un livre pour qu'<u>il</u> puisse le lire.
Dans ce cas, on préférera « **zum** » + inf. ou « **um zu** » + inf. Dans le cas 3., les sujets étant différents, on emploiera **damit** (pour que, afin que)

TRADUISEZ

1. Je t'envoie cette carte pour que tu voies combien cette région est belle. 2. Regarde ces montagnes pour que tu ne les oublies jamais. 3. Ne peux-tu me conseiller quelque chose à lire ? 4. Est-il possible d'avoir une chambre calme pour que je puisse dormir tranquillement ? 5. Pouvez-vous me réserver une place près de la fenêtre pour que je puisse mieux admirer le paysage ? 6. Je te téléphone pour que ton ami nous accompagne aussi.

69 *Obwohl das Hotel vollbesetzt war, fand ich noch eine Unterkunft*

Das Gaststättengewerbe
Die Gaststätte ist der gemeinsame Name für Hotels, Gasthäuser, Kaffeehäuser. Diese Bedeutung hat das Wort im Titel. Obwohl das Wort « Gaststätte » eine allgemeine Bedeutung hat, wird es meist für ein kleineres Restaurant verwendet. Nur ist die Gaststätte preisgünstiger und man findet dort die sogenannte gutbürgerliche Küche.
Obwohl man im Hotel Unterkunft und Verpflegung für gehobene Ansprüche findet, sind sie im Gasthaus oder Gasthof doch auch nicht schlecht. Das Gasthaus oder Gasthof ist ein kleineres und billigeres Hotel, das man meist auf dem Land findet. Suchen Sie ein billiges Zimmer für nur eine Nacht, dann sind Sie auf Fremdenzimmer in einem Privathaus angewiesen. Abends können Sie noch in ein Café, eine Bierstube oder Bierkeller, oder zum Weintrinken in eine Weinstube gehen. Gehen Sie regelmäßig dorthin, so werden Sie ein Stammgast genannt.

L'industrie hôtelière
La « Gaststätte » est le nom général pour hôtels, petits hôtels, cafés. C'est l'acception du terme (mot) dans le titre. Bien que ce mot ait (a) une acception générale, il est utilisé le plus souvent pour un petit restaurant. La « Gaststätte » est seulement meilleur marché et on y trouve la soi-disante cuisine (bien) bourgeoise.
Bien que l'on trouve à l'hôtel un logement et une nourriture de qualité, on les trouve également (ils ne sont pas mauvais non plus) dans les Gasthaus/Gasthof. Celui-ci est un hôtel plus petit et meilleur marché que l'on trouve le plus souvent à la campagne. Si vous cherchez une chambre bon marché pour une nuit seulement, vous devrez vous diriger vers la chambre d'hôtes dans une maison particulière. Le soir, vous pouvez encore aller au café ou dans une taverne ou boire du vin dans une taverne (à vin). Si vous y allez régulièrement, on vous appellera un habitué.

VOCABULAIRE

- **-s Gaststättengewerbe** [ˈgastʃtɛtən] : l'industrie hôtelière
- **-e Gaststätte** : le restaurant
- **-s Restaurant** [rɛstoˈrã] : restaurant
- **-s Gasthaus/-r Gasthof** : hôtel [ˈgasthoːf]
- **-s Kaffeehaus** [ˈfeː]/**-s Café** [ˈfeː] : café
- **-e Weinstube/-r Weinkeller** [ˈvainʃtuːbə] [ˈvainkɛlər] : taverne
- **-s Wein- oder Bierlokal** : débit de boisson
- **-s Lokal** [loˈkaːl] : le café
- **-e Theke** [ˈteːkə] (aspiration) : comptoir
- **-e Kneipe** : le bistrot
- **für gehobene Ansprüche** : pour des exigences élevées = pour des gens exigeants
- **-e gutbürgerliche Küche :** [guːtˈbyrgərliçəˈkyːçə] : cuisine (bien) bourgeoise
- **-s Gewerbe** : l'industrie

LA CONJONCTION |obwohl|

Obwohl (bien que, quoique) introduit une proposition concessive. Comparez avec les adverbes **doch** et **trotzdem** (mais, quand même).
Das Hotel war vollbesetzt und doch (ou : trotzdem) fand ich ein Zimmer. L'hôtel était plein et je trouvai quand même une chambre = **2 principales.**
Obwohl das Hotel vollbesetzt war, fand ich ein Zimmer.
Ou : Ich fand ein Zimmer, obwohl das Hotel vollbesetzt war = **principale et subordonnée.**

LES COMPOSÉS DE |Stamm-|

Les composés de « Stamm- » sont très productifs : Stammgast (habitué), Stammlokal (local fréquenté régulièrement), Stammkneipe (bistrot d'habitués), Stammtisch (table d'habitués), Stammcafé (café d'habitués)...

EXERCICE

Transformez la principale en subordonnée + obwohl
1. Ich fand die Verpflegung nicht gut und habe trotzdem 200,- DM bezahlen müssen. **2.** Er ging in seine Stammkneipe und doch setzte er sich nicht an den Stammtisch. **3.** Da war kein Platz mehr frei und doch fand er Unterkunft in einem Gasthof. **5.** Ich traf sehr spät im Hotel ein und fand doch noch ein Zimmer. **6.** Er hatte sich erkältet und hat doch noch seinen Freund besucht.

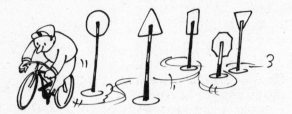

---

1. Reliez les 2 paragraphes par un pronom relatif

1. Es ist das Hotel. Ich habe darin geschlafen.
2. Es ist die Maschine. Wir sind damit nach Berlin geflogen.
3. Er ist der Kellner. Wir haben ihn gerufen.
4. Er ist der Mann. Sie suchen ihn.

2. Précisez par un relatif (C'est un homme qui...)
Modèle : Was ist ein Tauber (nicht hören) ? Ein Tauber ist ein Mann, der nicht hören kann.

1. Was ist ein Toter (gestorben sein) ?
2. Was ist eine Deutsche (aus... kommt) ?
3. Was ist ein Arbeitsloser ? (keine Arbeit haben).
4. Was ist eine Kranke ? (krank sein).

3. Traduisez en employant « wenn » ou « als » (leçons 63, 64)

1. Chaque fois qu'il part pour l'Autriche en hiver, il y a beaucoup d'embouteillages.
2. Lorsque je partis pour la Suisse à la Noël, le temps était très beau.
3. Lorsque je quittai l'hôtel à 8 h., la route (-e Straße) était libre.
4. Chaque fois que je parque ma voiture à Bonn, je reçois une contravention.
5. Lorsque je lui téléphonai, il était chaque fois absent.

---

4. Répondez par une causale avec « weil » (leçon 66)

1. Warum sucht er eine Wohnung? (eine neue Stelle gefunden).
2. Warum müssen sie das Zimmer heizen? (chauffer) (es ist kalt geworden).
3. Warum müssen wir früh aufstehen? (-r Zug fährt schon um 7 Uhr ab).
4. Warum hat er eine Verwarnungsgebühr bekommen? (avertissement taxé) (falsch geparkt).
5. Warum müssen wir Schneeketten auflegen? (es hat geschneit).

---

5. Reliez les 2 propositions en employant « obwohl »

1. Es gab viel Verkehr und doch gab es keinen Stau.
2. Es gab viele Touristen und doch fand ich noch einen Platz im Hotel.
3. Es war sehr spät und doch habe ich ihn noch angerufen.
4. Er sieht ganz normal aus (avoir une apparence normale) und doch ist er krank.
5. Ich fand noch ein Hotel und doch war es sehr spät.

Im Elektrogeschäft

Ich gehe in ein Elektrogeschäft und vergleiche die Preise für Batterien für meinen Kassettenrecorder. Die Batterien sind leer, ich muß sie durch neue ersetzen.

— Können Sie mir Batterien für den Recorder empfehlen?

— Das sind 1,5 V (anderthalb, eineinhalb + pluriel) Batterien, das sind alkalische Duracell Batterien. Sie sind oft langlebiger als Batterien anderer Marken (-e). Je langlebiger sie sind, desto teurer werden sie. Unsere Varta Batterien sind zwar nicht so langlebig wie diese, aber erheblich billiger als diese. Ich kann Ihnen die gleichen alkalischen von Philips einbauen, die genauso langlebig sind...

— Je größer die Wahl ist, desto größer ist die Qual (Die Qual der Wahl). Ich bleibe bei Duracell. Sicher ist sicher.

Dans le magasin d'électroménager

Je vais dans un magasin d'appareils électriques et je compare les prix de piles pour mon enregistreur (à cassettes). Les piles sont vides, je dois les remplacer par de nouvelles.

— Pouvez-vous m'en conseiller pour l'enregistreur?

— Ce sont des piles de 1,5 V. Ce sont des piles alcalines Duracell. Elles ont souvent une longévité plus grande que celles d'autres marques. Plus leur longévité est grande, plus elles sont chères. Nos piles Varta n'ont pas la même longévité, mais elles sont nettement meilleur marché que celles-ci. Je puis vous donner (placer) celles de Philips, qui ont la même longévité...

— Plus il y a de choix, plus c'est difficile de choisir (d'autant plus grand est l'embarras). Je m'en tiens à Duracell. Deux précautions valent mieux qu'une.

VOCABULAIRE

-s Elektrogeschäft [ˈlɛk] : le magasin d'électroménager
-r Kassettenrecorder [kaˈsɛtənreˈkɔrdər] : enregistreur à cassettes.
erheblich [ɛrˈheːpliç] **billiger** : sensiblement meilleur marché
-e Batterie/n [batəˈriː/ən] : batterie, pile
-e Qualität [kvaliˈtɛːt] : qualité
-s Kofferradio [ˈkɔf] : récepteur portatif
-r Plattenspieler [ˈplat] : tourne-disques
-r Lautsprecher [ˈlautʃpreçər] : haut-parleur
-e Lautsprecherbox/en : baffle/s
-r Klang [klaŋ] : tonalité
-e HiFi-Anlage [haiˈfai] : installation Hifi
anderhalb, eineinhalb + pl. : un et demi

LES COMPARATIVES

Formation du comparatif : voir leçon 54

1. Le comparatif d'égalité : ebenso(so) + **wie**
Ich bin <u>ebenso</u> groß (genauso) <u>wie</u> du.
Je suis aussi grand que toi.
Ich bin <u>nicht so</u> groß <u>wie</u> du.
Je ne suis pas aussi grand que toi.

2. Le comparatif de supériorité et d'infériorité :
adjectif ou comparatif + **als-** weniger + adjectif + **als.**
Ich bin <u>größer</u> <u>als</u> du.
Ich bin <u>weniger</u> groß <u>als</u> du.

La proposition introduite par wie/als est incomplète (= wie/als du « bist ») et n'est **pas précédée d'une virgule.**

Les propositions comparatives
<u>Je</u> <u>langlebiger</u> sie ist, **desto (umso)** te<u>urer</u> wird sie. (Plus sa longévité est grande, plus elle devient chère).
Je + comparatif dans la subordonnée (rejet du verbe)
desto (umso) + comparatif dans la principale (inversion car elle suit la subordonnée).
Il y a **une virgule** entre les deux propositions.

LES PRONOMS dieser ET jener

Dieser et jener (celui-là) sont déclinés comme « der ».

Das Wetter war so schlecht, daß er zu Hause bleiben mußte

Der Wetterbericht

Gestern war das Wetter so heiß und schwül (30 Grad [graːt] im Schatten), daß schon am Abend ein Gewitter vorüberzog [foːˈryːbərtsoːk], anschließend gab es Regenschauer.

Der Wetterbericht für heute lautet: « An der Westseite eines Tiefs über dem östlichen Mitteleuropa fließt frische Meeresluft nach Deutschland. Die Wettervorhersage: stark bewölkt, zeitweise Regen, am Donnerstag wechselnd bewölkt, einzelne Schauer. Freitag Höchsttemperaturen um 10 Grad. Nachtwerte um 2 bis 4 Grad. Schneefallgrenze bis etwa 1200 m sinkend. »

Gestern war das Wetter so wechselhaft, daß wir kaum wandern konnten. Morgen wird es besser. Vielleicht fällt heute nacht so viel Schnee, daß wir morgen Skifahren können.

Le bulletin du temps

Hier, le temps (météo) était si chaud et (si) lourd (30 degrés à l'ombre) qu'un orage passa déjà le soir, ensuite il y eut des averses.

Le bulletin du temps pour aujourd'hui (est) : « Le long du flanc occidental d'une dépression (zone de) au-dessus de l'est de l'Europe centrale, des courants maritimes (air) frais vont vers l'Allemagne. Prévisions : fortement nuageux, temporairement de la pluie, jeudi nuageux et instable, quelques averses. Vendredi maximum de températures ± 10 degrés. Valeurs nocturnes ± 2 à 4 degrés. Limite des chutes de neige descendant à ± 1200 m. » Hier, le temps était si changeant que nous pûmes à peine nous promener. Demain, le temps s'améliorera. Peut-être que cette nuit, il tombera tellement de neige que nous pourrons faire du ski demain.

VOCABULAIRE

-r Schatten [ˈʃatən]	l'ombre
-r Wetterbericht	bulletin du temps

VOCABULAIRE

-e Wettervorhersage	prévision du temps
-s Gewitter zieht vorüber	l'orage passe
-r Regenschauer [ˈreːgənʃauər]	averse
-e Westseite	le flanc (côté) ouest
-s Hoch [hoːx]	zone de haute pression
-s Tief [tiːf]	zone de basse pression
-e Meeresluft	air maritime
-e Höchsttemperatur	température maximum
-e Schneefallgrenze	la limite des chutes de neige
[ˈʃneːfalgrɛntsə]	
fließen (o, o)	couler, se déplacer
einzeln	isolé
steigend [ˈʃtai]	montant, ascendant
sinkend [ˈzinkənt]	descendant

LA LOCUTION CONJONCTIVE $\boxed{\text{so ..., daß}}$

Er war *so* krank, daß er zu Hause bleiben mußte. Il était tellement malade qu'il dut rester à la maison.

La proposition consécutive introduite par « daß » est une subordonnée.

N'oubliez pas le **rejet** du verbe et de séparer les deux propositions par **une virgule.**

LES MOTS COMPOSÉS

Westseite [ˈvɛstsaitə]

1. Le 1er mot reçoit **l'accent.**
2. Le 2e composant détermine **le genre** : die Westseite, -r Nachtwert (valeur nocturne) [ˈnaxtveːrt], -e Meeresluft (l'air marin).
3. Ils ne sont pas toujours composés de 2 substantifs, mais également :
   — d'un adjectif et d'un substantif (Höchsttemperatur)
   — ou d'un verbe et d'un substantif : -e Waschmaschine : machine à laver.

TRADUISEZ

1. Je suis si malade aujourd'hui que je ne puis sortir du lit. **2.** Il était si touché (angeschlagen), qu'il ne put dire un (= aucun) mot. **3.** La voiture était si chère que je ne pus l'acheter. **4.** Je suis tellement fatigué que je ne puis continuer ma route (weitergehen). **5.** Le temps était si mauvais, que nous avons décommandé la randonnée à pied.

Er behauptet,
die Deutschen seien solide

Franzosen über Deutsche

Das Nachrichtenmagazin «Der Spiegel» fragte in einer Untersuchung in Frankreich 2.000 Franzosen, was ihr erster Gedanke sei, wenn sie das Wort «Deutschland» hörten. Es folgt eine kleine Auswahl aus den spontanen [ʃpɔn'taːnən] Antworten:

— Ein Land, in dem viel gearbeitet wird. Es wird nicht viel gestreikt.
— Ich war während des Krieges im KZ. Sie können sich meine Gefühle vorstellen. Aber Haß empfinde ich nicht.
— Disziplin. Ich wollte, die Franzosen hätten auch soviel!
— Baader. Bier. Sauerkraut. Bayern. Die Schlösser. Der Schwarzwald. Der Rhein. Die Musik.
— Die Qualität ihrer Produkte. Was sie machen ist solide.

Ce que les Français pensent des Allemands

Le magazine d'information «Der Spiegel» interrogea, lors d'une enquête (faite) en France, 2.000 Français (pour savoir) quelle était leur première pensée lorsqu'ils entendaient le mot «Allemagne». Ci-dessous vous trouverez (= il suit) un petit choix des réponses spontanées:

— Un pays dans lequel on travaille beaucoup. On fait peu grève (= pas beaucoup).
— J'étais pendant la guerre dans un camp de concentration. Vous pouvez vous imaginer mes sentiments. Mais je ne ressens pas de haine.
— Discipline. Je voudrais que les Français en aient autant.
— La bande à Baader. La bière. La choucroute. La Bavière. Les châteaux. La Forêt Noire. Le Rhin. La musique.
— La qualité de leurs produits. Ce qu'ils fabriquent est de bonne qualité.

VOCABULAIRE

-r Franzose [fran'tso:zə]	Français (habitant) (subst. faible)
französisch	français (adjectif)
-r Deutsche (ein Deutscher)	adjectif substantivé : l'Allemand (habitant)
deutsch	allemand (adjectif)
-e Untersuchung ['zu:]	enquête
-r Gedanke (-ns, -n)	pensée, opinion
-e Auswahl ['aus]	le choix
-e Antwort ['ant]	réponse
streiken	faire grève
-s KZ [ka:'tsɛt] **Konzentrations- lager**	camp de concentration
-s Gefühl/e	sentiment
empfinden (a, u)	ressentir
-r Haß ['has]	la haine
-e Disziplin [tsi'pli:n]	discipline

LE SUBJONCTIF PRÉSENT

C'est en allemand le « Konjunktiv I » [kɔnjunk'ti:f].
Formation : radical + e/est/e/en/et/en
— **Les verbes faibles :** lern<u>e</u>/lern<u>est</u>/lern<u>e</u>...
— **Les verbes forts** ne prennent pas de Umlaut sur le « a », et le « e » ne devient pas « i ».
  du f<u>a</u>hrest, er f<u>a</u>hre
  du spr<u>e</u>chest, er spr<u>e</u>che...
— **Les auxiliaires**
  sein : sei/seist/sei/seien/seiet/seien
  haben : habe/habest/habe...

Remarque : il est important de pouvoir distinguer le mode subjonctif. Si le subjonctif présent a la même forme que l'indicatif présent, on utilise le subjonctif imparfait (Konjunktiv II).

Usages du subjonctif :
1. Dans les **optatives** (souhaits) :
   Es lebe der König (vive le roi) ; dann komme, was mag (advienne que pourra).
2. Dans le **discours indirect** (quand on rapporte les paroles ou pensées d'autrui) :
   er hat gesagt, er komme nicht (ou : er hat gesagt, daß er nicht komme).

Remarquez l'emploi ou non de **daß** et la place du verbe dans chaque cas. Donc deux constructions possibles dans le discours indirect.

Franzosen über Deutschland

Es überwogen keinesfalls die negativen Urteile wie: « Deutschland versucht seine Vergangenheit vergessen zu lassen », sondern gute wie:

— « Von unseren Eltern haben wir immer nur Schlechtes über die Deutschen gehört. Die jungen Deutschen können nichts dafür. »

Das Pariser Institut BVA erforschte in einer Umfrage die Einstellung der Franzosen zu Deutschland. Es wurde gefragt, welches Volk auf einer Liste den Franzosen am sympathischsten vorkämen. An erster Stelle wurden die Engländer (mit 22 Prozent) genannt. Dann kamen die Belgier (mit 17 %), dann die Amerikaner (14 %), die Westdeutschen (10 %).

Ce que les Français pensent des Allemands

Les jugements négatifs tels que : « l'Allemagne essaie de faire oublier son passé » ne prédominaient nullement (keinesfalls), mais au contraire les positifs (bons) comme :

— « De nos parents, nous n'avons toujours entendu que de mauvaises choses (Schlechtes : adj. substantivé) sur les Allemands. Les jeunes Allemands n'y peuvent rien. »

L'Institut parisien BVA a recherché dans une enquête l'attitude des Français vis-à-vis de l'Allemagne. On demanda quels peuples (à choisir) dans une liste semblaient les plus sympathiques aux Français (sympathisch vorkommen : apparaître sympathique). Les Anglais (avec 22 %) furent nommés en premier lieu. Ensuite vinrent les Belges (avec 17 %), les Suisses (avec 17 %), ensuite les Américains (14 %), les Allemands de l'Ouest (10 %).

VOCABULAIRE

Pariser [pa'riːzər] : parisien (adj.) : les adjectifs en **-er** dérivés de noms géographiques restent invariables

erforschen — explorer, sonder
-e Umfrage [ˈum] — sondage
es kommt mir vor — il me semble...

VOCABULAIRE

an erster Stelle	en premier lieu
nennen (a, a)	nommer
überwiegen [ˈviːg] **(o, o)**	prédominer
keinesfalls	nullement
-s Urteil/e [ˈur]	jugement
-e Vergangenheit [ˈgaŋ]	le passé
ordentliche [ˈɔ]	(gens) honnêtes
rechnen auf	compter sur

LE SUBJONCTIF

Le subjonctif traduit une attitude vis-à-vis des faits ou opinions exprimés par l'orateur.
Ich habe gehört, er sei gestorben. J'ai entendu dire qu'il serait mort.
Le subjonctif exprime ici un doute.

Terminaisons du subjonctif : -e/-est/-e//-en/-et/en
Formes :
Subjonctif présent (Konjunktiv I) : radical + terminaison
Subjonctif imparfait (Konjunktiv II) : radical de l'indicatif imparfait + " + terminaison
Verbes faibles : lernte, lerntest, er lernte...
Verbes forts : ich empfände, du empfändest...
Verbes modaux : möchte, könnte, sollte, wollte...

Emploi du subjonctif imparfait : on emploie le subjonctif imparfait lorsque la forme du subjonctif présent est la même que celle de l'indicatif présent.
Ich wollte, sie hätten soviel Disziplin. Je voudrais qu'ils aient autant de discipline.
Le subjonctif présent (haben) a la même forme que l'indicatif présent. On emploie donc le subjonctif imparfait.

EXERCICE

Transformez en discours indirect
1. BVA stellte fest : Es überwiegen keinesfalls die negativen Urteile. » **2.** Der Junge sagte : « Auf die kann man rechnen. » **3.** Er meinte : « Die Deutschen können nichts dafür. » **4.** Er sagte : « Deutschland versucht seine Vergangenheit vergessen zu lassen ». **5.** Die Umfrage brachte hervor : « Als erste werden die Engländer genannt. »

Der Ausflug

Wir wollen am Wochenende nicht zu Haus bleiben.
Wir wollen mal einen Ausflug mit dem Wagen machen. Aber wohin würden wir fahren? Das ist die
Frage. Wenn das Wetter schön ist, würden wir ins
Grüne fahren. Dann würden wir unterwegs aussteigen und einen Spaziergang machen. Oder wir
könnten zum Drachenfels (im Siebengebirge) gehen. Wenn das Wetter weniger schön ist, könnten
wir in Bonn das Beethovenhaus besuchen, ins Kino
oder ins Theater gehen. Gegen Abend würden wir
auf jeden Fall wieder in der Stadt sein und dort zu
Abend essen. Wären Sie damit einverstanden?

L'excursion

Nous ne voulons pas rester à la maison durant le week-
end. Nous voulons (une fois) faire une excursion en
(avec la) voiture. Mais où irions-nous? Voilà la question.
Si le temps est beau, nous pourrions nous rendre dans
la nature. Nous descendrions alors (quelque part) en
cours de route et ferions une promenade. Ou nous pourrions aller au Drachenfels (= sommet) (dans le Siebengebirge). Si le temps est moins beau, nous pourrions
visiter à Bonn la maison de Beethoven, aller au cinéma
ou au théâtre. A l'approche (= vers le) du soir, nous
serions en tout cas de retour (= de nouveau) en ville et
nous y prendrions le repas du soir. Seriez-vous d'accord
avec cela?

VOCABULAIRE

-s Wochenende [ˈvɔxənɛndə]	week-end
-r Ausflug [ˈausfluːk]	excursion
-r Spaziergang [ˈtsiːr]	promenade
- ins Grüne fahren/gehen	aller dans la nature (dans le « vert »)
-aufs(acc) Land fahren/gehen	aller à la campagne
auf dem Land (dat) wohnen	vivre à la campagne
unterwegs [ˈveːks]	en cours de route

auf jeden Fall	en tout cas
zu Mittag essen	prendre le repas de midi
zu Abend essen	prendre le repas du soir
-r See/s/n [ze:]	le lac
-e See/-/n [ze:]	la mer
-r Wald/es/"er	la forêt
-r Berg/s/e	la montagne

LE SUBJONCTIF IMPARFAIT

Emploi:
1. On emploie le subjonctif imparfait lorsque le subjonctif présent a la même forme que l'indicatif présent.
2. Le subjonctif imparfait s'emploie surtout pour les verbes « haben », « sein », « werden » et les verbes modaux.

Autre forme du subjonctif imparfait : würde + infinitif
Le subjonctif imparfait des verbes forts et surtout des verbes faibles est ressenti souvent comme trop recherché.
Il est remplacé par la forme : würde + infinitif
Il correspond au conditionnel français et traduit :
— *une question polie :* würden Sie bitte das Fenster zu-machen ? (voudriez-vous fermer la fenêtre, s'il vous plaît ?)
— *un conseil prodigué :* ich würde den nehmen (je prendrais celui-là)
— *le souhait* ou *l'objection :* ich würde gern nach Spanien fahren (j'aimerais aller en Espagne) ; ich würde das nicht tun (je ne ferais pas cela).

EXERCICES

1. Dites ce que vous ne souhaitez pas faire (ich würde nicht)

1. Diese Kamera kaufen. **2.** Bei schlechtem Wetter einen Ausflug machen. **3.** Heute abend ins Kino gehen. **4.** In der Stadt schneller als 50 fahren. **5.** Mich aufregen (m'exciter) [ˈauf].

2. Demandez poliment de le faire (würde + bitte)

1. Langsamer sprechen. **2.** Die Telefonnummer notieren. **3.** Sie wollen morgen früh um 7 Uhr geweckt werden (être réveillé). **4.** Er soll lauter (plus fort) sprechen. **5.** Er soll Sie morgen anrufen.

Wenn ich fahren müßte, würde ich keinen Alkohol trinken

Im Restaurant

Ich hatte einen Bärenhunger. Wenn ich nicht sofort Essen bekäme, würde ich sterben. Ich suchte daher ein Restaurant auf. Ein Ober oder ein Fräulein weist uns einen freien Tisch an: «Wollen Sie ruhig essen, so würden Sie am besten am Fenster Platz nehmen.» Ich nehme die Speisekarte und sehe das Menü zu 25,- DM ein: Vorspeise: Tagessuppe (Gemüsesuppe), Jäger-Schnitzel als Hauptgericht und Vanilleeis [va'niljə'ais] als Nachtisch. Wenn es etwas anderes gäbe, so würde ich mich besonders freuen.
— «Hätten Sie keine Nordseescholle, oder Seezunge, mein Lieblingsgericht?»
— «Wenn Sie weniger Hunger haben, können Sie etwas Einfacheres bestellen, z.B. eine Bockwurst mit Brot und Senf oder Spiegeleier mit Schinken».
— «Was hätten Sie gern zum Trinken? Helles oder dunkles Bier, Wein (Weißwein oder Rotwein), Fruchtsaft, Mineralwasser oder Limonade [limoː'naːdə]?

Au restaurant

J'avais une faim de loup. Si je ne recevais pas immédiatement à manger (de la nourriture) je serais mort. Dès lors (daher [da'heːr]) j'entrai dans un restaurant. Un garçon ou une (demoiselle) serveuse nous indique une table libre: «Si vous voulez manger dans le calme, vous (feriez mieux) auriez avantage à prendre place près de la fenêtre.» Je prends la carte et j'analyse le menu à 25 DM: une entrée: potage du jour (potage aux légumes), escalope chasseur comme plat principal et glace vanille comme dessert. S'il y avait quelque chose d'autre, ceci me réjouirait particulièrement.
— «N'auriez-vous pas de la plie (de la Mer du Nord) ou de la sole, mon plat préféré?
— «Si vous n'avez pas tant d'appétit, (avez moins faim) vous pouvez commander quelque chose de plus simple, par exemple des saucisses de Francfort avec du pain et de la moutarde ou des œufs sur le plat avec du jambon.»
— «Qu'aimeriez-vous comme boisson? Une blonde ou une brune (bière), du vin (blanc ou rouge), un jus de fruits, de l'eau minérale ou une limonade?

VOCABULAIRE

-r Bärenhunger	faim de loup (d'ours)
aufsuchen [ˈauf]	entrer dans
-e Vorspeise [ˈfoːrʃpaizə]	entrée (plat)
-e Tagessuppe	potage du jour
-s Hauptgericht	plat principal
-r Nachtisch [ˈnaːx]	dessert
-r Jägerschnitzel	escalope chasseur
-s Eis	crème glacée
-s Getränk	boisson
-e Scholle [ˈʃɔlə]	la plie
-e Bockwurst	saucisse de Francfort
-s Spiegelei	œuf sur le plat
-r Schinken	jambon
-r Kuchen [ˈkuːxən]	gâteau
z.B. : zum Beispiel [tsum ˈbaiʃpiːl]	par exemple

LA CONJONCTION wenn DANS LA CONDITIONNELLE IRRÉELLE

La conjonction **wenn** demande **un temps passé**.
Wenn ich reich wäre, würde ich nicht arbeiten : si j'étais riche, je ne travaillerais pas.

Cette proposition subordonnée avec le verbe à la fin (wenn ich reich wäre) suivie de la principale (avec inversion : würde ich...) peut être rendue **sans « wenn »**. Alors la subordonnée se construit comme **une principale avec inversion** et la principale qui suit est généralement introduite par so (voir aussi leçon 51) :
Wäre ich reich, (so) würde ich nicht arbeiten.

EXERCICE

Transformez l'irréelle avec « wenn » en irréelle sans « wenn ».

1. Wenn ich Lust hätte, würde ich Scholle bestellen.
2. Wenn ich fahren müßte, würde ich keinen Alkohol [ˈalkohoːl] trinken. 3. Wenn ich die Gelegenheit hätte, würde ich mitfahren. 4. Wenn ich Bier trinken würde, würde ich alkoholfreies trinken.

Er spricht Deutsch, als ob er Deutscher wäre

Die Nachbarvölker

Manche Leute haben Vorurteile, besonders über Nachbarvölker. So lachen die Franzosen oft über die Belgier, als ob alle Belgier dumm wären! So sind die Schweizer ruhig. Sie halten die Franzosen für nervös, als wären alle Franzosen so. Die Amerikaner sind gewöhnlich gut gelaunt. Die Deutschen hält man für ehrlich, als wären alle Deutschen so. Und die Deutschen halten die Ostfriesen (die im Nordwesten der BRD wohnen) oft für blöd. Daher reißen sie so viele Witze über sie.

Ostfriesenwitz: Wann hat ein Polizist in Ostfriesland einen Streifen? — Wenn er lesen kann — Wann hat er zwei Streifen? — Wenn er lesen *und* schreiben kann — Wann hat er drei Streifen? — Wenn er einen kennt, der lesen und schreiben kann!

Les peuples voisins

Pas mal (maintes) de gens ont des préjugés, surtout concernant les peuples voisins. Ainsi concernant les peuples voisins. Ainsi souvent les Français se moquent (rient) des Belges, comme si tous les Belges étaient bêtes! Ainsi les Suisses sont calmes. Ils (tiennent) considèrent les Français comme nerveux, comme si c'était le cas pour tous les Français. Les Américains sont habituellement de bonne humeur. Les Allemands sont considérés comme honnêtes, comme si c'était le cas de tous les Allemands. Et les Allemands considèrent les habitants de la Frise orientale (qui habitent dans le nordouest de la RFA) souvent comme stupides. C'est pour cela (de là) qu'ils font tant de blagues sur eux.

« Blague frisonne » : Quand un policier en Frise a-t-il un galon? — Lorsqu'il peut lire — Quand a-t-il deux galons? — Lorsqu'il est capable de lire et d'écrire — Quand a-t-il trois galons? — Lorsqu'il en connaît un (agent) qui peut lire et écrire!

VOCABULAIRE

-r Deutsche/ein Deutscher : l'Allemand adj. substantivé (adj. = **deutsch**)
-r Franzose/ein Franzose : le Français subst. faible (= Student) (adj. = **französisch**)
-r Belgier ['bɛlgiər], **-r Schweizer, -r Kanadier** [ka'naːdiər] : substantifs normaux
nett/freundlich : gentil/amical
ehrlich : honnête
ruhig/nervös ['vøːs] : calme/nerveux
sympathisch [zym'paːtiʃ] : sympathique
gut gelaunt : de bonne humeur
blöd/doof [doːf] : stupide/idiot
-s Nachbarvolk ['naːx] : peuple voisin

LA CONJONCTION als ob DANS LA CONDITION-NELLE IRRÉELLE

La conjonction **als ob** demande un subjonctif imparfait.
Er sprach Deutsch, als ob er Deutscher wäre :
Er sprach, als wäre er Deutscher :
als+ subjonctif a la construction d'**une principale avec inversion** (wäre er).

ADJECTIF SUBSTANTIVÉ OU SUBSTANTIF FAIBLE

-r Franzose, également **ein Franzose**, est comme -r Student, un substantif faible. Pour savoir s'il s'agit d'un substantif faible, on le compare avec l'adjectif (französisch). Il en diffère.
-r Deutsche, mais **ein Deutscher**, est un adjectif substantivé. Il a la même forme que l'adjectif « deutsch » dont il est dérivé.

EXERCICE

Transformez les comparatives sans als ob, en comparatives avec als ob

1. Er sprach über die Schweizer, als wären sie alle ruhig. 2. Er riß Witze über die Ostfriesen, als wären sie alle blöd. 3. Er lobte (louer) die Franzosen, als wären alle nett. 4. Er beschrieb die Amerikaner, als wären sie alle gut gelaunt. 5. Und die Engländer, als wären sie alle langweilig.

Liebe Leserin! Lieber Leser!

Ihr erster Deutschkurs ist jetzt abgeschlossen. Sie können schon richtig Deutsch sprechen. Sie kennen schon über tausend Wörter und wissen, wie sie zu benutzen sind. In den meisten Alltagssituationen können Sie sich behelfen: ob Sie nach dem Weg fragen müssen, oder Sie sich anmelden müssen, oder Sie sich bloß als Tourist in einem Hotel anmelden. Mit fast allen Situationen können Sie fertig werden.

Abschließend möchte ich Ihnen zu Ihrem Fleiß und Ihrer Ausdauer gratulieren. Und vergessen Sie nicht: Ueben Sie weiter Ihr Deutsch, lesen Sie Bücher, Zeitungen, Illustrierten, hören Sie Radio oder sehen Sie fern, denn Uebung macht den Meister! Benutzen Sie jede Gelegenheit, Ihr Deutsch zu üben.

Mit freundlichen Grüßen.

Cher lectrice, cher lecteur,

Votre premier cours d'allemand est terminé maintenant. Vous pouvez déjà parler l'allemand comme il faut (richtig). Vous connaissez déjà plus de mille mots et vous savez comment il faut les utiliser (= ils sont à utiliser). Vous pouvez vous débrouiller dans la plupart des situations quotidiennes : que vous dussiez demander le chemin, ou que vous dussiez vous présenter, ou simplement vous inscrire comme touriste dans un hôtel. Vous pourrez venir à bout de presque toutes les situations. Pour terminer (= en terminant) je voudrais (= j'aimerais) vous féliciter pour votre zèle et votre persévérance. Et n'oubliez pas : continuez à pratiquer (= exercer) votre allemand, lisez des livres, des journaux, des illustrés, écoutez la radio ou regardez la télé, car c'est en forgeant que l'on devient forgeron (= la pratique vous donne la maîtrise). Utilisez chaque occasion de pratiquer votre allemand.

Recevez mes sincères salutations.

VOCABULAIRE

-r Deutschkurs	cours d'allemand
-e Alltagssituation	situation quotidienne
sich behelfen	se débrouiller
fertig werden mit	venir à bout de
bloß [blo:s]	simplement
abschließend	en terminant
-r Fleiß	zèle
-e Ausdauer	persévérance
-r Gruß/"e [gru:s, 'gry:sə]	salutations
abschließen ['apʃli:sən] o/o	terminer

LES ADJECTIFS POSSESSIFS ET LES PRONOMS PERSONNELS

mein, dein, sein, ihr... sont déclinés comme « ein » et l'adjectif qui les suit se décline comme s'il se trouvait derrière « ein » :

Ihr erster Deutschkurs :
ihr n'ayant pas de terminaison (= ein), l'adjectif prend la terminaison manquante de « der » (= er) puisque « Kurs » est du masculin.

Majuscule : Du, Ihr, Sie, Dein, Euer, Ihr s'écrivent toujours avec majuscule dans les lettres, lorsqu'ils désignent la personne à laquelle on s'adresse.

LES NOMBRES ORDINAUX

de 2 à 19 : on ajoute **-te** : der zwei<u>te</u>
de 20 à l'infini : on ajoute **-ste** : der dreißig<u>ste</u>
Ils se déclinent comme l'adjectif : der er*ste, -r zweite, dritte, vierte..., der zwanzigs*te. Dans la pratique, on écrit le chiffre suivi d'un point : Der 20. September.

TRADUISEZ

Cher Toni, Du lundi 12 au vendredi 16, je serai à Cologne pour y assister à un congrès (beiwohnen + dat). Le jeudi après-midi, j'aurai quelques (einige) heures de libre et je me propose (= projette : 'vornehmen) de venir te rendre visite vers 16 h. Salue ta famille de ma part et à bientôt. Bien à toi.

Betreff: Bewerbung um die Stelle als Buchhalter.

Sehr geehrte Herren!

Ich möchte mich um die Stelle als Buchhalter bewerben, die Sie in der « Welt » vom 13.09. ausgeschrieben haben.
Ich habe die Buchhaltung an der « Akademie für Wirtschaft und Verwaltung » in Lippstadt in einem dreijährigen Studium erlernt.
Ich befinde mich in ungekündigter Stellung und arbeite noch bei der Firma « Import-Export S.A. » in Lyon und bitte Sie daher, meine Bewerbung vertraulich zu behandeln.

Ich verlasse meine Stellung nur, um vorwärtszukommen. In Anlage finden Sie meinen Lebenslauf.

Hochachtungsvoll

Pierre Lebrun

Anlage: Lebenslauf

LEBENSLAUF VON PIERRE LEBRUN

Anschrift: rue de l'Arcade 13, Paris 8e.
1962: geboren in Paris, am 28.5.
1968-74: Volksschule in Paris.
1974-80: Lycée Condorcet in Paris.
1980-83: Internationaler Betriebswirt an der Akademie für Wirtschaft und Verwaltung in Lippstadt-Bad Waldliesborn.
1983-85: als Buchhalter bei der Firma « Import-Export S.A. » in Lyon.
Sprachen: Französisch und Deutsch fließentlich gesprochen und geschrieben.

Concerne : Candidature pour le poste de comptable.

Messieurs,

J'ai l'honneur de poser ma candidature pour le poste de comptable pour lequel vous avez mis une annonce dans le journal « Die Welt » du 13.09.

J'ai étudié la comptabilité à la « Akademie für Wirtschaft und Verwaltung » (Ecole Supérieure pour l'Economie et l'Administration) à Lippstadt au cours d'un cycle d'études de trois ans.

Je suis toujours au travail (= sans avoir donné ni reçu de préavis) auprès de la firme « Import-Export S.A. » à Lyon et je vous remercie (prie) dès lors de traiter cette candidature avec discrétion.

Je ne quitte ma position que pour progresser. Veuillez trouver en annexe mon curriculum vitae.

Veuillez agréer, Messieurs, l'assurance de ma considération distinguée.

Pierre Lebrun

Annexe : curriculum vitae.

CURRICULUM VITAE DE PIERRE LEBRUN

Adresse : rue de l'Arcade 13, Paris 8^e

1962 : né à Paris, le 28.05.

1968-74 : enseignement primaire à Paris.

1974-80 : lycée Condorcet à Paris.

1980-83 : Gestion des entreprises à l'« Akademie für Wirtschaft und Verwaltung » à Lippstadt-Bad Waldliesborn.

1983-85 : comptable de la firme « Import-Export S.A. » à Lyon.

Langues : français et allemand que je parle et écris couramment.

1. Répondez avec « je + comparatif, desto + comparatif » (leçon 71)

1. Wie oft soll man eine Lektion wiederholen, um sie gut zu kennen?
2. Wie lange soll man in Deutschland bleiben, um gut Deutsch zu können?
3. Wieviel soll man davon kaufen, um viel Rabatt ([ra'bat] réduction) zu bekommen?
4. Wie nah soll das Schild stehen, um gut gesehen zu werden.
5. Wie billig soll das Angebot (offre) sein, um attraktiv [atrak'ti:f] zu sein?

2. Transformez en discours indirect (marquez le doute, le passé se rend par le passé composé):

1. Er glaubt: « Ich bin nicht mehr krank ».
2. Er sagt mir: « Ich will die Kamera kaufen ».
3. Sie versprechen (promettre): « Wir kommen am Montag ».
4. Die Polizei teilte mit: « Es gab mehr Unfälle in diesem Jahr ».
5. Er sagte: « Ich war gestern nicht zu Hause ».

3. Employez le conditionnel irréel! (Ich an deiner Stelle : à ta place, je ne l'aurais pas fait).

1. Er geht zur Polizei.
2. Er parkt seinen Wagen auf dem Markt.
3. Er ruft den Freund noch spät an.
4. Er bezahlt den Betrag.

4. Exprimez le souhait irréel (Avec et sans « wenn » : si seulement il le faisait).

1. Er geht nicht zu Fuß.
2. Er wartet nicht so lange.
3. Er hat nicht daran gedacht.
4. Er blieb nicht sehr lange.
5. Sie hatte nicht genug Zeit.
6. Sie waren nicht dazu bereit.

5. Exprimez la comparaison irréelle par un subjonctif (avec « als ob », avec « als »)

1. Er lebt wie ein Millionär.
2. Mein Freund spricht Deutsch wie ein Deutscher.
3. Er spielt Klavier wie ein Virtuose [virtuˈoːzə].

Corrigé des exercices

Leçon 1
Ober, [ˈoːbər]bitte 2 Weine ! [ˈvainə]. Hier, 2 Weine ! [hiːr tsvai ˈvainə]. Vier Mark [fiːr mark]. Zwei Kaffees [tsvai kaˈfeːs]. Bitte, es ist sechs Mark [ɛs ist zɛks mark]
Coup de glotte : es ist !

Leçon 2
Hier Berlin [bɛrˈliːn]. Hier München [ˈmynçən]. Hier Köln [kœln]. Hier Hamburg [ˈhamburk]. Hier Frankfurt [ˈfrankfurt].

Leçon 3
— Hallo, Paul, wie geht's ? — Danke, es geht. — Guten Morgen, Tonia ! Wie geht's ? — Danke, es geht. — Guten Abend, Inge ! Geht es ? [geːtɛs] — Danke, es geht !

Leçon 4
— Ich komme aus Paris, ich wohne in Frankreich. — Und Sie, woher kommen Sie ? — Ich komme aus Brüssel, aus Belgien [ˈbɛlgiən]. — Guten Tag, wie ist Ihr Name, bitte ? — Ich heiße Karl und ich komme aus Deutschland. — Ich heiße Tonia. — Verzeihung, wie ist Ihr Name ? — Tonia, ich komme aus Deutschland.

Leçon 5
— Wer ist das ? Ist das (ou es) Fräulein Meier ? — Nein, es (ou « das » plus accentué) ist nicht Fräulein Meier, es ist Frau Schmitt. — Wo wohnt sie ? In München ? — Sie wohnt nicht in München, sie wohnt aber in Hamburg [ˈhamburk].

Leçon 6
1. Wer ist das ? **2.** Was ist er ? **3.** Wer ist das ? **4.** Wie ist sie ? **5.** Wer *ist* das ? **6.** Wer *ist* nett ? (nett : gentil) **7.** Was macht der Student ? **8.** Wo wohnt sie ? **9.** Wohin fährt sie ?

Leçon 7
1. Wo wohnen Sie, Herr Schmitt ? **2.** Ich wohne in Köln und fahre nach München. **3.** Er arbeitet in München. **4.** Und ihr, wo arbeitet ihr ? **5.** Und woher kommt ihr und wohin fahrt ihr ? **6.** Wohin fährst du, Karl ? **7.** Ich fahre nach Köln, ich arbeite dort.

Leçon 8
1. Ich kenne *sie* gut. Ich kenne *ihn* gut. Ich kenne *sie*. Ich frage *sie*. Fragst du *sie* ? Fragst du *ihn* ? **2.** Wen fragst du ? Ich frage ihn. Fragst du sie ? Ich frage Herrn Schmitt (le *n* de Herrn = la forme de l'accusatif de certains substantifs). Ich kenne ihn gut. Kennst du sie gut ?

Leçon 9
1. Hat er seinen Ausweis ? **2.** Hat sie schon ihren Reisepaß ? **3.** Ja, ich habe meinen Ausweis, aber ich habe keinen Reisepaß. **4.** Für Frankreich brauche ich den nicht. **5.** Hast du schon deine Flugkarte ? **6.** Hat sie ihre Flugkarte für Genf ? **7.** Haben Sie Ihre Fahrkarte für Paris ? **8.** Ist das dein Ausweis, Tonia ? **9.** Sie hat schon ihren Ausweis. **10.** Aber Toni hat seinen (masc.) noch nicht.

Leçon 10
Exercice 1
1. Den Kaufmann kenne ich nicht. **2.** Den Paß habe ich nicht. **3.** Für Belgien braucht er keinen Paß. **4.** Für Frankreich braucht er auch keinen Paß. **5.** Für Frankreich braucht er auch kein Visum. **6.** Die Flugkarte habe ich noch nicht. **7.** Die Fahrkarte für Paris habe ich noch nicht. **8.** Den Ausweis brauche ich. **9.** Das Visum hat Toni noch nicht.

Exercice 2
1. Seinen Paß hat er noch nicht. 2. Ihren Ausweis brauchen Sie nicht. 3. Seinen Paß braucht er nicht. 4. Das Visum braucht man nicht für Bonn, aber wohl für Berlin. 5. Seine Flugkarte hat er noch nicht. 6. Herr Schmitt hat schon sein Visum. 7. Sie braucht ihren Ausweis nicht. 8. Er braucht seinen Paß. 9. Tonia hat ihren Paß. Ihr (= déclinaisons ein) Visum hat sie noch nicht.

Leçon 11
Ist Toni Ingenieur? Nein, Toni ist Kaufmann. Was ist Toni? Ist er ein Lehrer? Nein, es ist kein Lehrer, und kein Kaufmann. Er ist (ein) Vertreter. Ist er Ausländer? Ist er Student? Nein, er ist kein Ausländer.

Leçon 12
Sehen Sie das Kind? Sehen Sie den Mann? Nein, ich sehe ihn nicht. Fragen Sie es den Mann da? Ja, ich frage es ihn. Gehen Sie nach Hause? (forme polie) Geht ihr [iːr] nach Hause (pluriel de tutoiement). Nein, nicht heute, sondern morgen.

Leçon 13
1. Kannst du heute kommen? 2. Nein, ich komme morgen. 3. Magst du die Suppe? 4. Nein, ich mag sie nicht. 5. Darf ich eine Zigarette rauchen? 6. Mag das wahr sein? 7. Ich möchte *heute abend* kommen. 8. Müssen Sie noch arbeiten? 9. Was soll (obligation morale) ich da tun?

Leçon 14
— Rufst du mich morgen an? — Nein, ich fahre morgen ab. — Hast du noch Zeit [tsait]? — Nein, ich habe keine Zeit. — Was soll ich dann tun? — Kommen Sie morgen zurück. — Wann kommt er zurück? — Wann kommst du zurück? — Wann kommen Sie zurück? — Soll ich heute wieder anrufen (ou: telefonieren)? — Fährt der Zug [tsuːk] von [fɔn] hier ab? — Wann fährt er ab?

Leçon 15
— Fragst du mich oder fragst du ihn? — Nein, ich frage sie. — Ich bitte Sie. — Bitte, ist München noch weit? — Ich bitte Sie um Brot [broːt]. — Ich bitte um ein Zimmer für eine Nacht. — Haben Sie noch ein Zimmer frei [frai]? — Sie bitten mich um Auskunft.

Leçon 16
— Gehen Sie durch den Park und nehmen Sie die erste Straße rechts. Da ist es. — Um wieviel Uhr kommt sie? Kann er es wissen? — Muß ich einen Bus oder ein Taxi nehmen? Oder kann ich zu Fuß gehen? — Für ihn ist es nicht nötig. — Fragen Sie ihn. — Das Auto fährt gegen den Baum. — Ich habe nichts gegen Sie, aber ich tue es für ihn. — Wer ist gegen mich?

Leçon 17
1. Wem zeige ich den Weg? 2. Ich zeige ihn dem Kind. 3. Wie viele Zigaretten darf man mitnehmen? 4. Haben Sie nichts zu verzollen? Zigaretten, Alkohol oder Kaffee? 5. Wieviel darf man zollfrei mitnehmen? 6. Wem zeige ich den Paß? 7. Geben Sie mir eine Zigarette? 8. Können Sie dem Ausländer den Weg zeigen? 9. Zeigen Sie dem Zöllner Ihren Ausweis? 10. Wem zeigen Sie ihn?

Leçon 18
— Wem gehört die Kamera hier? — Sie gehört mir. Aber bitte, helfen Sie mir. Wie lege ich den Film ein? — Können Sie mir einen Film empfehlen? — (Von) 24 oder 36 Aufnahmen? — (Von) 36. [sɛksun'draisiç]. — Ich möchte einen Markenfilm. — Ich empfehle Ihnen den Film. Er ist gut. — Dann nehme ich ihn. (L'inversion!) — Wie soll ich ihn einlegen?

Leçon 19
1. Um wieviel Uhr kommt Ihr Freund? 2. Er kann gegen 6 Uhr zu mir kommen. 3. Paßt es Ihnen (Ist es Ihnen recht) oder ist es zu früh? 4. Nein, es paßt mir gut. 5. Um 8 Uhr geht er aus dem Haus (remarquez l'inversion!). 6. Gehen Sie zur Post oder zum Bahnhof? 7. Ich gehe zuerst zu meinem Freund. 8. Wo wohnt Ihr Onkel? Ist es weit von hier? 9. Nur fünf Minuten von hier. 10. Grüßen [gryːsən] Sie ihn von mir.

Leçon 20
Exercice 1
a) Nein, danke, ich möchte keins mehr. **b)** Nein, wirklich (vraiment), er möchte keins mehr. **c)** Nein, danke, ich möchte keinen mehr. **d)** Nein, wirklich, ich möchte keine mehr. **e)** Nein, danke, wir möchten keinen mehr.
Exercice 2
a) Möchte sie ein Zimmer für eine Nacht ? **b)** Darfst du mitkommen ? **c)** Wollen Sie das Zimmer (forme polie) ? **d)** Mußt du nach Hause gehen ? **e)** Können Sie (forme polie) nicht kommen ? **f)** Muß ich das tun ? **g)** Darf ich eine Zigarette anbieten ?
Exercice 3
a) Darf ich dich nach dem Weg fragen ? **b)** Darf ich dich um Auskunft bitten ? **c)** Darf ich Sie um die Straßenkarte bitten ? **d)** Darf ich Sie um Brot bitten ? **e)** Darf ich Sie nach dem Weg zum Hotel fragen ?
Exercice 4
a) Ich gebe ihn ihm. **b)** Ich zeige ihn ihm. **c)** Ich biete sie ihm an. **d)** Ich zeige ihn ihr. **e)** Empfiehlst du sie ihr ? **f)** Kannst du ihn ihm geben ?
Exercice 5
Er geht zum Onkel und zum Bäcker. Er wohnt bei ihr. Er fährt nach Lyon. Jetzt geht er zum Bahnhof. Er wohnt seit einem Jahr in Deutschland. Das Hotel liegt nicht weit vom Bahnhof. Wohnt er dem Bahnhof gegenüber ? Wie kommt er ? Mit dem Auto oder zu Fuß ? Geht er nach Hause ?
Leçon 21
— Was schadet Ihrer Gesundheit, Kaffee, Bier oder Zigaretten ? — Verzeihen Sie mir, aber ich kann Ihnen nicht helfen. — Guten Tag, womit [ˈvoːmit] kann ich Ihnen dienen ? — Haben Sie noch Kaffee ? — Nein, ich habe keinen mehr. — Haben Sie noch Bier ? — Leider habe ich keins mehr. — Können Sie mir Feuer geben ? — Ich habe leider keins mehr. — Bitte, folgen Sie mir zum Bahnhof.
Leçon 22
Allo, ich habe eine Motorpanne. Können Sie einen Abschleppwagen schicken ? Wo sind Sie ? (ou : wo stehen Sie ?) Auf der Autobahn Richtung [ˈriçtuŋ] München beim Kilometer 236 [tsvai ˈhundɐrtzɛksunt ˈdraisiç]. Vielleicht [fiːl ˈlaiçt] können wir ihn an Ort und Stelle reparieren. Sonst müssen wir (inversion) ihn abschleppen.
Leçon 23
1. fährst. 2. öffnet. 3. klingelt. 4. sprecht. 5. siehst [ziːst] ...wieder [viːdər] ! 6. wird [virt]. 7. liest. 8. nimmt [nimt] 9. hält [hɛlt]. 10. findest.
Leçon 24
1. Er/sie kehrte gestern Abend nach Hause zurück. 2. Zu Haus(e) erwartete ihn eine Überraschung. 3. Er/sie holte den Schlüssel aus der Tasche und wollte die Tür aufschließen. 4. Die Tür war offen [ˈɔfən] (ouverte). 5. Er dachte : « Die Tür war doch zu, als ich fortging ». 6. Da mußte jemand drinnen gewesen sein !
Leçon 25
Exercice 1
1. Sie war halb offen. 2. Nein, er wußte nicht, wer drinnen gewesen war. 3. Er fand das Haus durchwühlt. 4. Es war noch ein Glück, daß (que + rejet) keine Wertsachen im Haus waren. 5. Nein, er schlief sehr schlecht in dieser Nacht. 6. Er konnte nichts tun oder gegen Unbekannt Anzeige erstatten.
Exercice 2
1. Er ging zu seinem Freund. 2. Ich entschloß mich, zu ihm zu gehen. 3. Wie fand er das Essen ? 4. Zum Glück war die Polizei da !
Leçon 26
fahren : fuhr [fuːr] — gehen : ging — lösen : löste [ˈløːste] — nehmen : nahm [naːm] — kaufen : kaufte (faible !) — gehen : ging — steigen : stieg [ˈʃtiːk] —

legen : legte [le:ktə] — setzen : setzte — sitzen : saß — können : konnte (l'aspiration du k !) — steigen : stieg.

Leçon 27

1. Es hat den ganzen Tag geregnet. **2.** Wo hast du gestern gesteckt ? [gə'ʃtɛkt] *ou bien,* Wo bist du gestern gewesen ? **3.** Warum hast du nicht telefoniert ? **4.** Warum konntest du nicht mit dem Taxi fahren ? **5.** Hast du der Sekretärin den Brief diktiert ? **6.** Wie lange hast du schon [ʃo:n] gearbeitet ? **7.** Ich habe bis 14 Uhr auf dich gewartet. **8.** Konntest du nicht mit der Straßenbahn oder mit der U-Bahn fahren ?

Leçon 28

1. Was ist passiert ? **2.** Es gab einen Unfall auf der Straße. **3.** Gab es Verletzte ? **4.** Der Wagen hat den Fußgänger umgefahren. **5.** Eine Straßenbahn hat den Wagen angefahren. **6.** In der Straßenbahn gab es Verletzte. Man hat sie ins Krankenhaus gebracht. **7.** Aber zum Glück war niemand [ni:mant] schwer verletzt. **8.** Die Polizei hat alles registriert. **9.** Und die Zeugen haben die Protokolle unterschrieben (inséparable).

Leçon 29

1. Ich bin zu meinen Onkel gefahren. **2.** Er hat um neun Uhr gefrühstückt. **3.** Um 9 Uhr ist er ins Büro gegangen/gefahren. **4.** Am Abend ist er ins Theater gegangen. **5.** Die Vorstellung hat 2 Stunden gedauert. **6.** Nach der Vorstellung haben wir uns in ein Café gesetzt. **7.** Da sind wir zwei Stunden geblieben. **8.** Danach sind wir nach Hause zurückgefahren (ou zurückgegangen). Es ist sehr spät geworden.

Leçon 30

Exercice 1

1. Ja, ich habe es *ins* Regal *gestellt.* **2.** Ja, ich habe es *ins* Bett *gelegt.* **3.** Ja, ich habe ihn *ins* Schloß *gesteckt.* **4.** Ja, ich habe ihn an *den* Haken *gehängt.* **5.** Ja, ich habe es in *die* Tasche *gesteckt.*

Exercice 2

1. Nein, aber sie *kommt* gleich *nach* Hause. **2.** Nein, aber Sie *kommen* gleich an *die* Reihe. (an die Reihe kommen : avoir son tour, v. actif) **3.** Nein, aber Sie *kommen* gleich auf *die* Autobahn. **4.** Nein, aber er *kommt* gleich in *die* Stadt. **5.** Nein, aber sie *kommt* gleich *ins* Büro.

Exercice 3

1. Ja, er hat sich nicht rasiert. **2.** Ja, ich habe um 7 Uhr gefrühstückt. **3.** Er hat sich mit dem Wagen verfahren. **4.** Ja, er ist eine Stunde geblieben. **5.** Ja, er *ist* spät eingeschlafen (changement d'état). **6.** Ja, er ist schon um 6 Uhr aufgestanden. **7.** Ja, er ist zu spät gekommen. **8.** Ja, er hat in Aachen gehalten. **9.** Ja, er ist zu Fuß dahin gegangen.

Exercice 4

1. Ich habe *ihn* nach dem Weg gefragt. **2.** Rauchen schadet der (dat.) Gesundheit. **3.** Hat sie *ihrer* Freundin geholfen ? **4.** Half er *seinem* (leçon 9) Freund ? **5.** Half er *seiner* Freundin ? **6.** Half sie *ihrem* Freund geholfen ? **7.** Ich habe ihm zum Geburtstag gratuliert (gratulieren zu + dat.). **8.** Er hat mir herzlich gedankt. **9.** Warum hat er ihn nicht gefragt ? **10.** Hältst du das für richtig ? **11.** Warum hilfst du mir nicht ? **12.** Hast du ihn nicht eingeladen ? **13.** Haben Sie ihm eine Zigarette angeboten ? **14.** Wann bist du abgefahren (weggefahren) ? **15.** Ich habe ihn gestern kennengelernt.

Leçon 31

1. Fahr doch nicht so schnell ! **2.** Peter, gib mal den Zucker her bitte. **3.** Warten Sie hier ! Wartet hier ! **4.** Legen Sie das da hin. **5.** Fragen Sie es ihn ! **6.** Zeig(e) mir ! **7.** Sprecht langsamer. **8.** Sprich leiser. **9.** Halte es (sie, ihnen) mal fest ! **10.** Wecken Sie mich morgen früh um 7 Uhr bitte.

Leçon 33

1. Wann und wo können wir uns treffen ? **2.** Ich werde mit dem Zug von 13.10

Uhr ankommen. **3.** Ich werde « Die Welt » in der Hand halten. **4.** Ich werde einen grauen Anzug tragen. **5.** Um 13.30 Uhr werden wir zu Hause sein. **6.** Die Reise (ou : Fahrt) wird drei Stunden dauern. **7.** Dann werden wir genug Zeit haben. **8.** Wir werden in drei Viertelstunden fertig sein. **9.** Wieviel Uhr ist es ? Es ist dreizehn Uhr fünfundvierzig/drei Viertel zwei. **10.** Wir verabreden uns um 7.15 Uhr nachmittags.

Leçon 34
1. Es gibt 4 Schalter : wo soll ich mich erkundigen ? **2.** Mit dem Eilzug müssen Sie umsteigen. **3.** Um wieviel Uhr kommt der Zug im Hauptbahnhof in München an ? **4.** Wann gibt es einen Anschluß nach München in Frankfurt ? (Es gibt + accus). **5.** Wie viele Tage dauert die Fahrt von München nach Bordeaux ?

Leçon 35
1. An diesem Wochenende [ˈvɔxənɛndə] besuchen die Direktoren die Seen [ˈzeːən] Bayerns. **2.** Ich bin mit diesem Herrn nicht einverstanden. **3.** Die Professoren haben eine Reise gebucht. **4.** Die Professoren dürfen mitfahren. **5.** Die Praktikanten haben ihr Praktikum in der Fabrik gemacht. **6.** Die Namen der Studenten sind mir bekannt. **7.** Die Stadt liegt im Herzen Deutschlands. **8.** Ich danke dir von ganzem Herzen.

Leçon 36
1. Einbahnstraßen werden gut gekennzeichnet. **2.** Können Sie mir sagen, wo ich Auskünfte über (Informationen) diese Stadt finden kann ? **3.** Gibt es eine Telefonzelle in der Nähe ? **4.** Wo kann ich eine Bäckerei finden ? (ou : wo finde ich hier eine Bäckerei ?) **5.** Wo sind die Toiletten für Herren/Damen ? **6.** Wo ist die Straßenbahn-, Bus-, U-Bahnhaltestelle ? **7.** Belgier und Franzosen haben sich auf deutsch verständlich machen können.

Leçon 37
1. Hier ist halten verboten (Es ist verboten hier zu halten). **2.** Hier darf man überholen. **3.** Diese Straße ist für alle Kraftfahrzeuge gesperrt. **4.** Achtung, Schleudergefahr ! **5.** Die Straßenverkehrszeichen sind dieselben in allen Ländern Europas (derselbe, dieselbe..., = der + adjectif). **6.** Ich fand keine Worte, um meine Entrüstung auszudrücken.

Leçon 38
1. Wann beginnt der Film heute abend ? **2.** Die Daten wurden von der Arbeitsämtern mitgeteilt (wurde mitgeteilt : passif). **3.** Bis wann sind die Verkehrsämter auf ? (ou : Bis wieviel Uhr sind die...). **4.** In den Büros arbeitet man bis fünf Uhr abends. **5.** Hast du schon die Bücher von Böll gelesen ? **6.** Wann schließen die Cafés ? **7.** Nach der Vorstellung gehen wir ins Café.

Leçon 39
1. Die Leute haben das Gepäck vom Bahnhof abgeholt. **2.** Die Ferien sind erholsam gewesen. (L'attribut reste invariable !) **3.** Gute Erholung und schöne (belles) Ferien und viel Spaß ! **4.** Ich hatte Fieber und konnte kaum meinen Durst löschen. **5.** Ober, ich muß über Ihre Bedienung klagen. Die Getränke sind nicht kalt. **6.** Ich habe drei Kilo Zucker und fünfhundert Gramm Butter bestellt. **7.** Dies ärgert [ˈɛrgart] mich sehr. **8.** Willst du mir meine 300 Mark zurückgeben, die Qualität war viel zu schlecht.

Leçon 40
Exercice 1
1. Halb sieben (nachmittags). **2.** 20 nach zwei. **3.** Zwei Minuten nach Mitternacht. **4.** Viertel nach 2/ (ein) Viertel 3. **5.** Drei Viertel fünf (ou : Viertel vor fünf anmelden) (pünktlich : précises).

Exercice 2
1. Bitte füllen Sie Wasser nach ! (Fülle nach !). **2.** Bitte laden Sie die Batterie auf ! (Lade die Batterie auf !) **3.** Bitte reinigen Sie die Frontscheibe ! (Reinige die Frontscheibe !). **4.** Bitte wechseln Sie das Oel ! (Wechsele/ wechsle das Oel !).

Exercice 3
1. Nein, für zwei Nächte. **2.** Nein, noch zwei Wochen. **3.** Nein, seit zwei Jahren (dat.) **4.** Nein, noch zwei Stunden. **5.** Nein, zwei Mark (valeur).

Exercice 4
1. Die Arbeiter [´ar] arbeiteten achtundvierzig [´axtunt´firtsiç] Stunden. Jetzt arbeiten sie nur noch vierzig Stunden und bald nur noch fünfunddreißig [´fynfunt draisiç] Stunden. **2.** Das Gepäck wurde auf dem Bahnhof abgegeben (passif). **3.** Die Pakete (-s Paket : [pa´ke:t]) wurden bei der Post aufgegeben. **4.** Seine Kollegen (-r Kollege/n/n) waren mit seinen Vorschlägen nicht einverstanden. **5.** In der Bundesrepublik beginnen die Sommerferien zu unterschiedlichen Zeitpunkten. (différent : unterschiedlich) **6.** Die Aerzte besuchen täglich (ou : jeden Tag) ihre Patienten. **7.** Die Wörterbücher hatten etwa vierzigtausend Wörter. **8.** Die Deutschen geben vierzig Milliarden für ihre Lebensmittel aus. (´ausgeben : dépenser) **9.** Trotz steigender Preise gehen die Deutschen ins Ausland in die Ferien. **10.** Die Mauern der Stadt sind vierhundert [´fi:rhundərt] Jahre alt.

Leçon 41
1. Was wünscht man zu Weihnachten ? **2.** Man wünscht « Frohe Weihnachten » (ou gesegnete [gə´ze:knətə] Weihnachten). **3.** Die Kinder freuen sich besonders auf Weihnachten. **4.** Weihnachten bleibt ein gemütliches Fest. **5.** Weihnachten ist ein wichtiges Fest in den katholischen Gegenden der Bundesrepublik. **6.** Die Kinder versammeln sich um den Weihnachtsbaum und singen ihre schönen Lieder. Gegen Mitternacht gehen die Leute zur Kirche.

Leçon 42 : Im Damenbekleidungsgeschäft
— Ich möchte einen Rock und eine Bluse probieren.
— Welche Größe haben Sie bitte ?
— 42 in Frankreich. Ist es dieselbe Größe in Deutschland ?
— Das macht wahrscheinlich Größe 40. Hier ist ein sehr schöner Rock und er ist sehr preiswert. Und ich habe eine passende Bluse. Probieren Sie sie in der Umkleidekabine !
— Ich möchte auch diese Jeans (pl) und diesen Pulli (Pullover) anprobieren. Sie gefallen mir.

Leçon 43
1. Der Arzt [a:rtst] fragt nach Ihrer Gesundheit. **2.** Ich verschreibe Ihnen eine Medizin. Sie ist sehr wirksam [´virksa:m]. **3.** Ich habe einen schweren Schnupfen. Haben Sie eine gute Medizin dagegen ? **4.** Ich muß die Medizin zubereiten. Darauf werden Sie nicht lange warten müssen. **5.** Haben Sie etwas gegen den Husten ?

Leçon 44
— Ich möchte zum Rathaus [´ra:thaus] gehen.
— Wohin wollen Sie ?
— Zum Rathaus. Ist es noch weit [vait] ?
— Fahren Sie mit dem Bus oder mit dem Taxi (dorthin/ dahin). Aber mit dem Bus müssen Sie umsteigen. Sie lösen [lø:zən] einen Umsteigefahrschein und Sie steigen am Bahnhof um. Da steigen Sie in die 34 [´fi:runt´draisiç] zum Rathaus um. Sie können den Bus da drüben nehmen. Dort können Sie darauf warten. Er kommt alle zehn Minuten vorbei [fo:r´bai].

Leçon 45
1. Ist das Zimmer des Touristen frei ? **2.** Nein, noch nicht, aber das des Herrn ist es bald (présent + adverbe de temps = futur). **3.** Wessen Wagen ist das ? (Wem gehört der Wagen ?) **4.** Es ist der Wagen des Herrn. **5.** Haben Sie nach der Meinung des Journalisten gefragt ? **6.** Die Dauer des Aufenthalts ist 8 Tage. **7.** Der Aufenthalt meines Freundes war lange. **8.** Der Name des Ausländers war mir bekannt. **9.** Der Aufenthalt des Zuges dauerte 10 Minuten. **10.** Er war seiner Meinung sicher.

Leçon 46

1. Nach meiner (ou : der) Ankunft habe ich ein (das) Formular ausgefüllt. **2.** Wegen des Gewitters habe ich die Reise unterbrochen (ou : Ich habe wegen...). **3.** Trotz des kurzen Aufenthalts im Hotel habe ich das Anmeldeformular ausgefüllt. **4.** Am nächsten (folgenden) Tag bin ich trotz des schlechten Wetters weitergefahren. **5.** Halten Sie sich länger als 3 Monate in der Bundesrepublik auf, so besteht Meldepflicht (concessive avec l'inversion).

Leçon 47 : An der Notrufsäule

— Hallo, ich bin auf der B 42 bei Goarshausen. Können Sie eine Panne beheben ? Die Bremsen funktionieren nicht mehr. Ich kann das Bremspedal ohne Wirkung (sans effet) völlig durchtreten.

— Wo sind Sie ? (Wo befinden Sie sich ?)

— Gerade vor Goarshausen Richtung Köln bei der Loreley.

— Ich schicke jemand von der Straßenwacht. Innerhalb einer Stunde ist er bei Ihnen.

Leçon 48

1. Eine Frage wird gestellt. **2.** Auch ist gespielt worden. **3.** Viele Fragen wurden gestellt. **4.** Viel wurde auch diskutiert/es wurde auch viel diskutiert. **5.** Der Paß wurde nicht verlängert. **6.** Die Briefe werden immer unterschrieben. **7.** Das Thema wird besprochen. **8.** Das Formular wurde ausgefüllt. **9.** Die Prüfung wird abgelegt. **10.** Es ist bewiesen worden.

Leçon 49

1. Müssen die Zündkerzen [ˈtsyntkɛrtsə] gereinigt werden ? **2.** Darf der Stoff in der Maschine gewaschen werden ? **3.** Sollen die Briefe beantwortet werden ? **4.** Muß/soll dem Verletzten geholfen werden ? **5.** Kann das Zimmer reserviert werden ? **6.** Soll der Wagen vollgetankt werden ? **7.** Muß das Formular noch ausgefüllt werden ? **8.** Soll der Wagen heute gewaschen werden ? **9.** Soll der Scheibenwischer ausgetauscht werden ? **10.** Soll das Hemd noch gebügelt werden ?

Leçon 50

Exercice 1

1. Nein, ich fahre ein neues. **2.** Nein, ich möchte mageres. **3.** Nein, ich möchte warme. **4.** Nein, Sie sitzen hier in der ersten. **5.** Nein, ich rauche auch leichte. **6.** Nein, ich habe mir den teuren gekauft. **7.** Nein, ich möchte ein weißes. **8.** Nein, ich habe nur eine deutsche. **9.** Nein, er ist Deutscher.

Exercice 2

1. Ja, ich bin schon dahin gefahren. **2.** Ja, ich habe mich danach (sans mouvement) erkundigt. **3.** Ja, ich habe ihm dafür gedankt. **4.** Ja, ich wohne da (lieu, sans mouvement). **5.** Ja, ich bin damit zufrieden.

Exercice 3

1. Wohin bist du schon gefahren ? **2.** Wonach hast du dich erkundigt ? **3.** Wofür hast du ihm gedankt ? **4.** Wo wohnst du ? **5.** Womit bist du (ou : sind Sie) zufrieden ?

Exercice 4

1. Das ist das Auto des Direktors. **2.** Nein, das ist das Haus des Professors. **3.** Er hat es mir während des Essens gesagt. **4.** Wegen des Unfalls ist er nicht gekommen. **5.** Ja, trotz des schlechten Wetters ist er dort geblieben.

Exercice 5

1. Wird in Deutschland oft telefoniert ? **2.** Dort wurde immer sehr gut gegessen. **3.** Wann wurde dies festgestellt ? **4.** Kann der Wagen noch repariert werden ? **5.** Kann ihm noch geholfen werden ? **6.** Muß das Formular ausgefüllt werden ? **7.** Konnte das Zimmer reserviert werden ? **8.** Diese Frage wurde nicht gestellt. **9.** Wurde der Reifen gewechselt ? **10.** Soll Oel nachgefüllt werden ?

Leçon 51

1. Allo Toni, du hast mich gestern im Kino nicht getroffen. Ich habe von meinen

Eltern die Erlaubnis nicht (permission). Ich hatte zu viel Arbeit. **2.** Guten Tag Alain. Ich habe dir ein Geschenk mitgebracht (mitbringen). Das hättest du nicht tun sollen. **3.** Er hat den Weg nicht finden können. **4.** Er hat das nicht tun wollen. (Ou : das hat er..) **5.** Es ist sehr nett von ihm. **6.** Er hat die Arbeit nicht zu tun brauchen (besoin). **7.** Ich habe ihn kommen sehen. **8.** Er hat ihn kommen hören.

Leçon 52
1. Beim Nachsehen des Wagens. **2.** Er ist am Schreiben. **3.** Ich brauche was (= etwas) zum Schreiben. **4.** Zum Abschleppen habe ich die Werkstatt angerufen. **5.** Ich war am Ausruhen. **6.** Beim Laufen habe ich mich verletzt. **7.** Er ist am Packen. **8.** Durch das Bremsen hat er den Unfall verursacht. **9.** Zum Fahren braucht man einen Führerschein.

Leçon 53
1. Ist es möglich, in Köln ohne Stipendium zu studieren ? **2.** Wegen des Numerus clausus ist es ihm nicht gelungen, sich immatrikulieren zu lassen. **3.** Er hat gehofft, ein Stipendium zu bekommen. **4.** Er hat versucht, Jura zu studieren. **5.** Der Zöllner hat mich gebeten, den Paß vorzuzeigen. **6.** Hast du vor, die Deutschprüfung in Heidelberg abzulegen ? **7.** Hoffst du in Bonn bald ein Zimmer zu finden ? **8.** Ich habe vor, meine Ferien an der See zu verbringen.

Leçon 54
1. Heute geht es uns besser. **2.** Meine ältere Schwester geht nicht mit mir. **3.** Mein Wagen ist teurer als dein Wagen. **4.** Benzin ist weniger teuer in Deutschland als in Frankreich. **5.** Es ist teurer in Belgien als in Luxemburg. **6.** Sie ist älter als ich. **7.** Ich verbringe lieber meine Ferien in Deutschland (in der Bundesrepublik). **8.** Ich möchte lieber länger arbeiten. (Mettez bien l'accent sur la première syllabe dans arbeiten et ses composés).

Leçon 55
1. Die Zugspitze ist der höchste Berg von Deutschland. **2.** Die meisten Deutschen mögen Vollkornbrot. **3.** Ich bleibe am liebsten zu Hause. **4.** Trier ist die älteste Stadt. **5.** Die besten Weine werden exportiert. **6.** Der nächste Bahnhof ist 3 Kilometer von hier. **7.** Der ältere Bruder besucht mich regelmäßig. **8.** Dies ist der beste Platz.

Leçon 56
1. Heute habe ich keine Zeit, aber ich komme (présent) bestimmt morgen. **2.** Ich kann es nicht gleich tun, aber es eilt nicht. **3.** Ich kann morgen nicht kommen, denn wir haben Besuch. **4.** Wir können ins Kino gehen, oder im Park spazieren gehen. **5.** Sie nehmen nicht die Straße links, sondern die rechts.

Leçon 57
Es tut mir leid, daß der Fernseher kaputt ist. Ich denke, daß Sie ihn reparieren können. Es freut mich, daß ich Ihnen eine gute Nachricht melden kann. Ich denke, daß es heute im 2. Programm einen guten Film gibt. Ich hoffe, daß das Fußballspiel im ZDF übertragen wird. Entschuldigen Sie, daß ich Sie nicht eingeladen habe. Schade, daß du den Fernseher zu spät eingeschaltet hast.

Leçon 59
1. Der Kranke, dem unwohl ist, muß zum Arzt gehen (= mir ist unwohl). **2.** Ich habe Verdauungsbeschwerden, die gestern angefangen haben (ou : begonnen haben). **3.** Der Arzt, zu dem ich gestern ging, ist Mitglied der AOK. **4.** Er verschreibt mir ein Medizin, die in der Apotheke erhältlich ist. **5.** Die Krankheit, die heute am meisten grassiert, ist die Darmentzündung. **6.** Der Mann, den der Arzt untersucht, fühlt sich nicht wohl (ou : unwohl).

Leçon 60
Exercice 1
1. Er hat die Straße nicht finden können. **2.** Ich habe den Wagen nicht kaufen wollen. **3.** Er hat seinem Freund nicht helfen können. **4.** Ich habe nicht sehen können. **5.** Ich habe ihn kommen sehen.

Exercice 2
1. Durch zu starkes Bremsen. **2.** Zum Ueberholen reichte es nicht mehr. **3.** Er will zum Tanzen. **4.** Beim Ueberholen ist der Unfall passiert.

Exercice 3
1. Darf ich Sie bitten, ein Taxi anzurufen ? **2.** Darf ich Sie bitten, das Anmeldeformular auszufüllen ? **3.** Darf ich Sie bitten, mir das Salz zu geben ? **4.** Darf ich Sie bitten, mich um 7 Uhr zu wecken ? **5.** Darf ich Sie bitten, mich nach Hause zu begleiten ?

Exercice 4
1. Es war der schönste Film, den ich je gesehen habe. **2.** Es war die dümmste Geschichte, die ich je erlebt habe. **3.** Es waren die herrlichsten Ferien, die ich je erlebt habe. **4.** Es war der schönste Tag, den ich je erlebt habe.

Exercice 5
1. Ich glaube, daß er heute nicht kommt. Ich glaube, er kommt heute nicht. **2.** Ich frage mich, ob er recht hat. **3.** Ich frage mich, wann er kommen wird. **4.** Ich frage ihn, wo er gestern war (imparfait). **5.** Ich fragte ihn, wohin er gefahren ist. **6.** Ich frage mich, wie er gefahren ist. **7.** Ich hoffe, daß es ihm gut geht. Ich hoffe, es geht ihm gut. **8.** Ich glaube nicht, daß er recht hat (habe : plus douteux). Ich glaube nicht, er hat recht.

Leçon 61
1. Wer zu einem Arzt (in die Sprechstunde eines Arztes) geht, muß einen Krankenschein haben. **2.** Dieser Krankenschein erlaubt es ihm, zu einem deutschen Arzt zu gehen, was sehr praktisch ist. **3.** Die Selbstbeteiligung, dessen Höhe amtlich festgelegt ist, muß vom dem Versicherten bezahlt werden. **4.** Der Urlauber, dessen Frau krank wird, muß zur AOK gehen. **5.** Das Dokument E 111, mit dem man überall in Europa zum Arzt gehen kann, ist sehr nützlich.

Leçon 62
Exercice 1
1. Wenn ich Zeit habe, lese ich Böll. **2.** Wenn ich nicht heute komme, komme ich morgen. **3.** Wenn Sie genug Geduld haben, warten Sie noch etwas. **4.** Wenn es ihm schlecht geht, geht er zum Arzt. **5.** Wenn ich Geld habe, kaufe ich mir das Buch.

Exercice 2
1. Habe ich Zeit, so lese ich Böll. **2.** Komme ich nicht heute, so komme ich morgen. **3.** Haben Sie genug Geduld, so warten Sie noch etwas. **4.** Geht es ihm schlecht, so geht er zum Arzt. **5.** Habe ich Geld, so kaufe ich mir das Buch.

Leçon 63
1. Als ich auf die Straße ging, stellte ich fest, daß man in meinen Wagen eingebrochen hatte. **2.** Als die Polizei eintraf, konnte sie nur das Protokoll aufnehmen. **3.** Als ich die Polizei anrufen wollte (mit der Polizei telefonieren wollte), stellte ich fest, daß ich kein Geld mehr hatte. **4.** Als ich ins Hotel zurückkehrte, hatte man in mein Zimmer eingebrochen. **5.** Als ich meinen Freund traf (ou : dem Freund begegnete), hatte er soeben das Hotel verlassen.

Leçon 64
1. Wenn ich den Abhang hinaufsteigen will, nehme ich den Schlepplift. **2.** Wenn die Piste um vier Uhr geschlossen wird, verlasse sie um halb vier (3 Uhr dreißig). **3.** Jedes Jahr, wenn ich nach Deutschland fuhr, gab es Stauungen (ou : Stau). **4.** Als ich am 23. (dreiundzwanzigsten) Dezember auf der Autobahn fuhr, war sie frei. **5.** Als der Wagen den Hang hinabraste, fuhr er auf einen anderen Wagen auf. **6.** Als der Winter einbrach, war noch kein Schnee da.

Leçon 65
1. Bevor man durch den Zoll (die Zollabfertigung) geht, muß man zum Schalter. **2.** Nachdem ich mich erkundigt habe, ob ich alle Papiere habe, gehe ich zur Gepäckabfertigung. **3.** Bei der Zollabfertigung, verzolle ich meine Zigaretten. **4.** Bevor ich einsteige (an Bord gehe), lasse ich mich noch mal kontrollieren

(untersuchen). **5.** Nachdem ich meinen Ausweis vorgezeigt habe, kann ich zollfrei einkaufen.

Leçon 66

1. Weil er zu schnell gefahren war, wurde er angehalten. **2.** Weil das Ueberholen verboten war, bekam er ein polizeiliches Protokoll. **3.** Weil die Vorfahrt nicht beachtet wurde, gab es einen schweren Unfall. **4.** Weil die zulässige Geschwindigkeit um mehr als 20 km überschritten wurde, bekam er ein Bußgeld. **5.** Weil das Rotlicht nicht beachtet wurde, bekam er ein Strafmandat. **6.** Er bekam eine Verwarnungsgebühr von 10,- DM, weil er falsch geparkt hatte.

Leçon 67

1. Auf der A 7, Ulm - Memmingen, Verkehr zum Stillstand durch einen Unfall. **2.** Auf der B 10 zwischen Stuttgart und Pforzheim, Straße gesperrt durch Schneefall. **3.** Die Polizei bittet die Fahrer um eine besonders vorsichtige Fahrweise. **4.** Durch einen Unfall wurde er verletzt. **5.** Wir bitten um Ihre Aufmerksamkeit für folgende Durchsage.

Leçon 68

1. Ich schicke dir diese Karte, damit du sehen kannst, wie schön diese Gegend ist. **2.** Sieh die Berge, damit du sie nie vergißt. **3.** Kannst du mir was zum Lesen empfehlen ? **4.** Kann man ein ruhiges Zimmer haben, damit ich ruhig schlafen kann ? **5.** Können Sie mir einen Platz beim Fenster reservieren, damit ich die Landschaft besser bewundern kann. (Um... bewundern zu können). **6.** Ich rufe dich an, damit dein Freund auch mitkommt.

Leçon 69

1. Obwohl ich die Verpflegung nicht gut fand, habe ich 200,- DM bezahlen müssen. **2.** Obwohl er in seine Stammkneipe ging, setzte er sich nicht an den Stammtisch. **3.** Obwohl da kein Platz mehr frei war, fand er Unterkunft in einem Gasthof. **4.** Obwohl ich sehr spät im Hotel eintraf, fand ich doch noch ein Zimmer. **5.** Obwohl er sich erkältet hatte (enrhumé), hat er doch noch seinen Freund gesucht.

Leçon 70
Exercice 1

1. Es ist das Hotel, in dem ich geschlafen habe. **2.** Es ist die Maschine, mit der wir nach Berlin geflogen sind. **3.** Er ist der Kellner, den wir gerufen haben. **4.** Er ist der Mann, den Sie suchen.

Exercice 2

1. Ein Toter ist ein Mann, der gestorben ist. **2.** Es ist eine Frau, die aus Deutschland kommt. **3.** Es ist ein Mann, der keine Arbeit hat. **4.** Es ist eine Frau, die krank ist.

Exercice 3

1. Wenn er im Winter nach Oesterreich fährt, gibt es immer viele Stauungen. **2.** Als ich zu Weihnachten in die Schweiz fuhr, war das Wetter sehr schön. **3.** Als ich um 8 Uhr das Hotel verließ, war die Straße frei. **4.** Wenn ich in Bonn meinen Wagen parke, bekomme ich immer ein Strafmandat. **5.** Wenn (répétition) ich ihn anrief, war er immer abwesend.

Exercice 4

1. Er sucht eine Wohnung, weil er eine neue Stelle gefunden hat. **2.** Sie müssen das Zimmer heizen, weil es kalt geworden ist. **3.** Wir müssen früh aufstehen, weil der Zug schon um 7 Uhr abfährt. **4.** Er hat eine Verwarnungsgebühr bekommen, weil er falsch geparkt hatte. **5.** Wir müssen Schneeketten auflegen, weil es geschneit hat.

Exercice 5

1. Obwohl es viel Verkehr gab, gab es doch keinen Stau. **2.** Obwohl es viele Touristen gab, fand ich noch einen Platz im Hotel. **3.** Obwohl es sehr spät war, habe ich ihn noch angerufen. **4.** Obwohl er krank ist, sieht er ganz normal aus. **5.** Obwohl es sehr spät war, fand ich noch ein Hotel.

Leçon 72

1. Ich bin heute so krank, daß ich nicht aus dem Bett kommen kann. **2.** Er war so angeschlagen, daß er kein Wort sagen konnte. **3.** Der Wagen war so teuer, daß ich ihn nicht kaufen konnte. **4.** Ich bin so müde, daß ich nicht weitergehen kann. **5.** Das Wetter war so schlecht, daß wir die Wanderung abgesagt haben.

Leçon 74

1. BVA stellte fest, die negativen Urteile überwögen keinesfalls. **2.** Der Junge sagte, daß man auf die rechnen könne (ou..., man könne (auf sie) rechnen). **3.** Er meinte, die Deutschen könnten nichts dafür (daß die... könnten). **4.** Er sagte, Deutschland versuche seine Vergangenheit vergessen zu lassen (..., daß Deutschland seine Vergangenheit vergessen zu lassen versuche.) **5.** Die Umfrage brachte hervor (dévoila), daß die Engländer als erste genannt würden (ou : ..., als erste würden... genannt.)

Leçon 75

Exercice 1

1. Ich würde diese Kamera nicht kaufen. **2.** Bei schlechtem Wetter würde ich keinen Ausflug machen. **3.** Ich würde heute abend nicht ins Kino gehen. **4.** Ich würde in der Stadt nicht schneller als 50 (fünfzig) fahren. **5.** Ich würde mich nicht aufregen.

Exercice 2

1. Würden Sie bitte langsamer sprechen ? **2.** Würden Sie bitte die Telefonnummer notieren ? **3.** Würden Sie mich bitte morgen früh um sieben Uhr wecken ? **4.** Würden Sie bitte lauter sprechen ? **5.** Würden Sie mich morgen anrufen ?

Leçon 76

1. Hätte ich Lust, so würde ich Scholle bestellen. **2.** Müßte ich fahren, so würde ich keinen Alkohol trinken. **3.** Hätte ich die Gelegenheit, so würde ich mitfahren. **4.** Würde ich Bier trinken, so würde ich alkoholfreies trinken.

Leçon 77

1. Er sprach über die Schweizer, als ob sie alle ruhig wären. **2.** Er riß Witze über die Ostfriesen, als ob sie alle blöd wären. **3.** Er lobte die Franzosen, als ob sie alle nett wären. **4.** Er beschrieb (décrivit) die Amerikaner, als ob sie alle gut gelaunt wären. **5.** Und die Engländer, als ob sie alle langweilig wären.

Leçon 78

Lieber Toni !

Vom Montag, dem 12. bis zum Freitag, dem 16. werde ich in Köln sein, um einem Kongreß beizuwohnen. Donnerstag habe ich am Nachmittag einige Stunden frei und ich nehme mir vor, Dich gegen vier Uhr zu besuchen. Grüße Deine Familie von mir und bis bald.

Mit herzlichem Gruß.

Leçon 80

Exercice 1

1. Je öfter man sie wiederholt, desto besser kann man sie. **2.** Je länger man in Deutschland bleibt, je besser kann (pouvoir parler) man Deutsch. **3.** Je mehr man davon kauft, desto mehr Rabatt bekommt man. **4.** Je näher das Schild steht, desto besser sieht man es. **5.** Je billiger das Angebot [ˈaŋɡəboːt] ist, desto attraktiver ist es.

Exercice 2

1. Er glaubt, daß er nicht mehr krank sei (ou : Er glaubt, er sei nicht mehr krank). **2.** Er sagt mir, daß er die Kamera kaufen wolle (ou : ..., er wolle die...). **3.** Sie versprechen, daß man Montag kämen (kommen = a la même forme que l'indicatif). **4.** Die Polizei..., daß es in diesem Jahr mehr Unfälle gegeben habe (ou : ..., es habe in diesem Jahr mehr Unfälle gegeben). **5.** Er sagte, daß er gestern nicht zu Hause gewesen sei (ou : ,.., er sei... gewesen).

Exercice 3

1. Ich an deiner Stelle wäre nicht zur Polizei gegangen. **2.** Ich an deiner Stelle hätte den Wagen nicht auf dem Markt geparkt. **3.** Ich an deiner Stelle hätte den Freund nicht mehr angerufen. **4.** Ich an deiner Stelle hätte den Betrag nicht bezahlt.

Exercice 4

1. Wenn er nur zu Fuß ginge! Ginge er nur zu Fuß! **2.** Wenn er nur so lange warten würde! (verbe faible). Würde er nur so lange warten! **3.** Wenn er nur daran gedacht hätte! Hätte er nur daran gedacht! **4.** Wenn er nur so lange geblieben wäre! Wäre er nur so lange geblieben! **5.** Wenn sie nur mehr Zeit gehabt hätte! Hätte sie nur mehr Zeit gehabt! **6.** Wenn sie nur dazu bereit gewesen wären! Wären sie nur dazu bereit gewesen!

Exercice 5

1. Er lebt, als ob er ein Millionär wäre. Er lebt, als wäre er ein Millionär. **2.** Er spricht, als ob er ein Deutscher wäre. Er spricht, als wäre er ein Deutscher. **3.** Er spielt Klavier, als ob er ein Virtuose wäre. Er spielt, als wäre er ein Virtuose.

La phonétique allemande

LA TRANSCRIPTION SELON L'ASSOCIATION PHONÉTIQUE INTERNATIONALE (A.P.I.)

L'articulation allemande est clairement découpée. Elle est assez semblable à celle du français, mais ne connaît pas de nasalisation, sauf pour certains mots français comme « restaurant ».

L'accentuation : si un mot a deux syllabes au moins, une des syllabes sera prononcée avec plus de force et sera précédée du signe ('). La dernière syllabe ne sera généralement pas accentuée contrairement au français.

Le coup de glotte : en début de syllabe ou de mot, l'attaque des voyelles est dure et ressemble à l'hiatus : « Es ist immer aktuell ». Cette attaque ne sera pas marquée par un signe phonétique, mais n'oubliez pas de la pratiquer, même au milieu d'une syllabe, comme entre le u et le e dans aktuell.

■ Les voyelles

Signe A.P.I.	Exemple allemand	Equivalent français et remarques
a clair bref	hat [hat]	bal
clair long	Rad [raːt]	Bâle, deux points après une voyelle = voyelle longue
ã nasal	Restaurant [rɛstoˈrã]	restaur<u>ant</u>
eː e fermé long	Leben [ˈleːbən]	
ɛ e ouvert bref	Herr [hɛr] hätte [hɛtə]	belge
ɛː e ouvert long	Käse [ˈkɛːzə] fährt [fɛːrt]	bête, gèle
ə e muet	Tasse [ˈtasə]	le, toujours le prononcer !
i i fermé long	Elisa [eˈliːza] wie [viː]	la lie
i i ouvert bref	du bist [bist]	vil
o o fermé long	Rom [roːm] Boot [boːt]	dôme
ɔ o ouvert bref	Post [pɔst]	la poste

ø:	eu fermé long	mögen [ˈmøːgən]	heureux, peu
œ	eu ouvert bref	Köln [kœln]	bœuf
		zwölf [tsvœlf]	
u:	ou fermé long	Kur [kuːr]	roue
		du [duː]	
u	ou ouvert bref	Butter [ˈbutər]	genou
		muß [mus]	
y:	u long	für [fyːr]	rue
y	u bref	fünf [fynf]	tu
		Mystik [ˈmystik]	

■ Les diphtongues

Signe A.P.I.	Exemple allemand	Equivalent français et remarques
ai	zwei [tsvai]	aïe
	bleibt [blaipt]	
	Aitrang [ˈaitraŋ]	
. au	Frau [frau]	un peu comme aoriste ou
	Haus [haus]	l'anglais house
ɔy	heute [hɔytə]	o ouvert suivi de u, comme
	deutsch [dɔytʃ]	l'anglais « toy »

■ Les consonnes

Signe A.P.I.	Exemple allemand	Equivalent français et remarques
b	Bonn [bɔn]	beau
p	Peter [ˈpeːtər]	le b en fin de syllabe = p
	ab (ap)	
	Peter:	en début de syllabe, le p est expiré devant une voyelle
d	dann [dan]	de
	denn [dɛn]	
t	Tag [taːk]	le d en fin de syllabe = t
	Rad [raːt]	
	Tag: n'oubliez pas l'expiration en début de syllabe (voir « p »)	
g	gut [guːt]	gare, bague
k	Tag [taːk]	le g en fin de syllabe = k
	Karl [karl]	
	Karl: n'oubliez pas l'expiration en début de syllabe (voir p/t)	
m - n	Mann [man]	mener
	Name [ˈnaːmə]	nous
f	fünf [fynf]	v = f sauf pour certains
	voll [fɔl]	mots étrangers

v	Wagen ['vaːgən] Wien [viːn] Klavier [klaˈviːr]	wagon, Vienne = mot étranger
s	ist [ist] es [ɛs]	s au milieu/en fin de syllabe = s
z	sieben ['ziːbən] lesen ['leːzən]	s en début de syllabe ou de mot = z
ʃ	schön [ʃøːn]	<u>ch</u>er<u>ch</u>er
ʒ	Genie [ʒeˈniː] garage [gaˈraːʒə]	génie
h	Herr [hɛr] haben ['haːbən]	h fortement expiré
x	acht [axt]	ch = fricatif = écossais Lo<u>ch</u>
ç	ich [iç] dich [diç]	ch = fricatif à l'avant de la bouche comme anglais « <u>h</u>uge »
j	Januar ['januaːr]	comme le « i » de p<u>i</u>ed
ŋ	jung [juŋ] Inge [iŋə]	comme l'anglais campi<u>ng</u> N'oubliez pas le coup de glotte pour <u>I</u>nge !

RÉCAPITULATION DE LA PRONONCIATION D'APRÈS L'ORTHOGRAPHE

■ Les voyelles

L'orthographe		Prononciation A.P.I.	Remarque ou équivalent français
a	a bref	[a] hat [hat]	bal
	a long	[aː] Rad [raːt]	châtier, Bâle
ä	e ouvert bref	[ɛ] hätte ['hɛtə]	belge
	e ouvert long	[ɛː] Käse ['kɛːzə]	être, gèle
e	e fermé long	[eː] Leben ['leːbən]	blé
	e ouvert bref	[ɛ] Bett [bɛt]	lait
	e muet	[ə] halte ['haltə]	l<u>e</u>, pr<u>e</u>mier
i	i ouvert bref	[i] du bist [du bist]	vil (mais plus ouvert)
	i fermé long	[iː] Elisa [eˈliːza]	l<u>i</u>e
o	ouvert bref	[ɔ] Post [pɔst]	poste
	fermé long	[oː] Rom [roːm] Boot [boːt]	d<u>ô</u>me
ö	eu ouvert bref	[œ] Köln [kœln] zwölf [tsvœlf]	b<u>œu</u>f
	eu fermé long	[øː] mögen [møːgən]	heureux, peu
u	ou ouvert bref	[u] Butter [butər] muss [mus]	genou

	ou fermé long	[u:] Kur [ku:r] du [du:]	roue
ü	u bref	[y] fünf [fynf]	tu
	u long	[y:] für [fy:r]	rue

■ Les diphtongues

ei	[ai]	zwei [tsvai] bleibt [blaipt]	aïe
ai	[ai]	Aich [aix] Aitrang [aitraŋ]	aïe
au	[au]	Frau [frau] aus [aus]	un peu comme aoriste, ou l'anglais house
äu	[ɔy]	Bäume [bɔymə]	o ouvert suivi de u
eu	[ɔy]	deutsch [dɔytʃ] heute [ˈhɔytə]	o ouvert suivi de u

■ Les consonnes

b	[b]	Bonn [bɔn]	beau
	[p]	halb [halp]	obtenir (en fin de syllabe)
c	[k]	devant une consonne Claus [klaus]	
	[k]	devant a, o et u Conrad [kɔnra:t] (ancienne graphie)	
	[ts]	devant ä, ö, e, i, circa [ˈtsirka] Celsius [ˈtsɛlzius]	
ch	[ç]	Chemie [çeˈmi:] ich [iç] München [ˈmynçən]	avant ou après e, i et après les consonnes l, m, n, r
ch	[x]	Bach [bax]	fricative comme bigre sans prononcer le g
chs	[ks]	sechs [zɛks]	ch + s = souvent = ks
d	[d]	Düren [ˈdy:rən]	d en début de syllabe/ mot
	[t]	Bad [ba:t]	d = t en fin de syllabe
f	[f]	fünf [fynf]	fleur
g	[g]	gut [gu:t] genial [geniˈa:l]	gain
	[ʒ]	Genie [ʒeˈni:]	= dans certains mots étrangers
	[k]	Tag [ta:k]	= en fin de syllabe (ex-pirer « t »)
h	[h]	Hand [hant]	h aspiré
j	[j]	jung [juŋ], Jahr [ja:r]	le i dans pied
k	[k]	expiré kann [kan]	canne (en expirant le c)
	[k]	aspiré Köln [kœln]	= k aspiré (comme le p et le t) devant voyelle en début de syllabe

	[k]	non aspiré klein [klain]	= dans les autres cas
l	[l]	lieb [liːp]	lent
m	[m]	Mann [man]	main
n	[n]	nicht [niçt]	non
ng	[ŋ]	jung [juŋ]	dans l'anglais camping
p	[p]	aspiré devant voyelle en début de syllabe = Post [pɔst]	
	[p]	non aspiré dans les autres cas = Platz [plats]	
qu	[kv]	Quittung ['kvituŋ]	
r	[r]	rot [roːt]	rouge
s	[z]	Salz [zalts]	= devant voyelle en début de syllabe
	[s]	es [ɛs]	= dans les autres cas
sch	[ʃ]	schön [ʃøːn] schon [ʃoːn]	chercher
ß	[s]	heißen ['haisən]	ß se prononce = s
sp	[ʃp]	Sport [ʃpɔrt]	**Rem. :** sp et st sont toujours chuintés, sauf dans certains mots étrangers, Institut [Insti'tuːt]
st	[ʃt]	Stadt [ʃtat] Stuttgart [ʃtutgart]	
t	[t]	Tanz [tants]	**Rem. :** expiré devant voyelle en début de syllabe
	[t]	tragisch ['traːgiʃ]	non expiré, dans les autres cas
v	[f]	viel [fiːl], mais Klavier [kla'viːr] = mot étranger	
w	[v]	wer [veːr] Würzburg ['vyrtsburk]	
x	[ks]	x-mal [iksmaːl] Xanten ['ksantən]	
z	[ts]	Zeit [tsait] Zoo [tsoː]	

Mémento grammatical

LES CAS

L'allemand a quatre cas :

Le nominatif : le cas du sujet et de l'attribut du sujet.
　Der Ausländer (l'étranger)
　Es ist der Ingenieur (c'est l'ingénieur)

Le génitif : c'est le cas du complément déterminatif du nom (marque la dépendance ou la possession) :
　Das Auto meines Freundes (la voiture de mon ami).

C'est le cas après certaines prépositions : wegen (à cause de), statt (au lieu de), trotz (malgré)... :
　Statt einer Antwort : au lieu d'une réponse.

Le datif : le cas qui marque le complément d'attribution (complément d'objet indirect) :
　Er gibt ihm einen Rat : il lui donne un conseil.

Certains **verbes** auront toujours le complément de la personne au datif : helfen (aider), danken (remercier), schaden (nuire), gehören (appartenir), es geht ihm (il se porte), folgen (suivre), gratulieren (féliciter)...

Certaines **prépositions** seront toujours suivies du datif : aus, bei, mit, nach, seit, von, zu, gegenüber.

L'accusatif : le cas du complément d'objet direct :
　Ich kenne den Mann (je connais l'homme).

Certains **verbes** auront toujours leur complément à l'accusatif : bitten (demander de faire), fragen (questionner), es gibt (il y a), brauchen (avoir besoin de)... :
　ich frage ihn : je lui pose une question.
　Ich bitte Sie um Geld : je vous demande de l'argent.

L'ARTICLE

L'article défini (le, la, les)

	m	f	n	plur.
N	der	die	das	die
G	des	der	des	der
D	dem	der	dem	den
A	den	die	das	die

Article indéfini (un, une, des)

m	f	n	plur.
ein	eine	ein	—
eines	einer	eines	—
einem	einer	einem	—
einen	eine	ein	—

L'article négatif (pas de) : kein/ keine/ kein est décliné comme « ein » au sing. et comme « die » au plur. (= keine, keiner...)

— **Sont déclinés selon « der » :** tous les déterminatifs : dieser (celui-ci), jener [ˈjeːnər] (celui-là), solcher (pareil), jeder (chaque) [ˈjeːdər], welcher (qui, lequel)

— **Sont déclinés selon « ein » :** l'article indéfini, les adjectifs possessifs (mein, dein, sein, ihr, unser, euer, ihr, Ihr.

Remarques

1. Certaines expressions ont l'article en allemand contrairement au français : im Durchschnitt (en moyenne), am Leben sein (être en vie), im

Vergleich zu (mit) (en comparaison avec), in der Stadt (en ville); de même les noms de mois et des saisons : im Januar (en janvier), im Sommer (en été), im Jahre 1986 (en 1986).

2. Certaines expressions n'ont pas d'article contrairement au français
   — *les noms des villes, des régions et des pays* : Paris, Brüssel, Genf (Genève), Frankreich, Belgien ; par contre : die Schweiz, die Niederlande (Pays-Bas), die Vereinigten Staaten (USA), das Elsaß (l'Alsace).
   — *Expressions* : in Zukunft (à l'avenir), Radio hören (écouter la radio), vorige Woche (la semaine passée), gegen Abend (à l'approche du soir).

L'ADJECTIF

— L'adjectif employé en tant qu'**attribut** (après le verbe être) : reste **invariable** : Die Häuser sind alt : les maisons sont vieilles.
— L'adjectif employé en tant qu'**épithète** : se place **devant le substantif** et est **décliné.**

L'adjectif épithète : deux cas se présentent :

1. *L'article défini* (ou tout déterminant qui a la même terminaison que l'article défini : dieser, jener, jeder, solcher, ... ou que ein sauf au nominatif masculin et neutre et à l'accusatif neutre) *précède l'adjectif.*
Dans ce cas, l'adjectif prend **la terminaison -en,** sauf au nominatif (pour les 3 genres) et à l'accusatif féminin et neutre où il prend **la terminaison -e.**

	m		f		n	
N	der	alte Mann	die	junge Frau	das	junge Kind
G	des	alten Mannes	der	jungen Frau	des	jungen Kindes
D	dem	alten Mann	der	jungen Frau	dem	jungen Kind
A	den	alten Mann	die	junge Frau	das	junge Kind
Pl. N	die	jungen Männer, Frauen, Kinder				
G	der	jungen Männer, Frauen, Kinder				
D	den	jungen Männern, Frauen, Kindern				
A	die	jungen Männer, Frauen, Kinder				

2. *Le déterminant n'a pas la même terminaison que l'article défini* (ein et assimilés au nominatif masculin et neutre singulier : mein, kein,...) ; ou bien *il n'y a pas de déterminant* (et donc la terminaison de l'article défini manque devant l'adjectif).
Dans ce cas l'adjectif prend **la terminaison correspondante** (et donc manquante) **de l'article défini.**

ein guter (= der) Mann ; lieber (= der) Toni (cher Toni)

	m	f	n
N	guter Wein	gute Arbeit	gutes Bier
G	guten Weines	guter Arbeit	guten Bieres
D	gutem Wein	guter Arbeit	gutem Bier
A	guten Wein	gute Arbeit	gutes Bier
Pl. N	gute Weine/ Arbeiten/ Biere		
G	guter Weine/ Arbeiten/ Biere		
D	guten Weinen/ Arbeiten/ Bieren		
A	gute Weine/ Arbeiten/ Biere		

Remarques

1. unser neuer Wagen (notre nouvelle voiture) : le « -er » de unser n'est pas une terminaison, mais fait partie du radical. D'ailleurs « unser », « euer » et « ihr » sont déclinés comme « ein », et « mein », « dein » et « sein ». Ainsi dans « unser neuer Wagen », « neuer » prend la terminaison de « der » qui correspond à celle du nominatif masculin singulier.

2. au génitif m. et n. sing., l'adjectif prend -en (par euphonie), lorsque le génitif m. ou n. du substantif se termine en -(e)s.

■ De même, **les adjectifs substantivés** gardent leur déclinaison d'adjectif. Ils s'écrivent toutefois avec majuscule, comme tout substantif.
— der Deutsche, die Deutsche, ein Deutscher, eine Deutsche *pl.* die Deutschen, Deutsche (l'Allemand, l'Allemande...)
— der Fremde, die Fremde, ein Fremder, eine Fremde *pl.* die Fremden, Fremde, (l'étranger, l'étrangère.)
— der Verwandte, die Verwandte, ein Verwandter, eine Verwandte *pl.* die Verwandten, Verwandte (le parent, le proche)

■ **Les adjectifs en -el/ -en/ -er** perdent le « e » devant -l/-n/-r dès qu'un « e » suit -el/ -en/ -er: die dunkle Nacht (la nuit obscure).

■ **L'adjectif « hoch »** laisse tomber le « c » lorsque le ch est suivi d'un « e » : das hohe Haus (la maison haute).

■ Restent **toujours invariables : les adjectifs en -er** dérivés de nombres, de noms de villes, provinces ou pays :
der Schweizer Käse (gruyère, = fromage de Suisse), der Kölner Dom (cathédrale de Cologne), die achtziger Jahre (les années 80), der Burgunder Wein (le bourgogne)

Le comparatif et le superlatif

■ Il y a **trois formes de comparatifs :**
— *le comparatif de supériorité :* er ist größer als ich (il est plus grand que moi)
— *le comparatif d'infériorité :* er ist nicht so groß wie ich (il n'est pas aussi grand que moi)
— *le comparatif d'égalité :* er ist ebenso groß wie ich (il est aussi grand que moi)

■ **le superlatif** *absolu :* sehr schön, ganz schön (très beau)
    relatif : der, die, das schönste (le plus beau)

Formation

— Seul **le comparatif de supériorité** prend la forme **-er** et se décline comme un adjectif épithète

— **Le superlatif relatif** prend **(e)st**, est aussi décliné : ich finde keinen besseren (je ne trouve pas de meilleur)

— Si le radical de l'adjectif monosyllabique (qui a une syllabe) contient un « a », « o » ou « u » : ces voyelles prennent généralement **le Umlaut :** größer, älter, jünger et größt, ältest, jüngst.

— Les adjectifs et adverbes monosyllabiques terminés par -d/ -t/ -z/ -tz/ -ß/ -sch prennent **« e » devant -st** der älteste, der heißeste, exception : der größte.

Emploi

Quand on ne compare que deux personnes ou deux choses, le comparatif remplace le superlatif : die bessere Hand ist die rechte (la meilleure main est la main droite).

Formes irrégulières

gut (bon) : besser, best
hoch (haut) : höher [ˈhøər], höchst [høːçst]
nah (proche) : näher [ˈnɛːər], nächst [nɛːçst]
viel (beaucoup) : mehr (toujours invar.) [meːr], meist
gern (volontiers) : lieber [ˈliːbər], liebst [liːpst]

Cas de certains adjectifs

Certains adjectifs demandent un cas particulier :

■ **Le génitif :** sicher (certain), fähig (capable), mächtig (en possession de), bewußt (conscient de), gewiß (sûr), schuldig (coupable de) :
> Er war sich (dat.) keiner Schuld bewußt
> il n'avait pas conscience d'une faute (culpabilité).

■ **Le datif :** bekannt (connu), böse (fâché contre), fremd (étranger), gleich (égal à, semblable à), leicht (facile à), nah (proche), nützlich (utile), recht (juste, qui convient) :
> Wir sind dem Ziel nah (nous sommes proches du but). Das ist mir wohl bekannt (ceci m'est bien connu, je le sais bien).

■ **L'accusatif :** surtout des adjectifs indiquant des mesures de durée, de poids, prix, valeur... : alt (âgé), breit (large) dick (gros, épaisseur), hoch (haut), lang (long), schwer (lourd), wert [veːrt] (qui vaut) :
> Es ist keinen Pfennig wert : cela ne vaut pas un Pfennig (= cela ne vaut pas un sou).

Adjectifs + préposition

Certains adjectifs se construisent avec une préposition :

■ **Préposition + Acc. :** dankbar [ˈdankbaːr] für (reconnaissant) ; besorgt um [bəˈzɔrkt um] (soucieux) ; verantwortlich für [fɛrˈantvɔrtliç] (responsable de) ; freundlich gegen (aimable) gewohnt an (habitué à) [gəˈvoːnt] ; stolz auf [ʃtɔlts] (fier de) :
> Er ist stolz auf seine Leistung : il est fier de sa prestation.

■ **Préposition + Dat. :** zufrieden [tsuˈfriːdən] mit (content de) ; frei von (libre, exempt de) ; voll von [fɔl fɔn] (plein de) ; froh [froː] über (joyeux, content de) ; betrübt über [bəˈtryːpt] (désolé de) :
> Er ist mit seinem neuen Wagen zufrieden (il est content de sa nouvelle voiture).

L'ADVERBE

1. **Beaucoup d'adjectifs s'emploient aussi comme adverbes :** ils seront alors toujours invariables
> Er ist gut (il est bon) = adjectif
> Er arbeitet gut (il travaille bien) = adverbe.

2. **Le comparatif** se forme en -er, comme pour les adjectifs.
   Le superlatif se forme avec am ....sten :
> Er arbeitet gut/besser/ am besten (bien, mieux, le mieux).

Les différents adverbes

a) L'adverbe de manière
er arbeitet schnell: il travaille vite

b) L'adverbe de quantité et d'intensité : genug [gə'nuːk] : assez ; nur : seulement ; erst [eːrst] ; viel [fiːl] : beaucoup ; sehr [zeːr] : très ; auf (ouvert, mouvement) ; offen (ouvert, état) :
ich mache die Tür auf (j'ouvre la porte).
Ich bin erst seit gestern hier : je ne suis ici que depuis hier : « erst » a une relation avec le temps.
Es kostet nur 3 Mark : ça ne coûte que 3 Marks.

c) L'adverbe de temps : heute (aujourd'hui), bald (bientôt), eben, soeben [zoː'eːbən] (venir de), schon [ʃoːn] : déjà, wieder (de nouveau), dann (alors).
Er ist soeben weggegangen (il vient de partir).

d) L'adverbe de lieu
Wo ? (où, sans mouvement)
woher ? [voː'heːr] : d'où, lieu d'où l'on vient.
wohin ? [voː'hin] : où, vers où, avec mouvement.
Les adverbes qui répondent à ces 3 questions :
wo ? *Réponse :* hier [hiːr] ici ; da [daː] là ; vorn [forn] à l'avant ; hinten, à l'arrière ; rechts, à droite ; links, à gauche ; zu Haus, à la maison.
wohin ? : er geht hinaus : il sort (= il va dehors) ; er geht vorwärts [forˈveːrts] : il va de l'avant ; er geht nach Haus : il rentre chez lui (= il va à la maison).
woher ? : [voː'heːr] : er kommt von hier (il vient d'ici) ; er kommt von zu Hause (vient de chez lui).

LES NOMBRES

Les nombres cardinaux :

0	null [nul]	16	sechzehn [ˈzɛçtseːn]
1	eins [ains]	17	siebzehn [ˈziptseːn]
2	zwei [tsvai]	18	achtzehn [ˈaxtseːn]
3	drei [drai]	19	neuzehn [ˈnɔyntseːn]
4	vier [fiːr]	20	zwanzig [ˈtsvantsiç]
5	fünf [fynf]	30	dreißig [ˈdraisiç]
6	sechs [zɛks]	40	vierzig [ˈfirtsiç]
7	sieben [ˈziːbən]	50	fünfzig [ˈfynftsiç]
8	acht [axt]	60	sechtzig [ˈzɛçtsiç]
9	neun [nɔyn]	70	siebzig [ˈziptsiç]
10	zehn [tseːn]	80	achtzig [ˈaxtsiç]
11	elf [ɛlf]	90	neunzig [ˈnɔyntsiç]
12	zwölf [tsvœlf]	100	(ein)hundert [ˈain 'hundərt]
13	dreizehn [ˈdraitseːn]	200	zweihundert
14	vierzehn [ˈfirtseːn]		[ˈtsvai 'hundərt]
15	fünfzehn [ˈfynftseːn]		

■ hundert/ tausend (1000 : [ˈtauzənt]) et leurs multiples s'écrivent en **un seul mot** et **avec minuscule** : dreitausend [ˈdraitauzənt], mais : drei Millionen -e Million/en, -e Milliarde/n sont des substantifs [miliˈoːn, miliˈardə]

■ 21 : einundzwanzig [ˈainuntsvantsiç] : **l'unité se met avant la dizaine.**

■ sechs [zɛks] sechzehn [ˈzɛçtseːn] sechzig [ˈzɛçtsiç]
sechsundsechzig [ˈzɛksuntzɛçtsiç] (66)

- sieben [ˈziːbən] siebzehn [ˈziptseːn] siebzig [ˈziptsiç]
  siebenundsiebzig [ˈziːbənuntzipsiç] (77).
- 1 : eins [ains] garde le « s » (et reste invariable) lorsque rien ne suit ;
  sinon :
  — Lorsqu'un substantif suit, il est décliné : ich sehe nur einen Mann (je
    ne vois qu'un seul homme).
  — Lorsqu'un chiffre suit, « ein » reste invariable : einunddreißig

Les nombres ordinaux :

1. der, die, das erste [ˈeːrstə]	**11.** elfte [ˈɛlftə]
2. . . . zweite [ˈtsvaitə]	**12.** zwölfte [ˈtsvœlftə]
3. . . . dritte [ˈdritə]	**13.** dreizehnte [ˈdraitseːntə]
4. . . . vierte [ˈfiːrtə]	**14.** vierzehnte [ˈfirtseːntə]
5. . . . fünfte [ˈfynftə]	**15.** fünfzehnte [ˈfynftseːntə]
6. . . . sechste [ˈzɛkstə]	**16.** sechzehnte [ˈzɛçtseːntə]
7. . . . siebte [ziptə]	**17.** siebzehnte [ˈziptseːntə]
. . . siebente [ˈziː]	**18.** achtzehnte [ˈaxtseːntə]
8. . . . achte [ˈaxtə]	**19.** neunzehnte [ˈnɔyntseːntə]
9. . . . neunte [ˈnɔyntə]	**20.** zwanzigste [ˈtsvantsiçstə]
10. . . . zehnte [ˈtseːntə]	

Formation : de 2 à 19 : nombre + **te** ; à partir de 19 : + **ste**.

Déclinaison
— **Les fractions** sont des substantifs neutres : ein Drittel (1/3), Viertel (1/4 :
  [ˈfirtəl]), mais die Hälfte (1/2).
— Les noms de nombres sont déclinés **comme des adjectifs** : am ersten
  Tag (au 1er jour).

Orthographe
— Ils s'écrivent avec minuscule comme l'adjectif.
— On écrit un point derrière le chiffre ordinal dans les dates :
    Heute (aujourd'hui) ist der 10. Oktober.
    Bonn, den 31. Mai (« den einunddreißigsten » à l'accusatif !).

L'ADVERBE PRONOMINAL

L'ADVERBE PRONOMINAL DÉMONSTRATIF AVEC « da »

L'adverbe pronominal remplace uniquement des noms de choses ou des
noms abstraits et non des noms de personnes : il s'emploie lorsqu'il remplace une proposition + nom de chose/nom abstrait.

— Ich warte auf den Freund : ich warte auf ihn
  (je l'attends) (= préposition + nom de personne).
— Ich warte auf den Bus : préposition + nom de chose (J'attends le bus)
  = ich warte darauf = **da + (r) + préposition.**
    On intercale « **r** » **entre da et la préposition** si cette dernière commence
par une voyelle, ici « auf ».

Remarque :
Lorsque « **nach** » et « **zu** » marquent **un mouvement vers un but**, ils se
transforment en « **hin** » :
    Ich frage nach dem Weg : ich frage danach (demander le chemin, n'est
    pas un mouvement).
    Ich fahre nach Berlin (je me rends à Berlin) : Ich fahre dahin (fahren +
    nach = mouvement vers un but).

L'ADVERBE PRONOMINAL INTERROGATIF OU RELATIF AVEC « wo- »

De même **wo (r)** + **préposition** constitue l'adverbe pronominal interrogatif ou relatif.

Ich danke Ihnen für die Hilfe : (Je vous remercie pour l'aide) Wofür danken Sie mir ?

Remarques

1. **Lorsque « aus » marque la provenance,** l'origine, il se transforme en « her » :

   Woher kommt er ? (d'où vient-il ?) Er kommt aus Frankreich (il vient de France).

   Mais : er trinkt aus einem Glas (il boit d'un verre) : woraus trinkt er ?

2. **nach** et **zu** se transforment aussi en hin pour exprimer **le mouvement vers un but.**

   Wohin fährt er ? Nach Berlin.

3. Quelquefois, mais plus rarement, les adverbes pronominaux relatifs sont utilisés en remplacement de la préposition + **pronom relatif :**

   Das ist der Wagen, mit dem ich gefahren bin.
   Das ist der Wagen, womit ich gefahren bin.
   (C'est la voiture avec laquelle j'ai roulé).

LA PRÉPOSITION

La préposition allemande se construit avec un des 4 cas.

Préposition + acc

durch [durç] : à travers, par ; für [fyːr] : pour ; gegen [ˈgeːgən] : contre, vers (temps) ; ohne [ˈoːnə] : sans ; um [um] : à (heure), autour (lieu) ; entlang [ˈɛntlaŋ] : le long de. Ich gehe durch den Park : je traverse le parc.

   Er fährt um die Stadt : il contourne (va autour de) la ville.
   Er kommt um neun Uhr : il vient à 9 h.

Préposition + dat

aus [aus] : Er kommt aus der Stadt (il vient de la ville = origine)
bei : Er ist bei seinem Freund (Il est chez son ami, sans mouvement)
mit : er kommt mit seiner Frau (Il vient avec sa femme) nach [naːx] :
   vers : Ich fahre nach Paris
   après : Nach 5 Uhr kommt er : il vient après 5 h.
seit [zait] : depuis : Er ist seit gestern hier.
von [fɔn] : de : Es ist nicht weit von hier : ce n'est pas loin d'ici
zu [tsu] : à, chez (direction vers personne/bâtiment/devant infinitif)
   ich gehe zum Freund/ zum Bahnhof/ zum Schlafen
   temporel : zu Weihnachten (à la Noël), zu devant nom de fête
   manière : zu Fuß [tsu ˈfuːs] : à pied
   exception : zu Haus(e) : à la maison
gegenüber [ˈyːbər] : en face de : er saß mir gegenüber : il était assis en face de moi.
Contractions : von dem = vom ; zu dem = zum ; zu der = zur ; bei dem = beim.

Une série de prépositions de lieu demandent soit l'accusatif soit le datif

Accusatif : s'il y a mouvement vers un but (répondant à la question **wohin**)
Datif : s'il n'y a pas de mouvement vers un but (répondant à **wo** ?)

in (dans), an (à), auf (sur), hinter (derrière) neben (à côté de) unter (sous), über (au-dessus de), zwischen [ˈtsvifən] (entre).

Er geht in das (ins) Haus : déplacement vers un but (la maison).
Er wohnt in dem (im) Haus : pas de déplacement vers un but.
— **Au sens temporel** in, an, vor seront toujours construites avec le datif.
— **Au sens figuré** auf, über seront construites généralement + acc.

Contractions : an das = ans, an dem = am, in das = ins, in dem = im

Préposition + génitif

statt [ʃtat] ou anstatt : au lieu de ; außerhalb : en dehors de, trotz : malgré ; während : pendant ; wegen : à cause de.
Wegen des Gewitters ist er nicht gekommen : à cause de l'orage, il n'est pas venu.

LES PRONOMS
ET LES ADJECTIFS POSSESSIFS

Les pronoms personnels :

		N	A	D	
Sg	1	ich	mich	mir	
	2	du	dich	dir	
	3	er	ihn	ihm	(m)
		sie	sie	ihr	(f)
		es	es	ihm	(n)
Pl	1	wir	uns	uns	
	2	ihr	euch	euch	
	3	sie	sie	ihnen	
	poli	Sie	Sie	Ihnen	

Remarques

1. Les pronoms de la 2e pers :
du : la forme de tutoiement sg.
ihr : la forme de tutoiement pl.
Sie : la forme polie (employée pour une personne qu'on ne tutoie pas) : elle est toujours écrite avec une majuscule !

2. Les pronoms personnels de la 3e pers. (sg + pl) ont les mêmes formes que l'article défini er = der, ihm = dem...

3. Dans les lettres, le pronom qui remplace la personne à laquelle on s'adresse (= 2e pers.), s'écrit avec majuscule : Du, Dir, Ihr, Euch. Ceci vaudra aussi pour les adjectifs possessifs : Dein, Euer.

Les pronoms réfléchis : sich waschen : se laver (soi-même)

		Acc				Dat	
ich	wasche	mich		ich	wasche	mir	die Hände
du	wäschst	dich		du	wäschst	dir	die Hände
er	wäscht	sich		er	wäscht	sich	die Hände
wir	waschen	uns		wir	waschen	uns	die Hände
ihr	wascht	euch		ihr	wascht	euch	die Hände
sie	waschen	sich		sie	waschen	sich	die Hände
Sie	waschen	sich		Sie	waschen	sich	die Hände

Remarque
Ich wasche mir die Hände : lorsque le verbe réfléchi a un COD (complément
d'objet direct) (ici : die Hände) autre que le pronom réfléchi, ce dernier se
met au datif.

Les adjectifs possessifs

1e pers.	mein	(mon)
2e pers.	dein	(ton)
3e pers.	sein	(son/sa) : possesseur masculin ou neutre
	ihr	(son/sa) : possesseur féminin
1e pers.	unser	(notre/nos)
2e pers.	euer	(votre/vos)
3e pers.	ihr	(leur)
poli	Ihr	(Votre)

Déclinaison : les adjectifs possessifs (appelés en allemand « Possessivpro-
nomen » : [pɔsɛ̃ivpro'no'mən]) sont déclinés au singulier comme l'article
indéfini « ein » et au pluriel comme l'article défini « die ».

Usage de sein/ihr :
— **sein** s'emploie pour un possesseur masculin ou neutre
— **ihr** s'emploie pour un possesseur féminin.

La terminaison de sein ou ihr se met au même cas, genre et nombre que le
mot qui l'accompagne :
> Sie kommt mit ihrem Mann (possesseur fém, Mann = dat. m. sg)
> Er kommt mit seiner Frau (possesseur masc).

Les pronoms interrogatifs : Wer/wessen/wem/wen.

N. « wer ? » [veːr] : qui ? renvoie toujours à une pers. (m.f.n.sing. ou pl.)
> Wer bist du ? Qui es-tu ? (qui = nomin. p.c.q. attribut)

G. « wessen ? » [ˈvɛsən] : de qui ? Wessen Tasche ist das ?
> De qui est ce sac ? (Rem : « wessen Tasche » le mot que détermine
> wessen le suit directement sans article.)

D. « wem » [veːm] : Wem gehört die Tasche ? : à qui appartient le sac ?

A. « wen » [veːn] Wen kennst du ? Qui connais-tu ?

Was ? Que/quoi ? renvoie toujours à une chose (m.f.n. sing. ou pl.) N. et
A. = was.

Welcher ? Lequel ? se rapporte à une personne ou à une chose précise.
Il est décliné comme der/die/das.
> Welches Buch liest du ? Quel livre lis-tu ? (= lequel)

Was für ein ? Demande de préciser la nature d'une personne ou chose.
Seul « ein » se décline comme l'art. indéfini.
> In was für einer (Dat.) Stadt wohnen Sie ? Dans quel genre de ville vivez-
> vous ?
> Was für Leute ? (plur.) : quel genre de personnes ?

Adverbes pronominaux interrogatifs :
wo(r) + préposition :

Il se rapporte à des choses. Si la préposition commence par une voyelle, on ajoute un « r » entre « wo » et la « préposition ».
Womit fährst du ? (Avec quoi roules-tu ?) Ich fahre mit dem Wagen.
Woran liegt das ? (A quoi cela tient-il ?)
Wonach fragst du ? (Que demandes-tu ?) Ich frage nach dem Weg.
Wohin fahren Sie ? (Où allez-vous ?) Nach Italien.
(= mouvement)
Woher [voː 'heːr] kommt er ? (D'où vient-il ?) Er kommt aus Brüssel.

Pronoms démonstratifs

1. **dieser** (celui-ci), **jener** (celui-là) : déclinés comme « der ».
2. **der** accentué sert souvent de démonstratif et se décline alors comme le relatif « der » (génitif masculin et neutre dessen, génitif féminin deren, génitif pluriel deren, remplace le pronom possessif, datif pluriel denen).
   Die Männer und deren (= ihre) Frauen : les maris et leurs femmes
   Mit denen komme ich nicht mit : Ceux-là, je ne les accompagne pas
   (= Je ne viens pas avec ceux-là).
   der hier (celui-ci) et **der da** (celui-là).
3. **derselbe, dieselbe, dasselbe, dieselben (pl)** : le même = décliné comme l'article défini « der » + l'adj. « selb » :
   Wir haben dieselben Länder besucht (nous avons visité les mêmes pays).
4. **solch** (tel, pareil) : se présente sous 3 formes :
   — **solcher** Mann : décliné comme l'article défini,
   — **solch ein** Mann : « solch » invar + « ein » décliné,
   — **ein solcher** Mann : « ein » décliné + l'adj. « solcher »
      Ein solches Wort habe ich nie gehört : Je n'ai jamais entendu pareil mot.

Pronoms relatifs :

Sing.			Plur.	
N	der [deːr]	die	das	die
G	dessen	deren	dessen	deren [deːrən]
D	dem [deːm]	der [deːr]	dem	denen ['deːnən]
A	den [deːn]	die	das	die

Le pronom relatif a la déclinaison de l'article défini, sauf au génitif (sg + pl) et au datif pl. où l'on ajoute « (s)en »

■ Le relatif prend **le cas** de sa fonction dans la proposition relative et **le genre** de son antécédent :
   Ist das der Mantel, den du suchst ? Est-ce le manteau que tu cherches ? den : COD = acc., masculin parce que « Mantel » est du masculin.

■ **Le génitif du relatif** est suivi immédiatement du substantif sans article :
   der Mann, dessen Geduld erschöpft war, sagte... : L'homme dont la patience était à bout (= épuisée), dit ...

WELCHER : (inusité au génitif) : décliné comme « der » est d'un usage plutôt littéraire.

WER [veːr] : relatif composé (celui qui, quiconque) est surtout employé au nominatif pour les maximes et les sentences :
   Wer nicht hören will, muß fühlen : qui ne veut entendre (raison), doit sentir.

WAS: relatif composé: ce que, ce qui. Après les antécédents alles, etwas, das, nichts, un superlatif relatif substantivé, on emploie was:

Das Beste, was man sich wünschen kann (le mieux que l'on puisse se souhaiter)

Alles, was ich hier sage, ist wahr: Tout ce que je dis est vrai.

Les pronoms et adjectifs indéfinis

keiner, keine, keins (aucun) (pronom)
(irgend) **einer** (quelconque), pl. (irgend) welche (pronom)
jeder (chacun) (pronom)
alles: tout
mancher: maint
viel(e): beaucoup
wenig(e): peu de

alle (tous), **beide** (tous deux), **jeder** (chacun, chaque)
solcher, solche, solches (un tel) sont déclinés comme « der ».
Lorsqu'ils sont suivis d'un adjectif, celui-ci se décline comme si « der » précédait:

alle neuen Autos (toutes les nouvelles voitures)

Mancher (maint), **folgender** (suivant) = décliné comme « der », et au sing, l'adjectif qui les suit est décliné comme après « der »:

Mancher neue Tourist besucht die Stadt: maint nouveau touriste visite la ville.

— Pratiquement tous les autres indéfinis sont déclinés comme « der » sauf **viel/e** (beaucoup de), **wenig/e** (peu de), **jemand** (quelqu'un), **niemand** (personne), **ein paar** (quelques) qui restent invariables et l'adjectif qui les suit est décliné comme s'il n'y avait pas de déterminatif devant:

Viele neue Fälle: de nombreux cas nouveaux.
Mit viel Mühe: avec beaucoup de peine.

— **Etliche** (un certain nombre), **mehrere** (plusieurs), **einige** (quelques-uns) sont toujours au pluriel.

LES SUBSTANTIFS

Le substantif allemand a 3 genres et 4 cas.

| LES SUBSTANTIFS MASCULINS |

Déclinaisons

En principe, il y a 2 déclinaisons, la déclinaison forte (pluriel + Umlaut + « E ») et la déclinaison dite faible (qui prend -en à tous les cas, sauf au nominatif).

■ **Déclinaison forte**: der Platz: la place.

Sing.	N	der	Platz	Plur.	die	Plätze
	G	des	Platzes		der	Plätze
	D	dem	Platz		den	Plätzen
	A	den	Platz		die	Plätze

Remarque
1. le génitif m. (et n.) sing. prend toujours (e)s, il prend es, lorsque le nominatif n'a qu'une syllabe, sinon il ne prend que « s ».
2. le datif pluriel aura toujours (aux 3 genres) « n » (sauf s'il l'a déjà ou si le pluriel se termine par -s.

■ **Déclinaison faible :** der Mensch (l'homme)

Sing.	N	der	Mensch	Plur.	die	Menschen
	G	des	Menschen		der	Menschen
	D	dem	Menschen		den	Menschen
	A	den	Menschen		die	Menschen

Pratiquement pour les substantifs, on indiquera (comme dans les dictionnaires) le génitif singul. et le nominatif pluriel
ex. der Kopf/ -es/ ¨e
der Mensch/-en/ -en

Pluriel des substantifs forts

1. Certains substantifs ne prendront que « e » **(sans Umlaut)** au pluriel :
   der Abend/-s/-e (soir) ; -r Arm/-es/-e (bras) ; -r Monat/-s/-e (mois) ; -r Ort/-es/-e (lieu, endroit) ; -r Punkt/-es/-e (point) ; -r Tag/-es/-e [taːk] (jour).
2. Tous les substantifs masculins (et neutres) qui se terminent en **-el, -en, -er**, restent invariables au pluriel, mais prennent éventuellement l'Umlaut.
   -r Vertreter/-s/- (représentant), au datif pluriel den Vertretern
   -r Bruder/-s/ ¨(= die Brüder) (frère) ; -r Vater/-s/¨(père)
3. Certains substantifs monosyllabiques (1 syllabe) prennent ¨ + **er**
   -r Gott/-es/ ¨er (dieu) ; -r Mann/-es/-¨ er (homme par opposition à Frau) ; -r Ski/-s/-er [ʃiː] ; -r Wald/-es/-¨ er (forêt) ;
   de même tous les noms en **« -tum »**
   -r Reichtum/-s/- ¨ er.(richesse) -r Irrtum/-s/-¨ er [ˈɪrtuːm] (erreur)
4. Certains substantifs prennent **-s** au plur (pas de -n au datif pluriel)
   -r Park/-s/-s (parc) ; -r Chef/-s/-s [ʃɛf] (le chef).

Pluriel des substantifs faibles :

Il s'agit surtout de noms de personnes, souvent terminés en **-e** au nominatif singulier.
   -r Franzose/-n/-n (Français, l'habitant) ; -r Kunde/-n/-n (client) ;
Seront également faibles les substantifs masculins en **-at, ant, -et, -ent, -graf, -ist :**
   -r Aristokrat [ˈkraːt] (aristocrate) ; -r Lieferant (fournisseur) ; -r Planet [plaˈneːt] (planète) ; -r Student ; -r Fotograf [ˈgraːf] (photographe) ; -r Humorist [humoˈrist] (humoriste).

Substantifs de la classe mixte

— Certains substantifs sont forts au singulier et faibles au pluriel
   -r See/-s/-en [zeːən] (le lac) ; -r Staat/-es/-en (l'état) -r Vetter/-s/-n [ˈfɛtər] (cousin) ; -r Schmerz/-es/-en (douleur)
— De même tous les noms en **-or** (Remarque : au singulier ils prennent l'accent tonique sur la syllabe qui précède -or, au pluriel sur -or)
   -r Direktor/-s/-en [diˈrɛktɔr, dirɛkˈtoːrən] (le directeur).
— Quelques substantifs masculins en **-e** prennent un « n » (au singulier et au pluriel) et en plus un « s » au génitif singulier : -r
   Wille/-ns/-n (volonté) ; -r Buchstabe/-ns/-n (lettre de l'alphabet) ; -r Gedanke/-ns/-n (pensée) ; -r Name/-ns/ -n (le nom).

LES SUBSTANTIFS FÉMININS

Sing.			Plur.		
N	die	Frau		die	Frauen
G	der	Frau		der	Frauen
D	der	Frau		den	Frauen
A	die	Frau		die	Frauen

1. Les substantifs en **-e/-el/-er** ne prennent que « n » au pluriel :
  -e Adresse/-/-n [aˈdrɛsə] (adresse) ; -e Schachtel/-/-n (boîte)
Exception : Mutter > Mütter (mère) ; Tochter > Töchter (fille)

2. Surtout des monosyllabiques en **-d** ou **-t,** prennent ″ + e au pluriel
  -e Angst/″e (angoisse) ; -e Auskunft/″e (information) ;
  -e Bank/″e [baŋk] ; -e Frucht/″e (fruit) ; -e Hand/″e (main) ;
  -e Kraft/″e (force) ; -e Luft (l'air) ; -e Macht (puissance) ;
  -e Nacht (nuit) ; -e Stadt [ʃtat] (la ville) ; -e Wand (paroi).

3. Les substantifs en **-in,** prennent -innen au pluriel
  -e Kundin (cliente), Kundinnen [ˈkundin, ˈkundinən].
Les substantifs en **-nis** prennent -nisse au pluriel
  -e Kenntnis [ˈkɛntnis], Kenntnisse [ˈkɛntnisə] (la connaissance)
Certains substantifs étrangers en **-a,** prennent -en au plur :
  -e Villa / Villen [ˈvila] (villa) ; -e Firma / Firmen (la firme)

LES SUBSTANTIFS NEUTRES

Sing.			Plur.		
N	das	Jahr		die	Jahre
G	des	Jahres		der	Jahre
D	dem	Jahr		den	Jahren
A	das	Jahr		die	Jahre

1. a) Tous les substantifs neutres (et masculins) se terminant en **-el/-en/-er** restent invariables au pluriel, mais prennent parfois l'Umlaut.
  -s Zimmer/-s/- (chambre) ; -s Möbel/-s/- (meuble) ; -s Mädchen/-s/- (jeune-fille)

  b) De même les diminutifs en **-chen** et en **-lein** sont invariables au pluriel :
  -s Mädchen/-s/- (jeune-fille) ; -s Fräulein/-s/- (demoiselle).

  c) Les noms commençant par **ge-** et se terminant par **-e** sont invariables :
  -s Gemälde/-s/- (tableau, peinture)
  -s Gebirge/-s/- (massif montagneux)

2. Une série de **monosyllabiques** prennent ″ + er au pluriel :
  -s Bild/er (image) ; -s Blatt/″er (feuille) ; -s Buch/″er (livre) ; -s Dorf/″er (village) ; -s Feld/er (champ) ; -s Geld/er (argent, monnaie) ; -s Gut/″er (marchandise) ; -s Haus/″er (maison) ; -s Kind/er (enfant) ; -s Kleid/er (robe, habits) ; -s Land/″er (terre, pays, land fédéral) ; -s Licht/er (lumière) ; -s Lied/er (chanson) ; -s Rad/″er [Raːt] (roue) ; -s Schild/er (enseigne, panneau) ; -s Schloß/sser (château, serrure) ; -s Tal/″er (vallée) [taːl] ; -s Volk/″er (peuple) ; -s Wort/″er (mots isolés).

3. Quelques substantifs neutres prennent **-(e)s** au Génitif singulier, mais **-en** partout au pluriel :
  -s Auge/-s/-n (œil) ; -s Bett/-es/-en (lit) ; -s Ende/-s/ -n (la fin) ; -s Hemd/-es/-en (chemise) ; -s Ohr/-es/-en (oreille) ; -s Herz/-ens/-en (cœur).

Le substantif -s Herz, des Herzens, dem Herzen, -s Herz, pluriel : partout -en : die, der, den, die Herzen.

REMARQUES

Quelques substantifs ont différentes formes du pluriel, selon le sens :

-s Band	die Bande : (liens, p. ex. de l'amitié)
	die Bänder (rubans)
-r Band	die Bände (tomes d'un livre)
-e Bank	die Bänke (bancs)
	die Banken (banques)
-s Wort	die Worte (paroles) : geflügelte Worte (p. ailées)
	die Wörter (mots isolés, p. ex. d'un dictionnaire)

Genre différent, mais même pluriel :

-e See	die Seen (la mer) : -e Nordsee (mer du Nord)
-r See	die Seen (le lac) : -r Bodensee (lac de Constance)

GENRE DES SUBSTANTIFS

■ **Masculin**

1. Les êtres masculins :
-r Mann, (l'homme), -r Sohn (le fils)

2. Les points cardinaux :
-r Norden, Süden, Osten, Westen (ouest)

3. Les jours, mois et saisons :
-r Montag (['moːntag] lundi), -r Januar (janvier), -r Winter (hiver) : on les emploie en général avec l'article : am Montag (le lundi), im Januar (en janvier), im Winter (en hiver).

4. Les radicaux des verbes
-r Beginn < beginnen (début), -r Fall (chute) < fallen -r Schwung < schwingen (l'élan)

5. Les substantifs indiquant des personnes et se terminant par -er, -ner, -ler, -ant, -ent, -ier, -ist, -eur, -or
Arbeiter (ouvrier), Schaffner (contrôleur, receveur de bus), Doktor (docteur), Dozent (chargé de cours), Friseur (coiffeur), Humorist, Künstler (artiste), Lieferant (fournisseur).

■ **Féminin**

1. Les êtres féminins (surtout en -in, sauf les diminutifs, comme das Fräulein, demoiselle) :
-e Katze (chat/ chatte), -e Kuh (vache), Lehrerin (femme professeur), Präsidentin [prɛːziˈdɛntin] (femme président).

2. Les noms des nombres cardinaux
die Eins (le un), die Null (le zéro), die Drei (le 3)

3. La plupart des noms d'arbres, de fleurs
die Eiche (chêne)
-e Buche (hêtre), -e Rose (rose), -e Nelke (œillet).

4. Les noms de fleuves/rivières surtout étrangers :
Weser, Elbe, (mais der Rhein, Main, Neckar, Inn) Seine, Maas (Meuse), Schelde (Escaut), die Rhone [ˈroːnə].

5. Les noms de bateaux, d'avions (voitures : masculin : der Mercedes)
die Titanic [tiˈtanik], die Boeing [ˈboːiŋ], die DC 9 [deː tseː ˈnɔyn] (mais der Airbus : [ˈɛːrbus])

6. Les substantifs en -t, -st, -ft, dérivés de radicaux verbaux
Antwort (réponse), Ankunft (arrivée), Kunst (l'art)

7. **Les substantifs en -anz, -ie, -ei, -enz, -heit, -ik, -in, -ion, -keit, -schaft, -ung** (= terminaison), **-ur.**
    Bilanz (bilan), Fabrik, Familie [faˈmiːliə], Konditorei (pâtisserie : [kɔnditoːˈrai]), Schönheit (beauté)...

■ **Neutre**

1. **Les diminutifs :**
    das Mädchen (jeune fille), Fräulein (demoiselle)

2. **Les noms de métaux :**
    Silber (argent), Gold (or), mais -r Stahl (acier)

3. **Les noms de villes, de pays et de continents :**
    Paris, das geteilte Deutschland (l'Allemagne divisée) das alte Europa. Mais certains noms de pays ont un genre différent et ont alors l'article :
    die Schweiz (Suisse), die Niederlande (Pays-Bas)

4. **Les noms des lettres de l'alphabet et des fractions (en -el) :**
    das A, das C, -s Drittel (tiers), -s Viertel [ˈfirtəl] (quart, quartier).

5. **Les noms des couleurs et les mots substantivés** (infinitifs...)
    -s Rauchen (le fait de fumer), das Ich (le moi),
    -s Rot [roːt] (le rouge)

6. **Les noms collectifs commençant par « ge- » :**
    -s Gebirge (massif montagneux), -s Gemüse (légume), Gebäude (bâtiment).

7. **Les noms en -tum, -ment, -sal, -um :**
    -s Altertum [ˈaltərtuːm] (antiquité), Dokument [dokuˈmɛnt], Schicksal [ˈʃikzaːl] (sort), Museum [muˈzeːum] (musée).

LES SUBSTANTIFS COMPOSÉS

■ **Le genre des substantifs composés**

L'allemand a beaucoup de substantifs composés, qui sont constitués de 2 ou plusieurs mots, dont le dernier est le **mot déterminé** (-s Grundwort-mot de base) qui déterminera le genre. L'accent se trouvera toujours sur le mot antérieur, qui est **le mot déterminant.**
    Ex. -e Hausnummer [ˈhausnumər] : le mot déterminé = die Nummer, d'où « die » Hausnummer.

■ **Composition des substantifs composés**

a) **Substantif + substantif**
    -e Hausnummer (N° de la maison), -e Reisetasche (sac de voyage) ;
    -s Stadtzentrum [ˈʃtatsɛntrum] (centre de la ville) ;
    -r Wintersport [ˈvintərʃpɔrt] (les sports d'hiver)

b) **Verbe + substantif**
    -e Waschmaschine [ˈvaʃmaʃiːnə] (machine à laver) ;
    -s Badeverbot [ˈbaːdəfɛrboːt] (interdiction de se baigner)

c) **Adjectif + substantif**
    -r Rotwein [ˈroːtvain] (vin rouge)
    -e Warmluft [ˈvarmluft] (l'air chaud)

d) **Formations particulières :** avec les composés : Haupt- (principal), Neben- (accessoire), Sonder- (spécial), Einzel- (isolé, simple), Doppel- (double), Hinter- (arrière), Vorder- (avant), Hin-(aller), Rück-(retour), Teil- (partiel)

-e Hauptstraße ['hauptʃtraːsə] : rue principale ;
-s Sonderangebot ['zɔndər'angəboːt] : offre spéciale (réclame) ;
-s Doppelzimmer (chambre à 2 lits) ;
-s Hinterland ['hintərlant] : l'arrière-pays ;
-e Hinreise (voyage aller) ; -e Rückreise (voyage retour) ;
-r Teilerfolg ['tailɛrfɔlk] : succès partiel.

LES DÉRIVÉS

Subs./adj./verbe + préfixe ou suffixe
a) **Formation de substantifs** = Radical du nom + **-in** (féminin) Französin,
 + **-er** (nom de personne) ; **-r** Politiker (le politicien) ; + **-lein/-chen** (diminutifs), + **ei** (subst. féminins) : Bäckerei (boulangerie) ; + **-e** -e Größe
 (grandeur), + **-heit** (féminin) : Freiheit (liberté) ; + **-schaft** (adj. +
 -schaft) -e Freundschaft [frɔyntʃaft] (amitié).
b) **Formation d'adjectifs :**
 Substantif + **lich** : sprachlich (qui concerne la langue) ; jährlich ['jɛːrliç]
 (annuel)
 Subst. + **ig** : durstig ['durstiç] (qui a soif)
 Subst. + **isch** : (noms de pays et de nationalités) : französisch [fran-
 'tsøːziʃ] (français), belgisch ['bɛlgiʃ] (belge), schweizerisch ['ʃvaitsəriʃ]
 (suisse).
 Subst. + **los** (privatif) : arbeitslos ['arbaitsloːs] (chômeur)
 Subst. + **bar** (qui est possible) : hörbar ['høːrbaːr] (audible).
 un- (privatif + **adj.) :** unmöglich ['unmøːkliç] (impossible).

LES VERBES

LES AUXILIAIRES DE TEMPS

Infinitif :

être	avoir	devenir (aux. passif)
sein [zain]	**haben** ['haːbən]	**werden** ['veːrdən]

participe passé

gewesen [gə've:zən]	gehabt [gə'hapt]	geworden [gə'vor]
		worden (aux. passif)

présent

ich bin	habe ['haːbə]	werde [veːrdə]
du bist	hast [hast]	wirst [virst]
er ist	hat [hat]	wird [virt]
wir sind [zint]	haben ['haːbən]	werden [veːrdən]
ihr seid [zait]	habt [hapt]	werdet ['veːrdət]
sie sind	haben	werden
Sie sind	haben	werden

Rem. : 1ʳᵉ et 3ᵉ plur. ont même forme que l'infin. (sauf être !)

Imparfait

ich war [vaːr]	hatte ['hatə]	wurde ['vurdə]
du warst [vaːrst]	hattest ['hatəst]	wurdest ['vurdəst]
er war	hatte	wurde
wir waren ['vaːrən]	hatten ['hatən]	wurden ['vurdən]
ihr wart ['vaːrt]	hattet ['hatət]	wurdet ['vurdət]
sie waren	hatten	wurden

Futur simple

ich werde sein	werde haben	werde werden
du wirst sein	wirst haben	wirst werden

Conditionnel présent

ich würde, du würdest, er würde, wir würden, ihr würdet, sie würden ['vyrdən] + l'infinitif du verbe.

ich würde sein	würde haben	würde werden

Passé composé : auxiliaire haben/sein + part. passé du verbe

L'auxiliaire « haben » aux temps composés s'emploie :
— normalement pour les verbes transitifs : ich habe es getan [gə'taːn] : je l'ai fait.
— pour les verbes intransitifs (= sans COD) qui ne marquent pas un déplacement d'un ou vers un but : er hat lange gearbeitet (il a travaillé longtemps)
— pour les verbes réflexifs : er hat sich rasiert (Il s'est rasé).

L'auxiliaire « sein » s'emploie :
— pour tous les verbes intransitifs qui marquent un déplacement (d'un ou vers un but) : er ist gefahren (il s'est déplacé vers)
— pour les verbes marquant un changement d'état du sujet : ich bin spät eingeschlafen (je me suis endormi tard)
— les verbes : sein, bleiben (rester).

ich bin gewesen	habe gehabt	bin geworden (devenu)

Plus-que-parfait : hatte/war + part. passé du verbe

ich war gewesen	ich hatte gehabt	ich war geworden (devenu)

Subjonctif présent

Termin. (sauf pour « sein ») Sg -e, -est, -e Pl -en, -et, -en

ich sei [zai]	habe ['haːbə]	werde ['veːrdə]
du seist [zaist]	habest ['haːbəst]	werdest ['veːrdəst]
er sei [zai]	habe	werde
wir seien ['zaiən]	haben ['haːbən]	werden ['veːrdən]
ihr seiet ['zaiət]	habet ['haːbət]	werdet ['veːrdət]
sie seien ['zaiən]	haben	werden

Subjonctif imparfait

ich wäre ['vɛːrə]	hätte ['hɛtə]	würde ['vyrdə]
du wärest ['vɛːrəst]	hättest ['hɛtəst]	würdest ['vyrdəst]
er wäre	hätte	würde
wir wären ['vɛːrən]	hätten ['hɛtən]	würden [vyrdən]
ihr wäret ['vɛrət]	hättet ['hɛtət]	würdet [vyrdət]
sie wären	hätten	würden

Impératif

2sg sei [zai]	habe ['haːbə]	werde ['veːrdə]
2 pl seid [zait]	habt [hapt]	werdet ['veːrdət]
poli seien Sie	haben Sie	werden Sie

LA CONJUGAISON FAIBLE

Inf.

fragen	aufmachen ['auf]	wiederholen [viːdər'hoːlən]	arbeiten ['arbaitən]
Part. passé			
gefragt	aufgemacht	wiederholt	gearbeitet

Indicatif présent

ich frage	mache auf	wiederhole	arbeite
du fragst	machst auf	wiederholst	arbeitest
er fragt	macht auf	wiederholt	arbeitet
wir fragen	machen auf	wiederholen	arbeiten
ihr fragt	macht auf	wiederholt	arbeitet
sie fragen	machen auf	wiederholen	arbeiten
Sie fragen	machen auf	wiederholen	arbeiten

Indicatif imparfait : *radical* + *sg.* (e)te, (e)test, (e)te ; *pl.* (e)ten, (e)tet, (e)ten

ich fragte	machte auf	wiederholte	arbeitete
du fragtest	machtest auf	widerholtest	arbeitetest
er fragte	machte auf	wiederholte	arbeitete
wir fragten	machten auf	wiederholten	arbeiteten
ihr fragtet	machtet auf	wiederholtet	arbeitetet
sie fragten	machten auf	wiederholten	arbeiteten

Futur simple

ich werde fragen, aufmachen, wiederholen, arbeiten.

Conditionnel présent

ich würde fragen, aufmachen, wiederholen, arbeiten.

Passé composé (auxiliaire : voir note « auxiliaire de temps »)

ich habe gefragt, aufgemacht, wiederholt, gearbeitet.

Plus-que-parfait

ich hatte gefragt, aufgemacht, wiederholt, gearbeitet.

Subjonctif présent : *sg. :* -e, -est, -e ; *pl. :* -en, -et, -en

ich frage	mache auf	wiederhole	arbeite
du fragest	machest auf	wiederholest	arbeitest
er frage	mache auf	wiederhole	arbeite
wir fragen	machen auf	wiederholen	arbeiten
ihr fraget	machet auf	wiederholet	arbeitet
sie fragen	machen auf	wiederholen	arbeiten

Subjonctif imparfait = même forme que l'indic. imparfait et est remplacé généralement par le conditionnel = würde + infin.

Impératif

Tutoiement sg :

| frage | mache auf | wiederhole | arbeite |

tutoiement pl :

| fragt | macht auf | wiederholt | arbeitet |

poli : fragen Sie machen Sie auf wiederholen Sie arbeiten Sie

Remarques

1. Les verbes dont le radical se termine en -t, -ffn, -chn, prennent un « e » à la 2/3° sg. et 2° plur. de l'indicatif présent et au participe passé.
2. Ces verbes prennent un « e » partout à l'indicatif imparfait (arbeitete).
3. Les verbes en -ieren ne prennent pas ge- au participe passé : telefoniert.
4. Les verbes séparables scindent la particule séparable au présent et à l'imparfait de l'indicatif et du subjonctif et au participe passé.

LA CONJUGAISON FORTE

Infinitif

| fahren | halten | sprechen | nehmen | sitzen |

Participe passé

| gefahren | gehalten | gesprochen | genommen | gesessen |

Indicatif présent

ich fahre	halte	spreche	nehme	sitze
du fährst	hältst	sprichst	nimmst	sitzt
er fährt	hält	spricht	nimmt	sitzt
wir fahren	halten	sprechen	nehmen	sitzen
ihr fahrt	haltet	sprecht	nehmt	sitzt
sie fahren	halten	sprechen	nehmen	sitzen

Indicatif imparfait

ich fuhr	hielt	sprach	nahm	saß
du fuhrst	hieltst	sprachst	nahmst	saßt
	(hieltest)			
er fuhr	hielt	sprach	nahm	saß
wir fuhren	hielten	sprachen	nahmen	saßen
ihr fuhrt	hieltet	spracht	nahmt	saßt
sie fuhren	hielten	sprachen	nahmen	saßen

Futur simple

ich werde fahren, halten, sprechen, nehmen, sitzen

Conditionnel présent

ich würde fahren, halten, sprechen, nehmen, sitzen

Passé composé

ich bin gefahren, habe gehalten, gesprochen, genommen, gesessen

Plus-que-parfait

ich war gefahren, hatte gehalten, gesprochen, genommen, gesessen

Subjonctif présent: radical de l'infin. + e, est, e/en, et, en

ich fahre	halte	spreche	nehme	sitze
du fahrest	haltest	sprechest	nehmest	sitzest
er fahre	halte	spreche	nehme	sitze
wir fahren	halten	sprechen	nehmen	sitzen
ihr fahret	haltet	sprechet	nehmet	sitzet
sie fahren	halten	sprechen	nehmen	sitzen

Subjonctif imparfait: radical ind. imparf. + Umlaut + terminaison du subj. présent: e, est, e/en, et, en

ich führe	hielte	spräche	nähme	säße
du führest	hieltest	sprächest	nähmest	säßest
er führe	hielte	spräche	nähme	säße
wir führen	hielten	sprächen	nähmen	säßen
ihr führet	hieltet	sprächet	nähmet	säßet
sie führen	hielten	sprächen	nähmen	säßen

Impératif

2ᵉ sg fahre	halte	sprich	nimm	sitze
2ᵉ pl fahrt	haltet	sprecht	nehmt	sitzt
poli				
fahren Sie	halten Sie	sprechen Sie	nehmen Sie	sitzen Sie

Remarques

1. Les verbes forts dont le radical contient un « a » prennent un Umlaut à la 2ᵉ et 3ᵉ sing. de l'indicatif présent.
   Les verbes forts dont le radical contient un « e » le transforment en « i » à la 2ᵉ et 3ᵉ pers. sing. de l'indicatif présent et à la 2ᵉ pers. sing. de l'impératif.

Rem. le « e » bref devient un « i » bref, sauf nehmen devient du nimmst (e : devient un i bref)

le « e » long devient un « i » long, lesen ['leːzən], du liest [liːst]

Exception : gehen et stehen ne changent pas le « e » en « i » : du gehst, du stehst, gehe, stehe.

2. Tous les verbes, tant faibles que forts, dont le radical se termine par une sifflante (tz, z, s, ß) n'ajoutent plus de « s » à la 2ᵉ sing. de l'indicatif présent : du sitzt.

3. Lorsque la voyelle du radical des verbes forts est modifiée, ils n'ajoutent plus de « e » à la 2ᵉ et 3ᵉ pers. sing. de l'indicatif présent : du hältst, er hält, du lädst, er lädt, de même : du trittst, er tritt.

LES VERBES MODAUX

Verbes modaux : können, mögen, sollen, müssen, wollen, dürfen, wissen können : pouvoir, être à même de ; mögen : aimer ; sollen : devoir, obligation morale ; müssen : devoir, contrainte physique ; wollen : vouloir ; dürfen : pouvoir, avoir la permission de ; wissen : savoir

Participe passé

gekonnt gemocht gesollt gemußt gewollt gedurft gewußt
(inusité) (peu usité)

Indicatif présent (Au sing. comme un imparf. des verbes forts)

ich kann	mag [maːk]	soll	muß	will	darf	weiß
du kannst	magst	sollst	mußt	willst	darfst	weißt
er kann	mag	soll	muß	will	darf	weiß
wir können	mögen	sollen	müssen	wollen	dürfen	wissen
ihr könnt	mögt	sollt	müßt	wollt	dürft	wißt
sie können	mögen	sollen	müssen	wollen	dürfen	wissen

Indicatif imparfait

ich konnte	mochte	sollte	mußte	wollte	durfte	wußte
du konntest	mochtest	solltest	mußtest	wolltest	durftest	wußtest
er konnte	mochte	sollte	mußte	wollte	durfte	wußte
wir konnten	mochten	sollten	mußten	wollten	durften	wußten
ihr konntet	mochtet	solltet	mußtet	wolltet	durftet	wußtet
sie konnten	mochten	sollten	mußten	wollten	durften	wußten

Futur simple

ich werde können, mögen, sollen, müssen, wollen, dürfen, wissen

Conditionnel présent

ich würde können, mögen, sollen, müssen, wollen, dürfen, wissen

Passé composé

ich habe gekonnt, gemocht, gesollt, gemußt, gewollt, gedurft, gewußt

Plus-que-parfait

ich hatte gekonnt, gemocht, gesollt, gemußt, gewollt, gedurft, gewußt

Subjonctif présent

ich möge	könne	solle	müsse	wolle	dürfe	wisse
du mögest	könnest	sollest	müssest	wollest	dürfest	wissest
er möge	könne	solle	müsse	wolle	dürfe	wisse
wir mögen	können	sollen	müssen	wollen	dürfen	wissen
ihr möget	könnet	sollet	müsset	wollet	dürfet	wisset
sie mögen	können	sollen	müssen	wollen	dürfen	wissen

Subjonctif imparfait (Ind. imp. + Umlaut, sauf sollen, wollen)

ich möchte, könnte, sollte, müßte, wollte, dürfte, wüßte
du möchtest, er möchte, wir möchten, ihr möchtet, sie möchten

LES VERBES MIXTES

Infinitif

bringen	denken	kennen	nennen	senden	wenden
(apporter)	(penser)	(connaître)	(nommer)	(envoyer)	(tourner, s'adresser)

Participe passé

gebracht	gedacht	gekannt	genannt	gesendet/gesandt	gewendet/gewandt

Indicatif présent

ich bringe	denke	kenne	nenne	sende	wende
du bringst	denkst	kennst	nennst	sendest	wendest
er bringt	denkt	kennt	nennt	sendet	wendet
wir bringen	denken	kennen	nennen	senden	wenden
ihr bringt	denkt	kennt	nennt	sendet	wendet
sie bringen	denken	kennen	nennen	senden	wenden

Indicatif imparfait

ich brachte	dachte	kannte	nannte	sendete/sandte	wendete/wandte
du brachtest	dachtest	kanntest	nanntest	sendetest/sandtest	wendetest/wandtest
er brachte	dachte	kannte	nannte	sendete/sandte	wendete/wandte
wir brachten	dachten	kannten	nannten	sendeten/sandten	wendeten/wandten
ihr brachtet	dachtet	kanntet	nanntet	sendetet/sandtet	wendetet/wandtet
sie brachten	dachten	kannten	nannten	sendeten/sandten	wendeten/wandten

Futur simple

ich werde bringen, denken, kennen, nennen, senden, wenden

Conditionnel présent

ich würde bringen, denken, kennen, nennen, senden, wenden

Passé composé

ich habe gebracht, gedacht, gekannt, genannt, gesendet/gesandt, gewendet/gewandt

Plus-que-parfait

ich hatte gebracht, gedacht, gekannt, genannt, gesendet/gesandt, gewendet gewandt

Subjonctif présent

ich bringe	denke	kenne	nenne	sende	wende
du bringest	denkest	kennest	nennest	sendest	wendest
er bringe	denke	kenne	nenne	sende	wende
wir bringen	denken	kennen	nennen	senden	wenden
ihr bringet	denket	kennet	nennet	sendet	wendet
sie bringen	denken	kennen	nennen	senden	wenden

Subjonctif imparfait

ich/er brächte	dächte	kennte	nennte	sendete	wendete
du brächtest	dächtest	kenntest	nenntest	sendetest	wendetest
wir/sie brächten	dächten	kennten	nennten	sendeten	wendeten
ihr brächtet	dächtet	kenntet	nenntet	sendetet	wendetet

Impératif

2ᵉ sing bringe	denke	kenne	nenne	sende	wende
2ᵉ plur bringt	denkt	kennt	nennt	sendet	wendet
poli bringen Sie	denken Sie	kennen Sie	nennen Sie	senden Sie	wenden Sie

Remarque

— **senden : sandte/ gesandt** pris au sens général d'envoyer et
— **sendete/gesendet** au sens d'émettre par les ondes (radio...)
— **wendete/wandte** : n'ont pas de différence de sens marquée.
— De même bringen (apporter), brachte (subj. imp. brächte) gebracht.

EMPLOI DU SUBJONCTIF

■ **Le subjonctif présent** exprime :

— **un souhait réalisable :** Es lebe die Freiheit : vive la liberté,
— **une concession :** Dann komme, was mag : advienne que pourra, es koste, was es wolle : coûte que coûte (= que cela coûte ce que cela veuille)
— **le discours indirect**
  1. Er sagte mir : « Ich habe recht » = Er sagte mir, er habe recht ou : Er sagte mir, daß er recht gehabt habe.
  2. Er sagte mir : « Ich hatte recht » = Er sagte mir, er habe recht gehabt ou : Er sagte mir, daß er recht gehabt habe.
  3. Er sagte mir : « Ich werde recht haben » = Er sagte mir, er werde recht haben ou : Er sagte mir, daß er recht haben werde.
  1. L'assertion d'autrui est au présent : on emploie le subjonctif présent (ou imparfait, si le subjonctif présent a la même forme que l'indicatif présent).
  2. L'assertion est au temps passé (imparfait, passé composé...) : on emploie le passé composé du subjonctif (ou le plus-que-parfait, si le subjonctif imparfait a la même forme que l'indicatif imparfait).
  3. L'assertion est au futur : on emploie le subjonctif présent (ou imparfait...) de werden + l'infinitif du verbe.

Remarque
Si le subjonctif présent a la même forme que l'indicatif présent, on emploie le subjonctif imparfait ou la forme avec « würden » (cette dernière forme surtout avec les verbes faibles).
  Sie sagten mir : « Wir haben keine Zeit mehr » = Sie sagten mir, sie hätten keine Zeit mehr (parce que haben a la même forme que l'indicatif).

■ **Le subjonctif imparfait** exprime :

1. **une assertion** exprimée avec précaution, **une question polie :**
   Es dürfte wahr sein : cela pourrait être vrai,
   Würden Sie das nicht tun ? : ne le feriez-vous pas ?
2. **l'irréalité** (une condition, comparaison ou supposition irréelle) :
   Wenn ich das gewußt hätte ! (ou : Hätte ich das gewußt) : Si (seulement) j'avais su cela !
   Als ob er reich wäre ! (Comme s'il était riche !)
3. **une proposition :**
   Wir könnten ins Kino gehen. (Nous pourrions aller au cinéma).

LE PASSIF

Il est d'un usage plus fréquent en allemand qu'en français.

Formation : auxiliaire werden + part. passé du verbe
  Ich schließe die Tür = die Tür wird geschlossen
  Ich schloß die Tür = die Tür wurde geschlossen
  Ich habe die Tür geschlossen = die Tür ist geschlossen worden.

Remarque : le participe passé de werden, auxiliaire du passif, est worden sans ge.

Il est d'un usage fréquent pour **les généralisations :**

Heute wird viel getanzt, telefoniert... On danse, téléphone beaucoup actuellement.

Le complément d'agent du passif (en français introduit par « par ») est introduit par von suivi du datif :

er wird von einem Spezialisten operiert (il est opéré par un spécialiste).

Le passif marquant un état : se rend souvent par l'auxiliaire sein :

der Wagen ist jetzt repariert : la voiture est réparée maintenant.

LES VERBES ET LES CAS

■ **Verbes régissant le datif**

danken (remercier) : er dankt mir.

folgen (suivre) : er ist mir gefolgt : il m'a suivi (rem : sein)

glauben (croire) : er glaubt mir nicht : il ne me croit pas.

gratulieren (féliciter) : ich gratuliere dir : je te félicite.

helfen (aider) : ich helfe dir gern : je t'aide volontiers.

schaden (nuire) : es schadet der Gesundheit : cela nuit à la santé

-es gefällt mir : ça me plaît.

-es geht mir gut : je me porte bien (= ça va bien à moi) : tournure impersonnelle.

■ **Verbes régissant l'accusatif**

bitten (prier, demander de faire quelque chose) : er bittet mich um Hilfe : il me demande de l'aide.

fragen (demander = questionner, s'informer) : er fragt den Mann nach dem Weg : il demande le chemin à l'homme.

kosten (coûter) : es kostet mich nichts : ça ne me coûte rien.

angehen [´an] (concerner) : es geht mich an : ça me concerne.

LES TEMPS PRIMITIFS DES VERBES FORTS

Pour les verbes composés (tant faibles que forts ou mixtes), l'accent détermine si ceux-ci sont séparables ou non. Si l'accent se trouve sur la particule, celle-ci est séparable, s'il se trouve sur le radical, le verbe n'est pas séparable :

— **abfahren** a l'accent sur la particule « ab » et est donc séparable.

— **unterschreiben** a l'accent sur le radical « schreiben » [untər´ʃraibən] et est donc inséparable.

Infinitif (traduction)	Indicatif présent (3.sg)	Imparfait (3.sg)	Participe passé (ist : auxil. p. comp)
anfangen (commencer)	fängt an	fing an	angefangen
anbieten (offrir)	bietet an	bot [boːt] an	angeboten
bitten (demander q.c.)	bittet	bat [baːt]	gebeten
bleiben (rester)	bleibt	blieb [bliːp]	geblieben (ist)
brechen (briser)	bricht	brach [braːx]	gebrochen
einladen (inviter)	lädt ein [lɛːt]	lud [luːt] ein	eingeladen
empfehlen (recommander)	empfiehlt	empfahl	empfohlen
essen (manger)	ißt [ist]	aß [aːs]	gegessen

fahren (se déplacer)	fährt |fɛːrt|	fuhr |fuːr|	gefahren (ist)
(abfahren, sép. partir en voiture, train...)			
fallen (tomber)	fällt	fiel |fiːl|	gefallen (ist)
(gefallen, inségp., es hat mir gefallen : ça m'a plu)			
finden (trouver)	findet	fand |fant|	gefunden
fliegen (voler, avion)	fliegt	flog |floːk|	geflogen (ist)
geben (donner)	gibt |gipt|	gab |gaːp|	gegeben
(ausgeben, sép., dépenser; zu'rückgeben, sép., rendre)			
gehen (aller)	geht	ging	gegangen (ist)
gelten (valoir)	gilt	galt	gegolten
geschehen (se passer)	geschieht	geschah |gəʃaː|	geschehen (ist)
gewinnen (gagner)	gewinnt	gewann	gewonnen
greifen (saisir)	greift	griff |grif|	gegriffen
halten (tenir)	hält |hɛlt|	hielt	gehalten
hängen (pendre)	hängt	hing	gehangen
heißen (s'appeler)	heißt	hieß |hiːs|	geheißen
helfen (aider)	hilft	half	geholfen
kommen (venir)	kommt	kam |kaːm|	gekommen (ist)
(ankommen, sép. arriver; bekommen, inségp., obtenir; mitkommen, sép., accompagner)			
lassen (laisser)	läßt |lɛst|	ließ	gelassen
laufen (courir)	läuft |lɔyft|	lief |liːf|	gelaufen (ist)
leihen (prêter)	leiht	lieh |liː|	geliehen
(entleihen, inségp., emprunter)			
lesen (lire)	liest	las |laːs|	gelesen
liegen (être couché)	liegt |liːkt|	lag |laːk|	gelegen
nehmen (prendre)	nimmt (nimt)	nahm |naːm|	genommen
('mitnehmen, sép., prendre avec soi)			
raten (conseiller)	rät |rɛːt|	riet |riːt|	geraten
rufen (appeler)	ruft |ruːft|	rief |riːf|	gerufen |'ruː|
('anrufen, sép., téléphoner)			
scheiden (séparer)	scheidet	schied |ʃiːt|	geschieden
(er ist geschieden : il est divorcé)			
scheinen (luire, sembler)	scheint	schien |ʃiːn|	geschienen
schießen (tirer)	schießt	schoß |ʃɔs|	geschossen
schlafen (dormir)	schläft |ʃlɛːft|	schlief	geschlafen
schlagen (battre, frapper)	schlägt	schlug |ʃluːk|	geschlagen
schließen (fermer)	schließt	schloß |ʃlɔs|	geschlossen
('aufschließen, sép., ouvrir à clé; 'zuschließen, sép., fermer à clé)			
schneiden (couper)	schneidet	schnitt |ʃnit|	geschnitten
schreiben (écrire)	schreibt	schrieb |ʃriːp|	geschrieben
(unter'schreiben, inségp., signer)			
schwimmen (nager)	schwimmt	schwamm |ʃvam|	geschwommen
sehen (voir)	sieht |ziːt|	sah |zaː|	gesehen |'zeːn|
('aussehen, sép., avoir l'air; fernsehen, sép., regarder la télé: er sieht fern)			
sein (être)	ist	war |vaːr|	gewesen (ist)
singen (chanter)	singt	sang |zaŋ|	gesungen
sitzen (être assis)	sitzt	saß |zaːs|	gesessen
sprechen (parler)	spricht	sprach |ʃpraːx|	gesprochen
('aussprechen, sép., prononcer)			
stehen (se trouver debout)	steht	stand |ʃtant|	gestanden
stehlen (voler, dérober)	stiehlt	stahl |ʃtaːl|	gestohlen
steigen (monter)	steigt	stieg |ʃtiːk|	gestiegen (ist)
('aussteigen, sép., descendre de bus...; 'einsteigen, sép., monter; 'umsteigen, sép., changer de train...)			
sterben (mourir)	stirbt	starb |ʃtarp|	gestorben (ist)
tragen (porter)	trägt |trɛːkt|	trug |truːk|	getragen
treffen (toucher)	trifft	traf |traːf|	getroffen

treten (marcher)	tritt	trat [tra:t]	getreten (ist)
trinken (boire)	trinkt	trank	getrunken
vergessen (oublier)	vergißt	vergaß [fɛr'ga:s]	vergessen
vergleichen (comparer)	vergleicht	verglich	verglichen
verlieren (perdre)	verliert	verlor [fɛr'lo:r]	verloren
waschen (laver)	wäscht [vɛʃt]	wusch [vu:ʃ]	gewaschen
weisen (indiquer)	weist	wies [vi:s]	gewiesen
werfen (lancer)	wirft	warf	geworfen
(wegwerfen, sép., jeter)			
ziehen (tirer)	zieht [tsi:t]	zog [tso:k]	gezogen
(sich 'anziehen, sép., s'habiller; sich 'ausziehen, sép., se déshabiller; sich 'umziehen, sép., changer d'habits)			
zusammenstoßen	stößt	stieß	zusammengestoßen
(entrer en collision)	zusammen	zusammen	(ist).

LES VERBES SÉPARABLES ET NON SÉPARABLES

Est séparable le verbe qui reçoit l'accent sur la particule ['aufmaxən], et inséparable le verbe qui reçoit l'accent sur le radical [vi:dər'ho:lən]. Cette règle se, base donc sur l'accentuation du verbe, qui sera généralement indiquée par l'accent tonique placé devant la syllabe accentuée.
Ne seront jamais accentuées (et donc inséparables), les particules be-, ge-, ver-, er-, ent-, zer-, : er hat mich besucht [bə'zu:xt]

LA SYNTAXE : CONSTRUCTION DE LA PHRASE

LA PROPOSITION PRINCIPALE ÉNONCIATIVE OU EXCLAMATIVE

■ **Ordre :** Sujet — Verbe — Compléments (temps, manière, lieu) —
Éléments à la fin (1. négation, 2. attribut, 3. particule séparable, 4. infinitif, 5. part. passé).
Verbe : la forme conjuguée du verbe se trouve en 2ᵉ position.
Compléments :
Herr Müller fährt heute mit dem Zug nach München.
Herr Müller ist heute mit dem Zug nach München gefahren.

■ **Inversion :**
1) si la phrase commence par un élément autre que le sujet, ce dernier se place derrière le verbe.
Remarque : contrairement au français, il n'y a pas de virgule derrière le complément ou l'élément placé en tête qui cause l'inversion :
Heute kommt mein Freund.
Aujourd'hui, mon ami vient.
Remarque : il n'y a pas d'inversion après les interjections comme « ja », « nein ».
Ja, er kommt heute.
2) lorsqu'une proposition subordonnée précède la principale, cette dernière connaît également l'inversion. Remarquez qu'entre les différentes propositions, il y aura toujours une virgule :

Wenn ich nach Berlin komme, besuche ich dich (si je viens à
Berlin, je te rendrai visite)
(voir aussi : proposition subordonnée, irrégulière).

LA PROPOSITION PRINCIPALE INTERROGATIVE

Il y a deux types d'interrogatives :

a) **L'interrogative commençant par le verbe conjugué :** elle a la simple
   inversion :
   Fährt er heute nach München ? (Va-t-il à M. aujourd'hui ?)

b) **L'interrogative commençant par un mot interrogatif :**
   Wann fährt er ab ? (Quand part-il ?)
   Ici le mot interrogatif commence toujours la phrase et il causera l'inver-
   sion, sauf si ce mot interrogatif est lui-même sujet :
   Wer fährt nach München ? (Qui se rend à Munich ?)
   Tous les autres éléments restent en place :
   Wann ist er heute abgefahren ? (complément, éléments de la
   fin : particule séparable (3) et participe passé (5).

LA PROPOSITION COORDONNÉE

La coordonnée est construite exactement comme la principale ou indépen-
dante. Elle est introduite par une des conjonctions de coordination **aber**
(mais), **sondern** (mais au contraire), **doch** (cependant), **noch** (ni), **und** (et),
oder (ou), **denn** (car).
   Er ist nicht arm, sondern reich : il n'est pas pauvre, mais riche. L'on
emploie sondern au lieu de aber, parce que sondern suit une négation
(nicht) dans la principale et que arm et reich ont un sens opposé (l'un
excluant l'autre). Si cette double condition n'est pas remplie, on emploiera
« aber » : er ist nicht reich, aber glücklich (il n'est pas riche, mais heureux).

Remarque
Devant la conjonction introduisant une proposition coordonnée, il y aura
toujours **une virgule,** sauf devant und.
   Ich konnte nicht kommen, denn ich war krank (je ne pus venir, car
j'étais malade).

LA PROPOSITION SUBORDONNÉE

■ **La construction**
Sa construction est en principe la même que celle de la principale indépen-
dante, sauf **le rejet du verbe conjugué tout à fait à la fin de la proposition**
en place 6 après les 5 éléments placés en fin de la proposition indépen-
dante ou principale.
Vu le fait que le sujet de la subordonnée suit immédiatement la conjonction
de subordination, la subordonnée n'aura pas d'inversion.
   Ich glaube, daß er heute nach München fährt (Je crois qu'il se rend
   à Munich aujourd'hui).
   (Principale = Er fährt heute nach München.)

Éléments à la fin de la subordonnée : 1. Négation, 2. Attribut, 3. Particule
séparable, 4. Infinitif, 5. Participe passé, 6. Verbe conjugué.

Remarque

La particule séparable du verbe rejoint le radical de ce verbe à la fin de la subordonnée.

Er ruft mich heute an (3).
Ich erwarte, daß er mich heute anruft (3 et 6).
Ich glaube, daß er mich heute anrufen wird (3, 4 et 6)
Ich glaube, daß er ihn angerufen hat (3, 5 et 6).

■ **Comment reconnaître la proposition subordonnée ?**

Elle est introduite par :

1) un mot interrogatif :
Ich weiß nicht, wann er kommt. (Je ne sais pas quand il vient)
Ich weiß nicht, ob er kommt. (Je ne sais pas s'il vient)

2) un pronom relatif ou un adverbe pronominal
Er weiß, wovon er spricht (il sait de quoi il parle) Der Mann, den ich traf, war mein Nachbar. (L'homme que je rencontrai était mon voisin).
Der Arzt, der mich untersucht, stellt eine Grippe fest : le médecin qui m'examine, constate une grippe).

3) toute conjonction de subordination (les principales sont) :
— *temporelle :* **als** (quand, lorsque), **bis** (jusqu'à ce que), **seit** (depuis que), **vordem** [foːrˈdeːm] (avant que), **nachdem** [naːxˈdeːm] (après que), **wenn** (lorsque)
   Als er mich sah, grüßte er mich freundlich.
   Wenn er mich sah, grüßte er mich freundlich.
   Als se rapporte à un fait unique et passé : lorsqu'il me vit, il me salua gentiment, = passé simple franç.)
   Wenn pour tous les autres cas : wenn : signifie ici lorsque, chaque fois que...
— *causal :* **weil** [vail] (parce que)
— *comparaison :* **wie** (comme), als (après comparatif) : que
— *complétif :* **dass (daß)** (que)
— *concessif :* **obwohl** [ɔpˈvoːl]
— *conditionnel :* **wenn** (si)
— *consécutif :* **so..., dass** (tellement... que)
— *final :* **damit** [daˈmit] (pour que)
   Er hat uns gesagt, daß er heute nicht kommen konnte : il nous a dit qu'il ne pouvait venir aujourd'hui.

■ **Les propositions subordonnées irrégulières**

1. La subordonnée complétive peut être construite **avec ou sans « daß »** après les verbes déclaratifs (énonçant un jugement : denken, glauben, hoffen... leç. 57). Si la complétive est introduite sans « daß », elle est construite comme une principale juxtaposée :
   Ich glaube, daß er recht hat. (Je crois qu'il a raison) = Ich glaube, er hat recht.

2. La conditionnelle (souvent irréelle) **sans « wenn »** se construit comme une **principale avec inversion** et sa principale qui suit est introduite par « so » et connaît également l'inversion.
   Wenn ich noch Zeit hätte, besuchte ich die Stadt = Hätte ich noch Zeit, so besuchte ich noch die Stadt (Si j'avais...)

3. **La comparaison irréelle** introduite par **als** au lieu de **als ob**, (comme si) a aussi l'inversion :
   Er sprach Deutsch, als wäre er Deutscher. (Il parle allemand, comme s'il était Allemand).

Abréviations utilisées dans les lexiques

acc : accusatif
adj : adjectif
adj num : adjectif numéral
adv : adverbe
art : article
art déf : article défini
adj subst : adjectif substantivé
adj poss : adjectif possessif
cfr : conferatu, voir
compar : comparatif
conj : conjonction
conj coord : conjonction de coordination
conj sub : conjonction de subordination
corrél : corrélatif
cuis : cuisine
dat : datif
-e : die
expr : expression
f : féminin
f pl : féminin pluriel
gén : génitif
impér : impératif
inf : infinitif
insép : inséparable
int : interjection
invar : invariable
loc verb : locution verbale
loc verb i : locution verbale intransitive
loc verb t : locution verbale transitive
m : masculin
m pl : masculin pluriel
n : neutre

n pl : neutre pluriel
nom : nominatif
p ex : par exemple
pl : pluriel
p p : participe passé
pr : pronom
pr dém : pronom démonstratif
pr indéf : pronom indéfini
pr pers : pronom personnel
pr poss : pronom possessif
pr rel : pronom relatif
prép : préposition
qc ou qqc : quelque chose
qn ou qqn : quelqu'un
-r : der
-s : das
sép : séparable
sg : singulier
ss : sans
ss pl : sans pluriel
subj : subjonctif
subst : substantivé
sup : superlatif
v auxil : verbe auxiliaire
v i : verbe intransitif
v fort : verbe fort
v imp : verbe impersonnel
v mix : verbe mixte
v mod : verbe modal
v pron : verbe pronominal
v réfl : verbe réfléchi
v subst : verbe substantivé
v t : verbe transitif
z.B. : zum Beispiel [tsum ˈbaiʃpiːl] : par exemple

Remarque : les verbes réfléchis ne sont pas classés d'après le réfléchi « sich » mais d'après le radical de base. Ainsi « sich vorbereiten » se trouvera au « v » de « vorbereiten ».

Lexique français/allemand

à : zu [tsu] *prép + dat* ; an [an] *prép + dat/acc* ; in [in] *prép + dat/acc*
à peu près : etwa [ˈɛtva] *adv*
accélérer : beschleunigen [bəˈʃlɔynigən] *vt insép*
accident : -r Unfall/s/ˮe [ˈunfal]
accompagner : begleiten [bəˈglaitən] *vt insép*
accompagner (en voiture) : mitfahren [ˈmitfaːrən] *vi fort sép*
accompagner (venir avec) : mitkommen [ˈmit] *vi fort, sép*
accord (d') : einverstanden (mit) [ˈainfɛrʃtandən] *adj*
accroché (être) : hängen [ˈhɛŋən] *vi fort*
accrocher : hängen [ˈhɛŋən] *vt faible*
acheter : kaufen [ˈkaufən] *vt* ; einkaufen [ˈainkaufən] *vt sép*
acheter (ticket) : lösen [Fahrkarte] [ˈløːzən] *vt*
actuellement : heutzutage [hɔyttsuˈtaːgə] *adv*
ADAC (club automobile allemand) : -r ADAC [aːdeːaːˈtseː]
adieu : -r Abschied/(e)s/ss *pl* [ˈapʃiːt]
admirer : bewundern [bəˈvundərn] *vt insép*
adresse : -e Adresse/-/n [aˈdrɛsə]
adresse : -e Anschrift/-/en [ˈanʃrift]
agréable : gemütlich [gəˈmyːtliç] *adj/adv*
aide : -e Hilfe/-/n [ˈhilfə]
aider : helfen [ˈhɛlfən] *v fort + dat*
aimable(ment) : nett [nɛt] *adj/adv*
aimé : lieb [liːp] *adj*
aimer (être possible) : mögen [ˈmøːgən] *vt mod*
ainsi (après conditionnelle) : so [zoː] *adv/corrélatif*
air maritime : -e Meeresluft/-/ss *pl* [ˈmeːrəsluft]
ajouter (un liquide) : nachfüllen [ˈnaːxfylən] *vt sép*
alcalin : alkalisch [alˈkaːliʃ] *adj*
alcool : -r Alkohol/s/e [ˈalkohoːl]
Allemagne : Deutschland (n) [ˈdɔytʃlant]
allemand : deutsch [dɔytʃ] *adj*

Allemand (habitant) : -r Deutsche/n/n [ˈdɔytʃə] *adj subst*
Allemand de l'Ouest : -r Westdeutsche/n/n [ˈvɛstdɔytʃə]
aller (marcher) : gehen [ˈgeːən] *vi fort* ; **ça me va bien** : es steht mir gut [ˈguːt] *loc verb*
aller à la campagne : aufs Land fahren/gehen
aller au cinéma : ins Kino gehen [ˈkiːno] *loc verb*
aller au théâtre : ins Theater gehen *expr*
aller chercher : holen [ˈhoːlən] *vt*
aller dans la nature : ins Grüne fahren *expr*
aller en vacances : in die Ferien gehen
allonger : verlängern [fɛrˈlɛŋərn] *vt insép*
allumer : einschalten [ˈainʃaltən] *vt sép*
alors : dann [ˈdan] *adv*
Alpes : -e Alpen (*pl*) [ˈalpən]
amende : -s Bußgeld/(e)s/er [ˈbuːsgɛlt]
Américain (habitant) : -r Amerikaner /s/- [ameːriˈkaːnər]
ami (l') : -r Freund/es/e [frɔynt]
amical(ement) : freundlich [ˈfrɔyntliç] *adj/adv*
amie : -e Freundin/-/nen [ˈfrɔyndin]
amuser (bien s'-) : Spaß haben [ʃpaːs] *loc verb*
an : -s Jahr/es/e [jaːr]
Anglais (habitant) : -r Engländer/s/- [ˈɛnglɛndər]
annexe (en) : (in) Anlage (f) [ˈanlaːgə] *expr*
anniversaire : -r Geburtstag/s/e [gəˈbuːrtstaːk]
annoncer : melden [ˈmɛldən] *vt*
appareil de télévision : -r Fernseher/s/- [ˈfɛrnzeːər]
appareil photographique : -e Kamera/-/s [ˈkaːmera]
appareil (photo) de marque : -e Markenkamera/-/s [ˈmarkənkamera]

appartement: -s Appartement/s/s
[apartə'mã]

appartenir: gehören [gə'høːrən] v +
dat

appel à (faire): in Anspruch nehmen
[bea'nʃpruxən]; beanspruchen
[bə'anʃpruxən] vt insép

appel au secours (police): -r Not-
ruf/(e)s/e ['noːtruːf]

appeler: rufen ['ruːfən] vt fort

appeler (s'): heißen ['haisən] vi

apporter: bringen ['briŋən] vt mixte

apprendre: erlernen ['lɛrn] (= lernen) vt insép

apprendre: lernen ['lɛrnən] vt

après (temporel): nach [naːx] prép
+ dat

après que: nachdem [naːx'deːm]
conj sub

après-demain: übermorgen ['yːbər-
mɔrgən] adv

après-midi: nachmittags ['naːxmi-
taːks] adv

après-midi (l'): -r Nachmittag/s/e
['naːxmitaːk]

arbre (illuminé) de Noël: -r Lichter-
baum/s/"e ['liçtər]

arbre de Noël: -r Tannenbaum/s/"e
['tanənbaum]

argent (= monnaie): -s Geld/es/er
[gɛlt]

arrêt (du tram...): -e Haltestelle/-/n
['haltəʃtɛlə]

arrêt du métro: -e U-Bahnhaltestel-
le/-/en ['uːbaːnhaltəʃtɛlə]

arrêt (de la circulation): -r Stillstand
['ʃtilʃtant]

arrêter (s'): halten für +acc

arrivée: -e Ankunft/-/"e ['ankunft]

arriver: ankommen ['ankɔmən] vi
fort sép

arriver (à un lieu): eintreffen ['ain] vi
fort sép

ascendant: steigend ['ʃtaigənt] adj

asseoir (s') s'installer: sich setzen
[ziç 'zɛtsən] v réfl

assez: genug [gə'nuːk] adv; ziemlich
['tsiːmliç] adv

assiette: -r Teller/s/- ['tɛlər]

assis (être): sitzen ['zitsən] vi fort

assistance routière: -e Straßenwacht ['ʃtraːsənvaxt]

association: -r Verein/s/e [fɛr'ain]

assurance: -e Versicherung/-/en
[fɛr'ziçəruŋ]

assuré (l'): -r Versicherte/n/n [fɛr-
'ziçərtə] adj subst

attendre: erwarten [ɛr'vartən] vt insép; warten ['vartən] auf + acc vi

attendre à (s'): rechnen [rɛçnən]
(mit)

attention (l'): -e Aufmerksamkeit
['aufmɛrksaːmkait]

attention!: Vorsicht! ['foːrziçt];
Achtung! ['axtuŋ] int

attitude: -e Einstellung/-/en ['ainʃtɛ-
luŋ]

au cas où, si: falls [fals] conj sub

au lieu de: anstatt [an'ʃtat] prép +
gén; statt [ʃtat] prép + gén (= anstatt)

au plus tôt: frühestens ['fryːəstəns]
adv

au revoir!: auf Wiedersehen! [auf-
'viːdərzeːən] expr

aujourd'hui: heute ['hɔytə] adv;
heutzutage [hɔyttsu'taːgə] adv

auparavant: früher ['fryːər] adv

aussi: auch [aux] adv

auteur (d'une action): -r Täter/s/-
['tɛːtər]

autobus: -r Bus/ses/se [bus, 'busə]

automobile: -s Auto/s/s ['autɔ]

automobiliste: -r Autofahrer/s/-
['autɔfaːrər]

autorités: -e Behörde/-/n [bə'høːrdə]

autoroute: -e Autobahn/-/en ['autɔ-
baːn]

autour (local): um ['um] prép + acc

autre: ander ['andər] pr indéf

autrement: anders ['andərs] adv

Autriche: Österreich ['øːstəraiç] (n)

avant: vor [foːr] temporel + dat

avant que: bevor [bə'foːr] conj sub

avant-hier: vorgestern ['foːrgɛstərn]
adv

avantageux: preisgünstig ['prais-
gynstiç]

avec: mit [mit] prép + dat

averse: -r Regenschauer/s/-['reː-
gənʃauər]

avertissement taxé: -e Verwar-
nungsgebühr/-/en [fɛr'varnuŋsgə-
byːr]

avion: -e Maschine/-/n [ma'ʃiːnə]

avoir: haben ['haːbən] vt

baffle: -e Lautsprecherbox/-/en
['lautʃprɛçərbɔks]

bagages: -s Gepäck/(e)s/ss pl
[gə'pɛk]

bagages à main: -s Handgepäck
/(e)s/ss pl ['hantgəpɛk]

banc: -e Bank/-/"e [bank]

banque : -e Bank/-/en [baŋk]
bas (prix) : niedrig [niːdriç] (Preis) *adj/adv*
batterie (recharger) : -e Batterie/-/n [batəˈriː] (aufladen)
battre : schlagen [ˈʃlagən] *vt fort*
Bavière (la) : Bayern (n) [ˈbaiərn]
beau : schön [ʃøːn]
beaucoup : viel [fiːl] *adv*
Belge (f) (habitant) : -e Belgierin/-/nen [ˈbɛlgiərin]
Belge (habitant) : -r Belgier [ˈbɛlgiər]
Belgique (la) : Belgien [ˈbɛlgiən] (n)
Berlin (ville) : Berlin [bɛrˈliːn] (n)
Berlin-Est (ville) : Ost-Berlin [ˈɔst-bɛrˈliːn] (n)
besoin (avoir — de) : brauchen [ˈbrauxən] *vt + acc*
bête : blöd [bløːt] *adj/adv* ; dumm [dum] *adj/adv*
beurre : -e Butter/-/ss *pl* [ˈbutər]
bien : gut [guːt] *adj/adv*
bien cuit (cuisine) : gut durchgebraten [guːt ˈdurçgəbraːtən] *adv*
bien des fois : manchmal [ˈmançmaːl] *adv*
bien que : obwohl [ɔpˈvoːl] *conj sub*
bientôt : bald [balt] *adv*
bière : -s Bier/es/e [ˈbiːr]
billet d'avion : -r Flugschein/s/e [ˈfluːkʃain]
billet de correspondance : -r Umsteigefahrschein/s/e [ˈumʃtaigəfaːrʃain]
bistrot : -e Kneipe [ˈknaipə]
bistrot (régulièrement fréquenté) : -e Stammkneipe/-/n [ˈʃtamknaipə]
blague : -r Witz/es/e [vits]
blanc : weiß [vais] *adj*
blessé : -r Verletzte/n/n [fɛrˈlɛtstə] *adj subst*
blesser : verletzen [fɛrˈlɛtsən] *vt indéf*
bloquer : sperren [ˈʃpɛrən] *vt*
blouse : -e Bluse/-/n [bluːzə]
boire : trinken [ˈtriŋkən] *vt/vi fort*
boisson : -s Getränk/s/e [gəˈtrɛnk]
boîte : -e Dose/-/n [ˈdoːzə]
bon : gut [guːt] *adj/adv*
bon marché : billig [ˈbiliç] *adj/adv* ; preisgünstig [ˈpraisgynstiç]
bonjour : Grüß Gott [gryːs ˈgɔt]
Bonn (ville) : Bonn [bɔn]
borne téléphonique : -e Notrufsäule /-/n [ˈnoːtruːfzɔylə]
boucler ses valises : packen [ˈpakən] *vt*

bougie (auto) : -e Zündkerze/-/n [ˈtsyntkɛrtsə]
bouillon : -e Kraftbrühe/-/n [ˈkraftbryːə]
boulanger : -r Bäcker/s/- [ˈbɛkər]
boulangerie : -e Bäckerei/-/en [bɛkəˈrai]
bourgeois : gutbürgerlich [ˈbyrgərliç] *adj*
bourse d'études : -s Stipendium/s/ien [ʃtiˈpɛndium]
boutique : -r Laden/s/" [ˈlaːdən]
bricoler : basteln [ˈbastəln] *vt*
brigadier : -r Wachtmeister/s/- [ˈvaxtmaistər]
brochure : -e Broschüre/-/n [broˈʃyːrə]
bruit : -r Lärm/s/ss *pl* [lɛrm]
bruit de la rue : -r Straßenlärm/ss *pl* [ˈʃtraːsənlɛrm]
brûlant : brennend [ˈbrɛnənt] *adj*
brune (bière) : dunkles Bier(n) [ˈdunkləs biːr]
Bruxelles (ville) : Brüssel (n) [ˈbrysəl]
bulletin du temps : -r Wetterbericht/s/e [ˈvɛtərbəriçt]
bureau de déclaration domiciliaire : -s Einwohnermeldeamt [ˈainvoːnərmɛldəamt]
bureau (de poste, etc.) : -s Amt/(e)s/-"er [ˈamt, ˈɛmtər]
bureau (meuble) : -r Schreibtisch/es/e [ˈʃraiptiʃ]
bureau de poste : -s Postamt/es/"er [ˈpɔstamt]
bureau (pièce) : -s Büro/s/s [byˈroː]

cabine d'essayage : -e Umkleidekabine/-/n [ˈumklaidəkabiːnə]
cabine téléphonique : -e Telefonzelle/-/n [ˈfoːntsɛlə]
cadeau : -s Geschenk/s/e [gəˈʃɛnk]
café (établissement) : -e Bierstube/-/n [ˈʃtubə] ; -s Kaffeehaus/es/"er [kaˈfeː] ; -s Café/s/s [kaˈfeː]
café (boisson) : -r Kaffee/s/s [ˈkafe]
caisse de mutualité : -e Ortskrankenkasse/-/n (AOK)
caisse (locale) de maladie : -e Ortskrankenkasse/-/n [ˈɔrtskrankənkasə]
calme (le) : -e Ruhe/-/ss *pl* [ˈruːə]
calme : still [ʃtil] *adj*
calme(ment) : ruhig [ˈruːiç] *adj/adv*
cambrioleur : -r Einbrecher/s/- [ˈainbrɛçər]
camp de concentration : -s Konzen-

trationslager/s/- [kɔntsɛntratsioːnslaːgər]

Canadien (habitant): -r Kanadier/s/- [kaˈnaːdiər]

candidature: -e Bewerbung/-/en [bəˈvɛrbuŋ]

capable: fähig [ˈfɛːiç] adj + gén

capacité: -e Leistung/-/en [ˈlaistuŋ]

car: denn [ˈdɛn] conj coord/adv

caractérisé: gekennzeichnet [gəˈkɛntsaiçnət]

caractériser: kennzeichnen [ˈkɛntsaiçnən] vt

carreaux (à): kariert [kaˈriːrt] adj

carrefour: -e Straßenkreuzung/en [ˈʃtraːsənkrɔytsuŋ]

carte: -e Karte/-/n [ˈkartə]

carte d'accès: -e Einsteigekarte/-/n [ˈainʃtaigəkartə]

carte d'entrée: -e Eintrittskarte/-/n [ˈaintritskartə]

carte d'identité: -r Ausweis/es/e [ˈausvais]

carte en guise de salutation: -r Kartengruß/es/"e [ˈkartəngruːs]

carte routière: -e Straßenkarte/-/en [ʃtraːsənkartə]

carte vue postale: -e Ansichtskarte/ -/n [ˈanziçtskartə]

cas: -r Fall/(e)s/"e [fal]

cas (en aucun): keinesfalls [ˈkainəsfals] adv

cas (en tous): auf jeden Fall expr

cassé, fichu: kaputt [kaˈput] adj

cassette: -e Kassette/-/n [kaˈsetə]

catégorie de prix: -e Preisklasse/ -/n [ˈpraisklasə]

catholique: katholisch [kaˈtoːliʃ] adj

cause de (à): wegen [ˈveːgən] prép + gén

causer: verursachen [fɛrˈuːrzaxən] vt insép

CE (Communautés européennes): -e EG [eːˈgeː] Europäische Gemeinschaft

ce: das [das] pr dém n

ce que: was [vas] pr rel

celui-ci, celle-ci: dies/er/e/es [ˈdiːzər] pr dem

celui-ci: der [der] pr dém m

celui qui: wer [veːr] pr rel

cent: hundert [ˈhundərt] (= einhundert) adj num

centre: -s Zentrum/s/en [ˈtsɛntrum]

cependant: doch [dɔx] conj/adv

certain(ement): bestimmt [bəˈʃtimt] adj/adv ; gewiß [gəˈvis] adj/adv

certains: einige [ˈainigə] pr indéf

certificat de mutualité: -r Krankenschein/s/e [ˈkrankənʃain]

certificat de vaccination: -e Impfbescheinigung/-/en [ˈimpfbəʃeiniguŋ]

cette: die [diː] pr dém f

chacun: jeder [jeːdər] pron indéf

chaîne de neige: -e Schneekette/ -/n [ˈʃneːkɛtə]

chaise: -r Stuhl/(e)s/"e [ʃtuːl, ˈʃtylə]

chambre: -s Zimmer/s/- [ˈtsimər]

chambre d'hôtel: -s Hotelzimmer/ s/- [hoˈtɛltsimər]

chambre pour hôtes: -s Fremdenzimmer/s/-[ˈfrɛmdəntsimər]

changer (de train, bus): umsteigen [ˈumʃtaigən] vi fort sép

changer: sich ändern [ˈɛndərn] v pron ; wechseln [ˈvɛksəln] vt

chanson: -s Lied/es/er [liːt]

chanter: singen [ˈziŋən] vt/vi fort

chaque: jeder [jeːdər] pron indéf

château: -s Schloß/sses/"sser [ʃlɔs]

chaud(ement): warm [varm] adj/adv

chauffage: -e Heizung/-/en [ˈhaitsuŋ]

chemin: -r Weg/es/e [veːk]

chemin (pour piétons): -r Fußweg/ (e)s/e [ˈfuːsveːk]

chemise: -s Hemd/(e)s/en [hɛmt]

cher (de prix élevé): teuer [ˈtɔyər]adj

cher: lieb [liːp] adj

chercher: suchen [ˈzuːxən] vt

chercher (aller... à): abholen [ˈaphoːlən] von vt sép

choix: -e Wahl/-/en [vaːl] ; -e Auswahl/-/ss pl [ˈausvaːl]

chômeur: -r Arbeitslose/n/n [ˈar] adj subst

chose: -e Sache/-/n [ˈzaxə] ; -s Ding/ (e)s/e [diŋ]

choucroute: -s Sauerkraut/(e)s/ss pl [ˈzauərkraut]

chute: -r Fall/(e)s/"e [fal]

chute de neige: -r Schneefall/s/"e [ˈʃneːfal]

cigarette: -e Zigarette/-/n [tsigaˈrɛtə]

cinéma: -s Kino/s/s [ˈkiːno]

cinq: fünf [fynf] adj num

clair: hell [hɛl] adj

classe (école, qualité): -e Klasse/-/n [ˈklasə]

clef: -r Schlüssel/s/- [ˈʃlysəl]

client: -r Kunde/n/n [ˈkundə]

club: -r Klub/s/s [klup], -r Verein/s/e [fɛrˈain]

code de la route : -e Verkehrsregeln pl [fɛr'keːrsreːgəln]

cœur : -s Herz/ens/en [hɛrts]

coin de rue : -e Straßenecke/-/n ['ʃtraːsənɛkə]

collectionner (timbres) : sammeln ['zaməln] Briefmarken, vt

collègue : -r Kollege/n/n [kɔ'leːgə]

Cologne (ville) : Köln ['kœln] (n)

coloré : farbig ['farbiç] adj/adv

combien : wieviel [viːˈfiːl] adv (devant un singulier) ; wie viele [viːˈviːlə] adv (devant un pluriel)

commander : bestellen [bəˈʃtɛlən] vt insép ; **commander le menu** : -s Menu bestellen expr

comme : als conj

commencer : anfangen ['anfaŋən] vt fort sép ; beginnen [bəˈginən] vt fort

comment : wie [viː] adv ; **comment ça va ?** : wie geht's ? [viːˈgeːts] loc verb

commentaire : -r Kommentar/s/e [kɔmɛnˈtaːr]

commerçant : -r Kaufmann/(e)s/ Kaufleute ['kauflɔytə]

commissariat de police : -s Polizeirevier/s/e [pɔliˈtsairevɪːr]

commun : gemeinsam [gəˈmainzaːm]

communication : -e Durchsage/-/n ['durçzaːgə]

communiquer : mitteilen ['mit] vt sép

comparer : vergleichen [fɛrˈglaiçən] vt fort insép

compartiment (train) : -s Abteil/s/e ['aptail] (Zug)

complet : voll [fɔl] adj

comprendre : verstehen [fɛrˈʃteːən] vt fort

comprendre (se faire) : sich verständlich machen [ziç fɛrˈʃtɛntliç maxən]

comprimé (le) : -e Tablette/-/n [taˈblɛtə]

comptabilité : -e Buchhaltung ['buːxhaltuŋ]

comptable : -r Buchhalter/s/- ['buːxhaltər]

compter (sur) : rechnen [rɛçnən] auf

comptoir (le) : -e Theke ['teːkə]

concentration : -e Konzentration/-/e [kɔntsɛntratsiˈoːn]

conduire (qqn en voiture) : fahren ['faːrən] vt

conduire : führen ['fyːrən] vt + vi (zu)

conduite (style de —) : -e Fahrweise/-/ss pl ['faːrvaizə]

confidentiel(lement) : vertraulich [fɛrˈtrauliç] adj/adv

confiserie : -e Konditorei/-/en [kɔnditoˈrai]

confortable(ment) : bequem [bəˈkveːm] adj/adv

confortable : gemütlich [gəˈmyːtliç] adj/adv

congé : -r Urlaub/s/ss pl ['uːrlaup] ; **partir en congé** : in Urlaub fahren expr

connaissance (faire) : kennenlernen ['kɛnənlernən] vt sép

connaître : kennen ['kɛnən] v mix

connu : bekannt [bəˈkant] adj

consciencieux : solide [zoˈliːdə] adj

conscient (de) : bewußt [bəˈvust] (+ gén) adj

conseil (donné) : -r Rat/s/Ratschläge ['raːtʃleːgə]

conseiller : empfehlen [ɛmpˈfeːlən] vt fort insép

constater : feststellen ['fɛstʃtɛlən] vt sép

content (de) : zufrieden (mit) [tsuˈfriːdən] adj ; froh [froː] adj (über + acc)

continuel(lement) : ständig ['ʃtɛndiç] adj/adv

continuer (sa route) : weiterfahren ['vaitərfaːrən] vi fort sép

continuer à travailler : weiterarbeiten ['vaitərarbaitən] vi sép

contourner : umfahren [umˈfaːrən] vt fort insép

contravention (la) : -s Strafmandat/(e)s/e ['ʃtraːfmandaːt]

contre : gegen ['geːgən] prép + acc

contrôle : -e Kontrolle/-/n [kɔnˈtrɔlə]

convaincre : überzeugen [yːbərˈtsɔygən] vt insép

convaincu : überzeugt [yːbərˈtsɔykt] adj

convalescence : -e Erholung/-/ss pl [ɛrˈholuŋ]

convenable : ordentlich ['ɔrdɛntliç] adj/adv

convenir : recht sein ['rɛçtzain] loc verb ; verabreden [fɛrˈapreːdən] vt insép ; passen ['pasən] (zu + dat)

conversation : -s Gespräch/s/e [gəˈʃprɛːç]

cordial(ement) : herzlich ['hɛrtsliç] adj/adv

corps : -r Körper/s/- ['kœrpər]

corps constitué : -r Rat/s/"e [raːt; 'rɛːtə]

correct : richtig ['riçtiç] adj ; **c'est correct** : es stimmt [ɛs'ʃtimt] loc verb

correspondance : -r Anschluß/sses/ "e ['anʃlus]

côté de (à) : neben ['neːbən] prép + dat/acc

côté (de l'autre) : drüben [dryːbən] adv

couche de glace (se couvrir d'une) : überfrieren [yːbər'friːrən] vt fort insép

couche de neige : -e Schneedecke/ -/n ['ʃneːdɛkə]

couler : fließen ['fliːsən] vi fort

couleur : -e Farbe/-/n ['farbə]

coupable de : schuldig ['ʃuldiç] adj + gén

courant : gängig ['gɛŋiç] adj

courant/couramment : fließentlich ['fliːsəntliç] adj/adv

courir : laufen ['laufən] vi fort

cours d'allemand : -r Deutschkurs/ es/e ['dɔytʃkurs]

court : kurz [kurts] adj

couteau : -s Messer/s/- ['mɛsər]

coûter : kosten ['kɔstən] + acc v impers

coûter cher à qn : teuer zu stehen kommen expr

cravate : -e Krawatte/-/n [kra'vatə]

crochet : -r Haken/s/- ['haːkən]

crochet (à vêtements) : -r Kleiderhaken/s/- ['klaidərhaːkən]

croire : glauben ['glaubən] vt + dat

croisement : -: -e Straßenkreuzung/en ['ʃtraːsənkrɔytsuŋ]

cuiller : -r Löffel/s/- ['lœfəl]

cuisine : -e Küche/-/n ['kyːçə]

curriculum vitae : -r Lebenslauf/s/"e ['leːbənslauf]

d'abord : zuerst [tsuˈeːrst] adv

dame : -e Dame/-/n ['daːmə]

danger (endroit dangereux) : -e Gefahrenstelle/-/n [gəˈfaːrənʃtelə]

danger d'embouteillage : -e Staugefahr/sspl ['ʃtaugəfaːr]

dans (temps) **à l'intérieur de** : innerhalb ['inərhalp] prép + gén

dans : in [in] prép + dat/acc

danser : tanzen ['tantsən] vt/vi

de : von [fɔn] prép + dat

de (provenance) : aus ['aus] prép + dat

débit de boisson : -s Bierlokal/s/e [loˈkaːl] ; -s Lokal/s/e [loˈkaːl]

débit de boisson : -s Weinlokal/(e) s/e ['vainlokaːl]

debout (se trouver) : stehen ['ʃteːən] vi fort

débrouiller (se) : sich behelfen [bəˈhelfən] v pron fort insép

début du voyage : -r Reiseantritt/s/e ['antrit]

décembre : -r Dezember/s/ss pl [deːˈtsɛmbər]

décider (se) : sich entschließen ['ʃliː] v fort insép

déclarer (douane) : verzollen [fɛrˈtsɔlən] vt insép

décommander : absagen ['apzaːgən] vt sép

découvrir : entdecken [entˈdɛkən] vt insép

décrire : beschreiben [bəˈʃraibən] vt fort insép

dedans : drinnen ['drinən] adv

dédouanement : -e Zollabfertigung/ -/en ['tsɔlapfɛrtiguŋ]

dédouaner : verzollen [fɛrˈtsɔlən] vt insép

défoncer (vitre) : einschlagen ['ainʃlaːgən] vt fort sép

dehors de (en) : außerhalb ['ausərhalp] prép + gen

déjà : schon [ʃoːn] adv

demain : morgen ['mɔrgən] adv

demande (de faire qqc) : -e Bitte/-/n ['bitə]

demander l'attention : um Aufmerksamkeit bitten loc

demander le chemin : nach dem Weg fragen [naːxdeːmˈveːkfraːgən]

demander (renseignement) : bitten ['bitən] (um Auskunft) vt fort

demander (questionner) : fragen ['fraːgən] vt + acc

demi (à) : halb [halp] adj/adv

démontrer : beweisen [bəˈvaizən] vt fort insép

dépanner : abschleppen ['apʃlepən] vt sép

dépanneuse : -r Abschleppwagen/ s/- ['apʃlepvaːgən]

départ (d'avion) : -r Abflug/(e)s/"e ['apfluːk]

dépassement : -s Uberholen v subst

dépasser : überholen [ybərˈhoːlen] vt insép

dépasser : überschreiten [yːbər'ʃraitən]

dépendant de : angewiesen auf *(acc) adj*

dépenser (argent) : ausgeben ['ausge:bən] *vt fort sép*

déposer : hinlegen ['hinle:gən] *vt sép* ; legen ['le:gən] *vt*

déposer (bagages) : abgeben ['apge:bən] (Gepäck) *vt fort sép*

déposer plainte : Anzeige (f) erstatten ['antsaigə ɛr'ʃtatən]

depuis : seit [zait] *prép + dat*

dernier : letzt [lɛtst] *adj*

derrière : hinter ['hintər] *prép + dat/acc*

descendant : sinkend ['zinkənt] *adj*

descendre (tram...) : aussteigen ['ausʃtaigən] *vi fort sép*

descendre à vive allure : hinabrasen [hi'napra:sən] *vt sép*

descendre (en voiture) : hinabfahren [hi'napfa:rən] *vt fort sép*

désolé (de) : betrübt [bə'try:pt] (über) *adj*

dessert : -r Nachtisch/es/e ['na:xtiʃ]

dessous (en) de : unter ['untər] *prép + acc/dat*

dessus (au) de : über ['y:ber] *prép + dat/acc*

détaillée (de façon —) : eingehend ['aingəənt] *adj/adv*

détendre (se) : ausspannen ['ausʃpanən] *vi sép*

deux : zwei [tsvai] *adj num*

devant : vor [fo:r] *prép + acc/dat*

devenir : werden ['ve:rdən] *v aux*

déviation : -e Umleitung/-/en ['umlaituŋ]

dévoiler : hervorbringen [hɛr'fo:rbriŋən] *vt mixt sép*

devoir (obligation morale) : sollen ['zɔlən] *v modal*

dicter : diktieren [dik'ti:rən] *vt*

dictionnaire : -s Wörterbuch/(e)s/"er ['vœrtərbu:x]

différent(emment) : unterschiedlich [untərʃi:tliç]

difficile(ment) : schwer [ʃve:r] *adj/adv*

diffuser : übertragen [y:bər'tra:gən] *vt fort insép*

digestion : -e Verdauung/-/ss *pl* [fɛr'dauuŋ]

dimanche : -r Sonntag/s/e ['zɔnta:k]

dimanche (le) : am Sonntag [am 'zɔnta:k] *expr*

dire : sagen ['za:gən] *vt*

direct (train) : -r Eilzug/(e)s/"e ['ail-

tsu:k]

directeur : -r Direktor/s/en [di'rɛktɔr]

direction : -e Richtung/-/en ['riçtuŋ]

discipline : -e Disziplin/-/en [distsi'pli:n]

discothèque : -e Discothek/Diskothek [disko'te:k]

discuter : diskutieren [disku'ti:rən] *vt vi*

discuter de : besprechen [bə'ʃprɛçən] *vt fort insép*

disparaître : verschwinden [fɛr'ʃvindən] *vt fort insép*

divertissement : -e Unterhaltung/-/en [untər'haltuŋ]

dix : zehn [tse:n] *adj num*

dix-huit : achtzehn ['axtse:n] *adj num*

dix-sept : siebzehn ['ziptse:n] *adj num*

docteur : -r Doktor/s/en ['dɔktɔr]

document : -s Dokument/(e)s/e [do:ku'mɛnt] ; -e Papiere *(pl)* [pa'pi:rə]

dommage : schade ['ʃa:də] *adv*

donc : denn ['dɛn] *conj coord/adv*

données (les) : -e Daten*pl* ['da:tən]

donner : geben [ge:bən] *vt*

donner : hergeben ['he:rge:bən] *v sép fort*

dormir : schlafen ['ʃla:fən] *vi fort*

dose : -e Dosis/-/Dosen ['do:zis]

douane : -r Zoll/(e)s/"e [tsɔl]

douanier : -r Zöllner/s/- ['tsœlnər]

doux (doucement) : leise ['laizə] *adj/adv*

douze : zwölf [tsvœlf] *adj num*

droit (côté) : recht [rɛçt] *(+ dat) adj*

droit (le) : Jura *pl* ['jura]

droite (à) : rechts [rɛçts] *adv*

durée du travail : -e Arbeitszeit/-/en ['arbaitstsait]

durer : dauern ['dauərn] *vi*

eau : -s Wasser/s/ss *pl* ['vasər]

eau minérale : -s Mineralwasser/s/ss *pl* [mine'ra:lvasər]

eau pétillante : -s Selterwasser ['zɛltərvasər]

eau pétillante : -s Sprudelwasser ['ʃpru:dəlvasər]

échanger : austauschen ['austauʃən] *vt sép* ; wechseln ['vɛksəln] *vt*

économiste (gestion entreprises) : -r Betriebswirt/s/e [bə'tri:psvirt]

écouter la radio : Rundfunk hören ['runtfunk 'hœ:rən]

écraser : überfahren [y:bər'fa:rən] *vt*

fort insép

écrire : schreiben [ˈʃraibən] *vt fort*

édition : -e Ausgabe/-/n [ˈausgaːbə]

édition en livre de poche : -e Taschenbuchausgabe/-/n[ˈtaʃənbuːxausgaːbə]

effectif(ivement) : tatsächlich [ˈtaːtzɛçliç] *adj/adv*

effectuer : durchführen [ˈdurçfyːrən] *vt sép*

effet (l') : -e Wirkung/-/en [ˈvirkuŋ]

efficace(ment) : wirksam [ˈvirkzaːm] *adj/adv*

effraction : -r Einbruch/s/ˮe [ˈainbruːx]

égal : gleich [glaiç] + *dat adj*

également : auch [aux] *adv*

égarer (s') : verfahren(sich) [fɛrˈfaːrən] *vi fort insép*

église : -e Kirche [ˈkirçə]

élargir : erweitern [ɛrˈvaitərn] *vt insép*

élevé : gehoben [gəhoːbən]*adj* ; hoch [ˈhoːx] *adj*

elle, lui, elles : sie [ziː] *pr pers*

emballage-cadeau : -e Geschenkpackung/-/en [gəˈʃɛnkpakuŋ]

emballer : einpacken [ˈainpakən] *vt sép* ; verpacken [fɛrˈpakən]

embarras (du choix) : -e Qual/-/en [ˈkvaːl]

embouteillage : -e Stauung [ʃtauuŋ]

embrayage : -e Kupplung/-/en [ˈkupluŋ]

émission (radio) : -e Sendung/-/en [ˈzenduŋ]

émission de variétés : -e Unterhaltungssendung/-/en [untərhaltuŋszenduŋ]

emménager : einziehen in (+ *acc*) [ˈaintsiːən] *vi fort sép*

employer : benutzen [bənutsən] *vt insép*

emporter (qc pour qn) : mitbringen [ˈmitbriŋən] *vt mix sép*

enchanté : es freut mich [ɛs frɔyt miç] *loc verb*

encore : noch [nɔx] *adv*

endormir (s') : einschlafen [ˈainʃlaːfən] *vi fort sép*

endroit : -e Stelle [ˈʃtɛlə] ; -r Ort/(e)s/e [ɔrt]

enfant : -s Kind/es/er [ˈkint, ˈkindər]

enfin : endlich [ˈentliç] *adv*

enfoncé (être) : stecken [ˈʃtɛkən] *vi*

enfoncer (du pied) : durchtreten [ˈdurçtreːtən] *vt fort sép*

enlever : ausziehen [ˈaustsiːən] *vt fort sép*

ennuyeux : langweilig [ˈlaŋvailiç] *adj/adv*

enquête, examen : -e Untersuchung/-/en [untərˈzuːxuŋ]

enregistrer les bagages : -s Gepäck aufgeben *expr*

enregistrer : protokollieren [protokɔˈliːrən]

enregistreur (appareil) : -r Recorder/s/- [rəˈkɔrdər]

enregistreur à cassettes : -r Kassettenrecorder/s/- [ˈset]

enseigne : -s Schild/(e)s/er [ˈʃilt]

enseignement primaire : -e Volksschule/-/n [ˈfɔlksʃuːlə]

ensemble : zusammen [tsuˈzamən] *adv*

entendre : hören [ˈhøːrən] *vt*

entendu : einverstanden [ˈainfɛrʃtandən]

entérite : -e Darmgrippe/-/n [ˈdarmgripə]

entier : voll [fɔl] *adj*

entier (entièrement) : völlig [ˈfœliç] *adj/adv* ; ganz [gants] *adj/adv*

entre : zwischen [ˈtsviʃən] *prép* + *dat/acc*

entre autres (e.a.) : u.a. (unter anderem [untərˈandərəm]

entrée (culinaire) : -e Vorspeise/-/n [ˈfoːrʃpaizə]

entrer : hineingehen [hiˈnaingeːən] *v fort sép*

entrer (dans restaurant) : aufsuchen [ˈaufzuːxən] *vt sép*

entre-temps : inzwischen [inˈtsviʃən] *adv*

entretenir (s') : unterhalten (sich) [untərˈhaltən] *vi fort insép*

envie : -e Lust/-/ˮe [lust]

environ : etwa [ˈɛtva] *adv*

envoler (s') (avion) : abfliegen [ˈapfliːgən] *vi fort*

envoyer : schicken [ˈʃikən] *vt*

épuisé (livre) : vergriffen (Buch) [fɛrˈgrifən] *adj*

erreur : -s Irren [ˈirən] *v subst*

escalope chasseur : -r Jägerschnitzel/s/- [ˈjɛːgərʃnitsəl]

espérer : hoffen [ˈhɔfən] *vt*

essayer : probieren [proˈbiːrən] *vt* ; versuchen [fɛrˈzuːxən] *vt insép*

essayer (habit) : anprobieren [ˈanprobiːrən] *vt sép*

essence (véhicule) : -s Benzin/-/ss

pl [bɛnˈtsiːn]

essuie-glace : -r Scheibenwischer [ˈʃaibənviʃər]

essuyer : reinigen [ˈrainigən] vt

et : und [unt] conj de coord

étagère : -s Regal/s/e [reˈgaːl]

étancher (soif) : löschen [ˈlœʃən] vt

été : -r Sommer/s/- [ˈzɔmər] ; **en été** : im Sommer [im ˈzɔmər] expr

éteindre (feu) : löschen [ˈlœʃən] vt

étendre : erweitern [ɛrˈvaitərn] vt insép

étoffe : -r Stoff/(e)s/e [ʃtɔf]

étrange : fremd [frɛmt] adj

étranger (p. ex. pays) : -s Ausland/s/ ss pl [ˈauslant]

étranger (personne) : -r Ausländer/ s/- [auslɛndər] ; -r Fremde/n/n [ˈfrɛmdə]

étranger à : fremd [frɛmt] adj

être : sein [zain] v

études germaniques : -e Germanistik/-/ss pl [gɛrmaˈnistik]

étudiant : -r Student/en/en [ʃtuˈdɛnt]

étudiante : -e Studentin/-/nen [ʃtuˈdɛntin]

étudier : studieren [ʃtuˈdiːrən]

Europe : Europa [ɔyˈroːpa] (n)

événements quotidiens : -e Tagesereignisse pl [ˈtaːgəsəraignisə]

évident (évidemment) : selbstverständlich [zɛlpstfərˈʃtɛntliç] adj/adv

exact(ement) : pünktlich [ˈpynktliç] adj/adv

examen : -e Prüfung/-/en [pryːfuŋ] ; -e Untersuchung/-/en [untərˈzuːxuŋ] ; **passer un examen** : eine Prüfung ablegen

examen d'allemand : -e Deutschprüfung [ˈdɔytʃpryː]

examiner : untersuchen [untərˈzuːxən] vt insép

excellent : hervorragend [hɛrˈfoːragənt] adj

exciter(s') : sich aufregen [ˈaufreːgən] vi sép

exclusif(vement) : exklusiv [ɛkskluˈziːf] adj/adv

excursion : -r Ausflug/(e)s/ⁿe [ˈausfluːk] ; -e Wanderung/-/en [ˈvandəruŋ]

excuse : -e Entschuldigung [ɛntˈʃuldiguŋ]

excuser : entschuldigen [ɛntˈʃuldigən] vt

excuser (s') : sich entschuldigen v insép pron

exercer : üben [ˈyːbən] vt

exercice : -e Übung/-/en [ˈyːbuŋ]

exigences élevées : gehobene Ansprüche [gəhoːbənə anʃpryːçə]

exister : bestehen [bəˈʃteːən] vi fort insép

expédier (par poste) : aufgeben [ˈaufgeːbən] (Post) vt fort insép

expliquer (s') : sich verständlich [ˈʃtɛn] machen

exporter : exportieren [ɛkspɔrˈtiːrən] vt

express (train) : -r Schnellzug/(e)s s/ ⁿe [ˈʃnɛltsuːk]

fabriquer : machen [ˈmaxən] vt

face (en) de : gegenüber [geːgənˈyːbər] prép + dat

facile(ment) : leicht [laiçt] adj/adv

fâché contre qn (être) : einem böse sein [ˈbøːzə] loc verb

faible(ment) : schwach [ʃvax] adj/ adv

faim : -r Hunger/s/ss pl [ˈhuŋər], **avoir faim** : Hunger haben expr

faim de loup : -r Bärenhunger/s/ss pl [ˈbɛːrənhuŋər]

faire : tun [tuːn] vt fort ; machen [ˈmaxən] vt

farfouiller : durchwühlen [durçˈvyːlən] vt insép

fatigué : müde [ˈmyːdə] adj

faux : falsch [falʃ] adj

féliciter qn pour qqc : gratulieren [ˈliːrən] dat +zu + dat

femme : -e Frau/-/en [frau]

fenêtre : -s Fenster/s/- [ˈfɛnstər]

fermé : zu [tsuː], geschlossen adv

fermé (à la circulation) : gesperrt [gəˈʃpɛrt] adj

fermer : schließen [ˈʃliːsən] vt fort ; zumachen [ˈtsuːmaxən] vt sép

fermer à clef : zuschließen [tsuːˈʃliːsən] v fort

fête : -s Fest/es/e [fɛst]

fête de famille : -s Familienfest/es/e [faˈmiːliənfɛst]

fête de Noël : -s Weihnachtsfest/es/ e [ˈvainaxtsfɛst]

fêter : feiern [ˈfaiərn] vt

feu : -s Feuer/s/- [ˈfɔyər]

feu (signalisation) : -e Ampel/-/n [ˈampəl]

feu rouge : -s Rotlicht/(e)s/er [ˈroːtliçt]

feuille : -s Blatt/(e)s/ⁿer [blat]

fier (de): stolz [ʃtɔlts] *adj* + auf + *acc*

fièvre : -s Fieber/s/ss *pl* [ˈfiːbər]

file : -e Reihe/-/n [ˈraiə]

filet (bagages) : -s Netz/es/e [nɛts]

fille (des parents) : -e Tochter/-/" [ˈtɔxtər, ˈtœçtər]

film : -r Film/s/e [film]

fin : -r Abschluß/sses/"e [ˈapʃlus]

fini : fertig [ˈfɛrtiç] *adj*

finir : erledigen [ɛrˈleːdigən] *vt inaép*

fois (la) : -s Mal/s/e [maːl] ; **deux fois** : zweimal ; **trois fois** : dreimal

foncé : dunkel [ˈdunkəl] *adj*

fonctionner : funktionieren [funktsioˈniːrən]

football : -r Fußball/s/ss *pl* [ˈfuːsbal]

forêt : -r Wald/(e)s/"er [valt]

Forêt Noire : -r Schwarzwald [ˈʃvartsvalt]

formation de verglas : -e Glatteisbildung/-/ss *pl* [ˈglataisbilduŋ]

formulaire : -s Formular/s/e [fɔrmuˈlaːr]

formulaire d'inscription : -s Anmeldeformular/s/e [ˈanmɛldəfɔrmulaːr] ; -r Anmeldeschein/s/e [ˈanmɛldəʃain]

fourchette : -e Gabel/-/n [ˈgaːbəl]

frais de chauffage : -e Heizungskosten *pl* [ˈhaitsuŋskɔstən]

français : französisch [franˈtsøːziʃ] *adj*

Français (habitant) : -r Franzose/n/n [franˈtsoːzə]

Française (habitant) : -e Französin/-/nen [franˈtsøːzin]

France (pays) : Frankreich(n) [ˈfrankraiç]

Francfort (ville) : Frankfurt [ˈfrankfurt]

franchise de bagages : -s Freigepäck/s/ss *pl* [gəˈpɛk]

frapper : schlagen [ˈʃlaːgən] *vt fort*

frein (le) : -e Bremse/-/n [ˈbrɛmzə]

freiner : abbremsen [ˈapbrɛmzən] *vt sép*

frère : -r Bruder/s/" [ˈbruːdər, ˈbryːdər]

Frise orientale (N.O.) : Ostfriesland (n) [ˈɔstfriːslant]

Frison (de l'Est, habitant) : -r Ostfriese/n/n [ˈɔstfriːzə]

froid(ement) : kalt [kalt] *adj/adv*

frontière : -e Grenze/-/n [ˈgrɛntsə]

fruité (vin) : fruchtig [ˈfruxtiç] (Wein)

fumer : rauchen [ˈrauxən] *vt*

fumer (le fait de) : -s Rauchen [rauxən] *v subst*

gallon (policier) : -r Streifen/s/- [ˈʃtraifən]

garage : -e Garage/-/n [gaˈraːʒə]

garage (parking) : -s Parkhaus/es/e [ˈparkhaus]

garage (pour réparer) : -e Werkstatt/-/"n [ˈvɛrkʃtat]

garçon (de café) : -r Kellner/s/- [ˈkɛlnər] ; -r Ober/s/- [ˈoːbər]

gare (la) : -r Bahnhof/s/"e [ˈbaːnhoːf]

gare centrale : -r Hauptbahnhof/(e)s/"e [ˈhauptbaːnhoːf]

gâteau : -r Kuchen/s/ - [ˈkuːxən]

gauche (à) : links [links] *adv*

général : gemeinsam [gəˈmainzaːm]

genre : -e Art/-/en [ˈaːrt]

gens : -e Leute *pl* [ˈlɔytə]

gentil : nett [nɛt] *adj/adv*

glace à la vanille : -s Vanilleeis/es/ss *pl* [vaˈniləais]

glace (crème glacée) : -s Eis/es/ss *pl* [ˈais]

gramme : -s Gramm/s/e [gram] *invar après adj num*

grand : groß [groːs] *adj*

grand magasin : -s Kaufhaus/es/"er [ˈkaufhaus]

gratuit(ement) : unentgeltlich [unɛntˈgɛltliç] *adj/adv*

gratuitement : gratis [graːtis] *adv*

grève (faire) : streiken [ˈʃtraikən] *vi*

grippe : -e Grippe/-/n [ˈgripə]

grippe intestinale : -e Darmgrippe/-/n [ˈdarmgripə]

gris : grau [grau] *adj/adv*

gros (de) : dick [dik] (+ *acc*)

guerre : -r Krieg/(e)s/e [kriːk]

guichet : -r Schalter/s/- [ˈʃaltər]

habiller (s') : sich anziehen [ˈantsiːən] *v fort sép*

habiter à la campagne : auf dem Land wohnen *expr*

habiter : wohnen [ˈvoːnən] *vi*

habitude (d') : gewöhnlich [gəˈvøːnliç] *adj/adv*

habitué (à) : gewohnt an [gəˈvoːnt] (+ *dat*) *adj*

habitué (d'un local) : -r Stammgast/(e)s/"e [ˈʃtamgast]

haine : -r Haß/-/sses/ss *pl* [ˈhas]

hall de gare : -e Bahnhofshalle/-/n [ˈbaːnhoːfshalə]

Hambourg (ville): Hamburg [ˈhamburk] (n)

haut: hoch [hoːx] adj

haut-parleur: -r Lautsprecher/s/- [ˈlautʃprɛçər]

hauteur: -e Höhe/-/n [ˈhøːə]

hebdomadaire: -e Wochenzeitung/ -/en [ˈvɔxəntsaituŋ]

heure: -e Uhr/-/en [uːr] (heure précise); -e Stunde/-/n [ˈʃtundə] (60 minutes); **à quelle heure?**: um wieviel Uhr? expr

heure d'Europe centrale: mitteleuropäische Zeit (MEZ) [ˈmitəlɔyropɛːiʃə]

heure limite d'enregistrement: -r Meldeschluß/ss. s/ss pl [ˈmɛldəʃlus]

heure de consultation: -e Sprechstunde/-/n [ˈʃprɛçʃtundə]

heureusement: zum Glück [tsum ˈglyk] expr

hier: gestern [ˈgɛstərn] adv

histoire: -e Geschichte/-/n [gəˈʃiçtə]

hiver: -r Winter/s/- [ˈvintər]

homme (masculin): -r Mann/es/ˈˈer [man]

homme (l') (être humain): -r Mensch /en/en [mɛnʃ]

honnête: ordentlich [ˈɔrdəntliç] adj/ adv

honnête(ment): ehrlich [ˈeːrliç] adj/ adv

hôpital: -s Krankenhaus/es/ˈˈer [ˈkrankənhaus]

hôtel: -s Gasthaus/es/ˈˈer [ˈgasthaus]; -s Hotel/s/s [hoˈtɛl]

hôtel (plus petit): -r Gasthof/es/ˈˈe [ˈgasthoːf]

hôtel de ville: -s Rathaus/es/ˈˈer [ˈraːthaus]

huile: -s Öl/(e)s/e [øːl]

huit: acht [axt] adj num

humain: menschlich [ˈmɛnʃliç] adj

humeur (de bonne): gut gelaunt [gəˈlaunt] adj/adv

humidité: -e Nässe/-/ss pl [ˈnɛsə]

ici: hier [hiːr] adv

idiot: doof [doːf] adj

il: er [eːr] (m) pr pers (3e pers)

il (neutre): es [ɛs] pr pers (n)

illustré revue): -e Illustrierte/-/n [ilusˈtriːrtə]

immédiatement: sofort [zoˈfɔrt] adv; gleich [glaiç] adv

important: wichtig [ˈviçtiç] adj/adv

inclusivement: einschließlich [ˈainʃliːsliç] adv

inconnu: unbekannt [ˈunbəkant]

indicateur (des chemins de fer): -s Kursbuch/(e)s/ˈˈer [ˈkursbuːx]

indicatif (à la radio): -r Pilotton/s/ˈˈe [piˈloːttoːn]

indignation: -e Entrüstung/- [ɛntˈrystuŋ]

indiqué: gekennzeichnet [gəˈkɛntsaiçnət]

indiquer: anweisen [ˈanvaizən] vt fort sép; zeigen [ˈtsaigən] vt

industrie hôtelière: -s Gaststättengewerbe/s/ss pl [ˈgaststɛtəngəverbə]

information: -e Information/-/en [infɔrmatsiˈoːn]

information routière: -r Verkehrsfunk/s/ss pl [ˈkeːr]

informer: berichten(über) [bəˈriçtən] vt/vi insép

ingénieur: -r Ingenieur/s/e [inʒeniˈøːr]

inobservance: -s Nichtbeachten [ˈniçtbəˈaxtən] v subst

inobservation: -s Mißbeachten [misˈaxtən] v subst

inscription (sur panneau): -e Anmeldung/-/en [ˈanmɛlduŋ]

inscription (sur panneau): -e Aufschrift/-/en [ˈaufʃrift]

inscrire (étudiant): immatrikulieren [imatrikuˈliːrən]

inscrire (s'): sich anmelden [ˈanmɛldən] vi sép

inscrire (se faire —): sich eintragen lassen [ˈain] loc; sich immatrikulieren lassen loc

inspecter: nachsehen [ˈnaːxzeːən] vt fort sép

installation hifi: -e Hifi-Anlage/-/n [haiˈfaianlaːgə]

installer (s'): sich setzen [ziçˈzɛtsən] v réfl

institut: -s Institut/(e)s/e [instiˈtuːt]

intention (avoir l') de faire qqc: vorhaben [ˈfoːrhaːbən] vt sép

interdiction: -s Verbot/s/e [fɛrˈboːt]

interdiction de dépasser: -s Überholverbot/s/e [yːbərˈhoːlfɛrboːt]

interdiction de s'arrêter: -s Halteverbot/s/e [ˈhaltəfɛrboːt]

interdiction de stationner: -s Parkverbot/s/e [ˈparkfɛrboːt]

intéressant: interessant [intɛrɛˈsant] adj/adv

intéresser à (s') : sich interessieren für *v pron*

intérieur (à l') : drinnen ['drinən] *adv*

interrompre : unterbrechen [untər-'brɛçən] *vt fort insép*

interrupteur : -r Schalter/s/- ['ʃaltər]

inviter : einladen ['ainladən] *vt fort sép*

irriter : ärgern ['ɛrgərn] *vt/vi*

isolé : einzeln ['aintsɛln] *adj*

jamais : je [jeː] *adv*

jambon : -r Schinken/s/-['ʃinkən] *pron pers*

je : ich [iç] *pron pers*

jeans : -e Jeans *pl* ['dʒiːns]

jeudi : -r Donnerstag/s/e ['dɔnərs-taːk]

jeune : jung [juŋ] *adj/adv*

joli : hübsch [hypʃ] *adj*

jouer : spielen ['ʃpiːlən] *vt*

jour : -r Tag/(e)s/e [taːk]

jour férié : -r Feiertag/(e)s/e ['faiər-taːk]

journal : -e Zeitung/-/en ['tsaituŋ]

journal télévisé : -e Tagesschau/-/ss *pl* ['taːgəsʃau]

journaliste : -r Journalist/en/en ['ʒurna'list]

joyeux Noël : frohe Weihnachten (pluriel)

joyeux : froh [froː] *adj*

jugement : -s Urteil/s/e ['urtail]

jupe : -r Rock/(e)s/"e [rɔk]

Jura souabe (région) : -e Schwäbische Alb ['ʃvɛːbiʃə alp]

jus de fruits : -r Fruchtsaft/(e)s/"e ['fruxtzaft]

jusqu'à : bis ['bis] *prép + acc*

juste : recht [rɛçt] (+ *dat) adj*

juteux : saftig ['zaftiç] *adj*

kilo : -s Kilo/s/s ['kiːlo] = Kilogramm

kilomètre : -r Kilometer/s/- [kilo-'meːtər]

là : da [daː] *adv* ; dort [dɔrt] *adv*

la : die [diː] *(f) art déf*

lac : -r See/s/n [zeː, 'zeːən]

laisser : lassen ['lasən] *v fort*

laisser (ex. trace) : hinterlassen [hintər'lasən] *vt fort insép*

lait : -e Milch/-/ss *pl* [milç]

large : breit [brait] (+ *acc) adj*

laver (se) : waschen (sich) ['vaʃən] *vt fort*

le : ihn [iːn] *pron pers acc m sg*

le long de : entlang (ɛnt'laŋ) *prép + acc*

le : das (das) *art déf n*, der [deːr] *art déf m*

leçon : -e Lektion/-/en [lɛktsi'oːn]

léger(ement) : leicht [laiçt] *adj/adv*

lent(ement) : langsam ['laŋzaːm] *adj/adv*

lequel : welch [vɛlç] *pr interr*

lettre de candidature : -s Bewerbungsschreiben ['verbuŋsʃraibən]

lettre recommandée : -s Einschreiben/s/- ['ainʃraibən]

lettre (poste) : -r Brief/(e)s/e [briːf]

lever (se) : aufstehen ['aufʃteːən] *vi fort sép*

librairie : -e Buchhandlung/-/en ['buːxhantluŋ]

libre (de) (librement) : frei [frai] (von) *adj/adv*

libre de taxe douanière : zollfrei ['tsɔlfrai] *adj/adv*

Liège (ville) : Lüttich (n)

lieu : -e Stelle/-/n ['ʃtɛlə] ; -r Ort/e)s/e [ɔrt]

ligne : -e Figur/-/en [fi'guːr]

limite des chutes de neige : -e Schneefallgrenze/-/n ['ʃneːfal-grenzə]

limonade : -e Limonade/-/n [limo-'naːdə]

lire : lesen ['leːzən] *vt fort*

liste : -e Liste/-/n ['listə]

lit : -s Bett/(e)s/en ['bɛt]

litre : -s/-r Liter/s/- ['liːtər]

livre (le) : -s Buch/(e)s/"er [buːx, 'byːçər]

livre de poche : -s Taschenbuch/s/"er ['taʃənbuːx]

livre spécialisé : -s Sachbuch/(e)s/"er ['zaxbuːx]

livre (la) (poids, monnaie) : -s Pfund/s/e [pfunt]

location : -r Vorverkauf/s/"e ['foːr-fɛrkauf] ; **en location** : im Vorverkauf *expr* [im 'foːrfɛrkauf]

logement : -e Unterkunft/-/"e ['unterkunft]

loin : weit [vait] *adj/adv*

loisir : -e Freizeit/-/ss *pl* ['fraitsait]

long métrage (le) : -r Spielfilm/s/e ['ʃpiːlfilm]

long(longuement) : lang [laŋ] *adj/adv*

lorsque : als [als] *conj sub (+ tps passé)*

louer (faire l'éloge) : loben ['loːbən] *vt*

lourd: schwer [ʃveːr] *adj*
lui: ihm, ihr *pr pers*
luire (soleil): scheinen [ʃainən] *vi fort*
lumière: -s Licht/es/er [liçt]
lundi: -r Montag/s/e [ˈmɔːntaːk]

macédoine de fruits: -r Obstsalat/es/e [ˈɔːpstzalaːt]
machine: -e Maschine/-/n [maˈʃiːnə]
mademoiselle: -s Fräulein/s/- [ˈfrɔylain]
magasin: -r Laden/s/ᴖ [ˈlaːdən]
magasin d'électroménager: -s Elektrogeschäft/s/e [eˈlɛktrogəʃɛft]
magasin confection dames: -s Damenbekleidungsgeschäft [ˈdaːmənbəklaiduŋsgəʃɛft]
magazine: -s Magazin/s/e [magaˈtsiːn]
magazine d'information: -s Nachrichtenmagazin [ˈnaːxriçtənmagaˈtsiːn]
magnifique: herrlich [ˈhɛrliç] *adj*
maigre: mager [ˈmaːgər] *adj*
main: -e Hand/-/ᴖe [hant]
maint: manch [manç] *pr indéf*
maintenant: jetzt [jɛtst] *adv*; nun [nuːn] *adv*
mairie: -s Rathaus/es/ᴖer [ˈraːthaus]
mais: aber [ˈaːbər] *conj*; sondern [ˈzɔndərn] *conj*
maison: -s Haus/es/ᴖer [ˈhaus]; **à la maison** (ss mouvement): zu Haus(e) [tsuˈhaus/tsuˈhauzə]; **à la maison** (= vers): nach Haus [naːxˈhaus] *expr*
maison particulière: -s Privathaus/es/ᴖer [priˈvaːthaus]
maître: -r Meister/s/- [ˈmaistər]
maîtresse de maison: -e Hausfrau/-/en [ˈhausfrau]
mal: schlecht [ʃlɛçt] *adj/adv*
mal (faire): weh tun [veː tun] *v impers*
mal de tête: -r Kopfweh/s/ss *pl* [ˈkɔpfveː]
malade: krank [krank] *adj*
malade (le): -r Kranke/n/n [ˈkrankə] *adj subs*
malgré: trotz [trɔts] + *gén*
malheureusement: leider [ˈlaidər] *adv*
manger: essen [ˈɛsən] *vt fort*
manière: -e Art/-/en [aːrt]
manteau: -r Mantel/s/ᴖ [ˈmantəl]

marchand: -r Kaufmann/(e)/Kaufleute [ˈkauflɔytə]
marché: -r Markt/es/ᴖe [markt]
marche: -e Wanderung/-/en [ˈvandəruŋ]
mardi: -r Dienstag/s/e [ˈdiːnstaːk]
mark allemand: -e Mark/-/*val*: ss *pl* [mark]
marque: -e Marke/-/n [ˈmarkə]
massif montagneux: -s Gebirge/s/- [gəˈbirgə]
match de football: -s Fußballspiel/s/e [ˈfuːsbalʃpiːl]
matin (le): -r Morgen/s/- [ˈmɔrgən]
matinée: -r Vormittag/s/e [ˈfoːrmitaːk]
mauvais: schlecht [ʃlɛçt] *adj/adv*
médecin: -r Arzt/ es/ᴖe [aːrtst, ˈɛrtstə]
médecine: -e Medizin/-/en [mediˈtsiːn]
médical: ärztlich [ɛrtstliç] *adj/adv*
médicament: -s Heilmittel/s/- [ˈhailmitəl]; -e Medizin/-/en [mediˈtsiːn]
médicament contre la toux: -s Hustenmittel/-/- [ˈhuːstənmitəl]
membre (association): -s Mitglied/s/er [ˈmitgliːt]
même: selber/selbst [zɛlpst] *pr (invar)*
même (le-): derselbe [deːrˈzɛlbə] dieselbe, dasselbe *pr dém*
mener à: führen [ˈfyːrən] *vt + vi* (zu)
menu (du jour): -s Menü/s/s [məˈnyː]
menu (la carte de-): -e Speisekarte/-/n [ˈʃpaizəkartə]
mer: -e See/-/n [zeː, ˈzeːən]
merci: danke [ˈdankə] *int*
mercredi: -r Mittwoch/s/e [ˈmitvɔx]
mère: -e Mutter/-/ᴖ [ˈmutər]
message: -e Durchsage/-/n [ˈdurçzaːgə]
messe de minuit: -e Christmesse/-/n [ˈkristmɛsə]; -e Christmette [ˈkristmɛtə]
messieurs, dames (ces): -e Herrschaften *pl* [ˈhɛrʃaftən]
mesure: -e Vorkehrung/-/en [ˈfoːrkeːruŋ]
mètre: -s/-r Meter/s/- [ˈmeːtər]
métro: -e U-Bahn/-/en [ˈuːbaːn]
mettre au point: einstellen [ˈainʃtelən] *vt sép*
meurtre: -r Mord/(e)s/e [mɔrt]
milliard: -e Milliarde/-/n [miliˈardə]
million: -e Million/-/en [miliˈoːn]
minuit: -e Mitternacht/-/ss *pl* [ˈmitər-

naxt]
minute (la) : -e Minute/-/-n [mi'nuːtə]
moderne : modern [moˈdɛrn] adj/adv
modifier (se) : sich ändern [ˈɛndərn] v pron
moi-même : ich selbst/ich selber pr
mois : -r Monat/(e)s/e [ˈmoːnat]
moment : -r Zeitpunkt/es/e [ˈtsaitpunkt]
mon, ma : mein/e/- [main] adj poss
monsieur : -r Herr/n/en [hɛr]
monsieur l'agent : Herr Wachtmeister/s/- [ˈvaxtmaistər]
monsieur le docteur : Herr Doktor/s/en [ˈdɔktɔr]
montagne : -r Berg/es/e [ˈbɛrk]
montagne : -s Gebirge/s/- [gəˈbirgə]
montant : -r Betrag/(e)s/ˮe [bəˈtraːk]
montant : steigend [ˈʃtaigənt] adj
monter : steigen [ˈʃtaigən] vi tort
monter (un film) : einlegen [ˈainleːgen] vt sép (Film)
monter à bord : an Bord gehen [an bɔrt] loc verb
monter (en train,...) : einsteigen [ˈainʃtai] vi fort sép
montre : -e Uhr/-/en [uːr]
montrer : zeigen [ˈtsaigən] vt ; vorzeigen [ˈfoːrtsaigən] vt
mort (le) : -r Tote/n/n [ˈtoːtə] adj subst
mot (isolé) : -s Wort/es/ˮer [vɔrt]
moteur : -r Motor/s/en [ˈmoːtɔr, moˈtoːrən]
motif : -s Leitmotiv/s/e [ˈlaitmotiːf]
mouchoir : -e Taschentuch/s/ˮer [ˈtaʃəntuːx]
mourir : sterben [ˈʃtɛrbən] vi fort
moutarde : -r Senf/es [zɛnf]
Munich : München [ˈmynçən]
mur (le) : -e Mauer/-/n [ˈmauər, ˈmauˌərn]
musée : -s Museum/s/Museen [muˈzeːum]
musique : -e Musik/-/ss pl [muˈziːk]
mutualité (de maladie) : -e Krankenkasse/-/n [ˈkrankənkasə]

né (à) : geboren (in) [gəˈboːrən]
ne... jamais : nie [niː] adv
ne... pas : nicht [niçt] adv
ne... plus : nicht/kein... mehr [ˈmeːr] adv
nécessaire : notwendig [noːtˈvɛndiç] adj
négatif (vement) : negativ [neːgaˈtiːv] adj/adv

neige : -r Schnee/s/ss pl [ʃneː]
neiger : schneien [ˈʃnaiən] v imp
nerveux : nervös [nɛrˈvøːs] adj
nettoyer : putzen [ˈputsən] vt ; reinigen [ˈrainigən] vt
neuf : neu [nɔy] adj
neuf (chiffre) : neun [nɔyn] adj num
Noël : Weihnachten pl [ˈvainaxtən]
nom (le) : -r Name/ns/n [ˈnaːmə]
nom de famille : -r Familienname/ns/n [faˈmiːliən] ; -r Zuname/ns/n [ˈtsuːnamə]
nommer : nennen [ˈnɛnən] v mix
non (négation) : nein [nain] adv + conj
Nord (région, point cardinal) : -r Norden/s/ss pl [ˈnɔrdən]
Nord-ouest (le) : -r Nordwesten/s/ss pl [nɔrtˈvɛstən]
noter : notieren [noˈtiːrən] vt
nourriture : -e Verpflegung/-/ss pl [fɛrˈpfleːguŋ]
nous (sujet) : wir [viːr] pron pers
nouveau : neu [nɔy] adj
nouveau (de, à) : wieder [ˈviːdər] adv
nouvelle (la) : -e Nachricht/-/en [ˈnaːxriçt]
nuire (à) : schaden [ˈʃaːdən] v + dat
nuit (la) : -e Nacht/-/ˮe [naxt, nɛçtə] ; nachts [naxts] adv
nullement : keinesfalls [ˈkainəsfals] adv
numéro d'autoroute : -e Autobahnnummer [ˈautoːbaːn]
numéro de la maison : -e Hausnummer/-/n [ˈhausnumər]
numéro de téléphone : -e Telefonnummer/-/n [ˈfoːnnumər]

objets de valeur : -e Wertsachen pl [ˈveːrtzaxən]
occasion : -e Gelegenheit/-/en [geˈleːgənhait]
occupation des loisirs : -e Freizeitbeschäftigung/-/en [ˈfraitsaitbəʃɛftiguŋ]
œuf sur le plat : -s Spiegelei/(e)s/er [ˈʃpiːgəlai]
œuvre : -e Werk/(e)s/e [vɛrk]
officiel(lement) : amtlich [ˈamtliç] adj adv
offrir (en cadeau) : schenken [ˈʃɛnkən] vt
offrir : anbieten [ˈanbiːtən] vt fort, sép
ombre (l') : -r Schatten/s/- [ˈʃatən]
on : man [man] pr indéf
oncle : -r Onkel/s/- [ˈɔnkəl]

onze : elf [ɛlf] *adj num*
opinion (l') : -e Meinung/-/en [ˈmainuŋ]
opportun : ratsam [ˈraːtzaːm] *adj*
orage : -s Gewitter/s/- [gəˈvitər]
ordinaire(d') : gewöhnlich [gəvøːnliç] *adj/adv*
ordonnance : -s Rezept/(e)s/e [reˈtsɛpt]
ordre (en) : in Ordnung [in ˈɔrtnuŋ]
ôter (un habit) : ausziehen [ˈaustsiːən] *vt fort sép*
ou (bien) : oder [ˈoːdər] *conj coord*
où (situation) : wo [voː] *adv interr* ; **d'où** (provenance) : woher [voːˈheːr] **vers où** : wohin [voːˈhin] *adv interr*
ou bien... ou bien : entweder [ˈveː] ... oder [ˈoːdər] *conj*
oublier : vergessen [fɛrˈgɛsən] *vt fort insép*
oui : ja [jaː] *adv et conj*
outre (en) : darüber hinaus [daryːbərhiˈnaus] *adv*
ouvert : offen [ˈɔfən] *adj*
ouvert (être) : auf sein [ˈauf zain] *loc verb*
ouvrage : -s Werk/(e)s/e [vɛrk]
ouvrir : aufmachen [ˈaufmaxən] *vt sép* ; öffnen [ˈœfnən] *vt*
ouvrir avec une clef : aufschließen [ˈauf] *vt fort sép*

pain : -s Brot/(e)s/e [ˈbroːt]
pain (blanc) : -s Weißbrot/es/e [ˈvaisbroːt]
pain gris : -s Schwarzbrot/s/e [ˈʃvartsbroːt]
pain (de seigle) complet : -s Vollkornbrot/(e)s/e [fɔlˈkɔrnbroːt]
pâle : blaß [blas] *adj*
panne : -e Panne/-/n [ˈpanə]
panne de voiture : -e Autopanne/-/n [ˈautoːpanə]
panneau (de signalisation) : -s Straßenschild [ˈʃtraːsənʃilt]
panneau : -s Schild/(e)s/er [ʃilt]
papeterie : -e Papierhandlung/-/en [paˈpiːrhantluŋ]
paquet : -s Paket/s/e [paˈkeːt]
par : durch [durç] *prép + acc* ; **par personne** : pro Person [proː pɛrˈzoːn] *expr*
parc : -r Park/s/s *ou* /e [park]
parce que : weil [vail] *conj sub*
parcours : -e Strecke/-/n [ˈʃtrɛkə]
pardon : -e Verzeihung/-/en [fɛrˈtsaiuŋ]

pardonner : verzeihen [fɛrˈtsaiən] *vt*
pare-brise : -e Frontscheibe/-/n [ˈfrɔntʃaibə]
parents : -e Eltern *pl* [ˈɛltərn]
parfois : manchmal [ˈmançmaːl] *adv*
Paris (ville) : Paris [paˈriːs] (n)
parisien : Pariser *adj*
Parisien (habitant) : -r Pariser/s/- [paˈriːzər]
parking : -r Parkplatz/es/ˮe [ˈparkplats]
parler : sprechen [ˈʃprɛçən] *vi fort*
parole : -s Wort/es/e [vɔrt]
partir : fortgehen [ˈfɔrtgeːən] *vt fort sép*
partir (auto...) : abfahren [ˈapfaːrən] *vi fort sép* ; **partir en congé** : in Urlaub fahren *expr*
partout : überall [yːbərˈal] *adv*
pas de : kein [kain] *pr indéf*
pas du tout : gar nicht [ˈgaːr niçt] *adv*
pas encore : noch nicht [nɔx ˈniçt] *adv*
passage à niveau : -r Bahnübergang/s/ˮe [ˈbaːnyːbərgaŋ]
passé : -e Vergangenheit/-/en [fɛrˈgaŋənhait]
passé (que s'est-il ?) : Was ist passiert ? *loc verb*
passeport : -r Paß/es/ˮsse [pas] ; -r Reisepaß/es/ˮsse
passer (se) : passieren [paˈsiːrən] *vi*
passer (l'émission) : die Sendung laufen [zɛnduŋ]
passe-temps : -s Hobby/s/s [ˈhɔbi]
passer : vorbeikommen [foːrˈbaikɔmən] *vi* ; **passer (temps)** : verbringen (Zeit) [fɛrˈbriŋən] ; **passer (un orage)** : vorüberziehen [ˈyːbər] (Gewitter) ; **passer la nuit** : übernachten [yːbərˈnaxtən] *vi insép* ; **passer (subir) un examen** : eine Prüfung ablegen *loc*
patience : -e Geduld/-/ss *pl* [gəˈdult]
patient (le) : -r Patient/en/en [patsiˈɛnt]
patinage : -r Eislauf/(e)s/ˮe [ˈaislauf]
pâtisserie : -e Konditorei/-/en [kɔndiˈtoˈrai]
payer : bezahlen [bəˈtsaːlən] *vt insép*
pays : -s Land/es/ˮer [lant] ; **pays de destination** : -s Zielland/es/ˮer [ˈtsiːl]
paysage : -e Landschaft/-/en [ˈlantʃaft]
pédale de frein : -s Bremspedal/s/

e [ˈbrɛmspeːdaːl]

peine : -e Qual/-/-en [kvaːl]

pendant (pendant que) : während [ˈvɛːrənt] *prép + gén/conj*

pendre : hängen [ˈhɛŋən] *vt faible*

pensée : -r Gedanke/ns/n [gəˈdankə]

penser (à) : denken [ˈdɛnkən] *vi mix (an + ac)*

pente : -r Abhang/(e)s/ˈˈe [ˈaphaŋ]; -r Hang/(e)s/ˈˈe [haŋ]

perdre : verlieren [fɛrˈliːrən] *vt fort insép*

permettre (se) : sich erlauben [ˈlau] *vt insép*

permis : zulässig [ˈtsuːlɛsiç] *adj/adv*

permis de conduire : -r Führerschein/s/e [ˈfyːrərʃain]

persévérance : -e Ausdauer/--ss *pl* [ˈausdauər]

personne : niemand [ˈniːmant] *pr indéf* ; -e Person/-/-en [pɛrˈzoːn]; **par personne** : pro Person [proːpɛrˈzoːn] *expr*

petit déjeuner : -s Frühstück/s/e [ˈfryːʃtyk]

petit pain : -s Brötchen/s/- [ˈbrøːt-çən]

peu : wenig [ˈveːniç] *pron indéf*

peuple : -s Volk/es/ˈˈer [fɔlk]

peuple voisin : -s Nachbarvolk/(e)s/ˈˈer [ˈnaːxbarfɔlk]

peut-être : vielleicht [fiːˈlaiçt] *adv*

pfennig (1/100 du Mark) : -r Pfennig /s/e [ˈpfɛniç]

photographe (magasin) : -s Fotogeschäft/s/e [ˈfotogəʃɛft]

photographier : fotografieren [fotoːgraˈfiːrən] *vt*

piano (le) : -s Klavier/s/e [klaˈviːr]

pièce : -s Stück/(e)s/e [ˈʃtyk]

pied : -r Fuß/es/ˈˈe [fuːs]; **à pied** : zu Fuß [tsuːˈfuːs] *loc verb*

piéton : -r Fußgänger/s/- [ˈfuːsgɛŋər]

piste : -e Piste/-/-n [ˈpistə]

piste cyclable : -e Radweg/s/e [ˈraːtveːk]

place : -r Platz/es/ˈˈe [plats]; -r Ort/ (e)s/e [ɔrt]

place assise : -r Sitzplatz/es/ˈˈe [ˈzitsplats]

placer : setzen [ˈzɛtsən] *vt*

placer (debout) : stellen [ˈʃtɛlən] *vt*

plaindre (se) (de) : klagen [ˈklaːgən] (über) *vi*

plainte contre X : Anzeige gegen Unbekannt *expr*

plaire : gefallen [gəˈfalən] *v fort + dat*) **s'il vous plaît** : bitte [ˈbitə]

adv/int ; bitte sehr [ˈbitəˈzeːr] *adv/int*

plaisir : -r Spaß/sses/ˈˈe [ʃpaːs]

plan de la ville : -r Stadtplan/s/ˈˈe [ˈʃtatplaːn]

plat préféré : -s Lieblingsgericht [ˈliːplinsgəriçt]

plein (hôtel) : vollbesetzt [Hotel]

plein : voll (von) [fɔl] *adj*

plein (d'essence) (faire le) : volltanken [ˈfɔltankən] *vt sép*

pleuvoir : regnen [ˈreːknən] *v impers*

plie (de la mer du Nord) : -e Nordseescholle/-/n [ˈnɔrtzeːʃɔlə]

plie (poisson) : -e Scholle/-/n [ˈʃɔlə]

plupart (la) (du temps) : meist [maist] *adj/adv*

plus : mehr [meːr] *adv* ; **en plus** : darüber hinaus [daryːbərhiˈnaus] *adv* ; **de plus en plus** : immer + *compar* (p. ex. : immer größer : de plus en plus grand); **plus... plus** : je, = desto, = um so + *comparat* : *conj*

pneu : -r Reifen/s/e [ˈraifən]

poche : -e Tasche/-/n [ˈtaʃə]

poème : -s Gedicht/(e)s/e [gəˈdiçt]

pointe (la) : -e Spitze/-/n [ˈʃpitsə]

point (à) (cuisine) : halb durch [halpˈdurç] *adv*

police : -e Polizei/-/ss *pl* [poliˈtsai]

policier : -r Polizist/en/en [poliˈtsist]

pomme : -r Apfel/s/ˈˈ [ˈapfəl, ˈɛpfəl]

pomme de terre : -e Kartoffel/-/n [karˈtɔfəl]

ponctuel(lement) : pünktlich [ˈpynktliç] *adj/adv*

populaire (= aimé) : beliebt [bəˈliːpt] *adj pop*

porte (la) : -e Tür/-/en [tyːr]

portière (voiture) : -e Wagentür/-/en [ˈvaːgəntyːr]

pose (photo) : -e Aufnahme/-/en [ˈaufnaːmə]

poser sa candidature : sich bewerben [bəˈverbən] *v fort insép*

poser une question : eine Frage stellen [ˈʃt] *loc verb*

possession de (en) : mächtig (+ *gén*) [ˈmɛçtiç]

possible (être) : mögen [ˈmøːgən] *vt mod*

possible : möglich [ˈmøːgliç] *adj*

poste : -e Post/-/ss *pl* [pɔst]

poste d'essence : -e Tankstelle/-/n [ˈtankʃtɛlə]

poster (lettre) : einwerfen [ˈain] *vt fort sép*

potage : -e Suppe/-/n ['zupə]; **potage aux légumes** : -e Gemüse-suppe/-/n [gə'myːzəzupə]; **potage du jour** : -e Tagessuppe/-/n ['taːgəszupə]

pour : für [fyːr] prép + acc ; pro [proː] (ss article) prép + acc

pourcent : -s Prozent/(e)s/e [pro-'tsɛnt]

pourquoi : warum [va'rum] adv

pouvoir (permission) : dürfen ['dyr-fən] v modal

pouvoir (= être à même de) : können [kœnən] v mod

pouvoir d'achat : -e Kaufkraft/-/ss pl ['kauf]

pratiquer le sport : Sport treiben ['ʃpɔrt traibən] expr

prédominer : überwiegen [yːbər-'viːgən] vt insép

préférer : etwas lieber haben ['liːbər] loc

préjugé : -s Vorurteil/s/e ['foːrurtail]

premier : erst [ɛːrst] adj num ordinal

prendre : nehmen ['neːmən] vt fort

prendre (une rue) : einbiegen ['ainbiː] vi fort insép

prendre une autre route : ausweichen über ['ausvai] vi fort

prendre des mesures : Vorkeh-rungen treffen expr

prendre froid : sich erkälten [ɛr'kɛl] vi insép

prendre le petit déjeuner : früh-stücken ['fryːʃtykən] vi

prendre place : Platz nehmen loc verb

prendre le repas du soir : zu Abend essen loc verb

prénom : -r Vorname/ns/n ['foːr-naːmə]

préparer : vorbereiten ['foːrbəraitən] vt sép

préparer (aliments) : zubereiten ['tsuːbəraitən] vt sép

préparer (se — à) : sich vorbereiten auf

près de : bei ['bai] prép + dat ; fast [fast] adv

prescrire (médecin) : verschreiben [fɛr'ʃraibən] vt fort insép

présenter (se) : vorstellen (sich) ['foːrʃtɛlən]; vorkommen ['foːr] vi sép ; **cela se présente** : das kommt vor

présenter (un document) : vorzeigen ['foːrtsaigən]

presque : fast [fast] adv

presser (cela est pressé) : eilen ['ailən] (es eilt, v imp)

prêt : bereit [bə'rait] adj ; fertig ['fɛr-tiç] adj

prétendre : behaupten [bə'hauptən] vt insép

prétention : -r Anspruch/s/ːe ['an-ʃpruːx]

prévision du temps : -e Wettervor-hersage/-/v ['vɛtər-]

priorité : -e Vorfahrt/-/ss pl ['foːrfaːrt]

prix : -r Preis/es/e [prais]; **à prix avantageux** : preiswert ['praisvɛrt]

probable(ment) : wahrscheinlich ['vaːrʃainliç]

procès-verbal : -s Protokoll/s/e [proto'kɔl]

proche parent : -r Verwandte/n/n ['vant.] adj subst

proche : nah [naː] adj

produire : vorzeigen ['foːrtsaigən]

produit : -s Produkt/(e)s/e [pro'dukt]

professeur (d'enseignement secon-daire) : -r Lehrer/s/- ['leːrər]

professeur (d'université) : -r Profes-sor/s/en [pro'fɛsor]

programme : -s Programm/s/e [pro-'gram]

programmes offerts : -s Programm-angebot/s/e ['gram]

progresser (avancer) : vorwärts-kommen ['foːrvɛrts]

projeter (avoir l'intention de) : vor-haben ['foːrhaːbən] vt sép

promenade : -r Spaziergang/(e)s/ːe [ʃpa'tsiːrgan]

promener (se) : spazieren [ʃpa'tsiːrən] vi

promettre : versprechen [fɛr'ʃprɛçən] vt fort insép

proposition : -r Vorschlag/s/ːe ['foːr-ʃlaːk]

propre : eigentlich ['aigəntliç] adj/adv

proroger (passeport) : verlängern [fɛr'lɛnərn] vt insép

proximité : -e Nähe/-/n ['nɛːə]

prudence : -e Vorsicht ['foːrziçt]

prudent (prudemment) : vorsichtig ['foːrziçtiç] adj/adv

public (publiquement) : öffentlich ['œfəntliç] adj/adv

pullover : -r Pulli/s/s ['puli]

quai : -r Bahnsteig/s/e ['baːnʃtaik]

quai d'avion : -r Flugsteig/s/e ['fluːkʃtaik]

qualité : -e Qualität/-/-en [kvali'te:t]

quand : wann [van] adv ; als [als] conj sub (+ tps passé)

quart d'heure : -e Viertelstunde/-/-n ['firtǝlʃtundǝ] ; -s Viertel/s/- ['firtǝl]

quatorze : vierzehn ['firtse:n] adj num

quatre : vier [fi:r] adj num

quatre (le) : -e Vier [fi:r]

que : daß [das] conj sub ; wie [vi:] conj sub après so + adj ; als [als] conj sub après un compar ; was [vas] pr interr/rel, nur [nu:r] adv

quel : welch [vɛlç] pr interr

quelque sorte (en) : einigermaßen ['ainigǝrma:sǝn] adv

quelqu'un : jemand/(e)s/dat-em/ acc-en [jemand] pron ; einer/eine/ eines ['ainǝr] pr ind

quelquefois : manchmal ['mançma:l] adv

question : -e Frage/-/n ['fra:gǝ]

questionner : fragen ['fra:gǝn] vt

quête (recherche d'une chambre) : -e Zimmersuche ['tsimǝrzu:xǝ]

qui : die [di:] pr rel f ; das [das] pr rel n ; der [der] pr rel m ; wer [ve:r] pr interr, pr rel

quitter : verlassen [fɛr'lasǝn] vt fort insép

quoi : was [vas] pr interr/rel ; avec quoi, en quoi : womit [vo'mit] adv interr

quoique : obwohl [ɔp'vo:l] conj sub

quotidien(nement) : täglich ['tɛ:kliç] adj/adv

radiateur (auto) : -r Kühler/s/- ['ky:lǝr]

radio : -s Radio/s/s ['ra:dio] ; -r Rundfunk/s/ss pl ['runtfunk]

raison (avoir) : recht haben loc verb

ralentie (circulation) : zäh fließend (Verkehr) [tsɛ:fli:sǝnt]

rapide (le) (train) : -r D-Zug/(e)s/ᵉe ['de:tsu:k] ; -r Schnellzug/(e)s/ᵉe ['ʃnɛltsu:k]

rapide(ment) : schnell [ʃnɛl] adj/adv

raser : rasieren [ra'zi:rǝn]

rassembler (se) : versammeln(sich) [fɛr'zamǝln]

rayé : gestreift [gǝ'ʃtraift] adj

RDA (république démocratique allemande) : -e DDR [de:de:'ɛr] deutsche demokratische Republik

réaliser : durchführen ['durçfy:rǝn]

récepteur portatif : -s Kofferradio/s /s ['kɔfǝrra:dio:]

recevoir : empfangen [ɛmp'faŋǝn] vt fort insép

recharger (batterie) : aufladen ['auf] vt fort sép

recherche d'une chambre : -e Zimmersuche ['tsimǝrzu:xǝ]

rechercher : erforschen [ɛr'fɔrʃǝn] vt insép

réclamation : -e Reklame/-/-en [reklamatsi'o:n]

réclamer : sich beschweren [bǝ'ʃve:] (über) vi

recommander : empfehlen [ɛmp'fe:lǝn] vt fort insép

reconduire (traité) : verlängern [fɛr'lɛŋǝrn] vt insép

reconnaissant : dankbar (für) ['dankba:r] adj

reconnaître (qn, qc) : erkennen [ɛr'kenǝn] vt insép

recouvrir de glace(se) : überfrieren [y:bǝr'fri:rǝn] vt fort insép

rédiger (procès-verbal) : aufnehmen (Protokoll) ['aufne:mǝn] vt sép

réduction : -e Ermäßigung/-/-en [ɛr'mɛ:siguŋ] ; -r Rabatt/(e)s/e [ra'bat]

regarder (analyser) : einsehen ['ainze:ǝn] vt fort sép

région : -e Gegend/-/en ['ge:gǝnt]

régler : einstellen ['ainʃtɛlǝn] vt sép

régulier(ement) : regelmäßig ['re:gǝlmɛ:siç] adj/adv

réjouir (se) : sich freuen ['frɔyǝn] vi

relation d'affaires : -e Geschäftsverbindung/-/en [gǝ'ʃɛftsfɛrbinduŋ]

remercier : danken ['dankǝn] v + dat

remettre (document) : übergeben [y:bǝr'ge:bǝn] vt fort insép

remise : -r Rabatt/(e)s/e [ra'bat]

remonte-pente : -r Schlepplift/(e)s/e ['ʃlɛplift]

remonter (qqn, qqch) : hinaufbefördern [hi'nauf] vt sép

remonter (la pente) : hinaufsteigen [hi'nauf] vt sép

remorquer : abschleppen ['apʃlepǝn] vt sép

remplacer : ersetzen [ɛr'zɛtsǝn] vt insép ; austauschen ['austauʃǝn] vt sép

rempli (de) : voll (von) [fɔl] adj

remplir (en écrivant) : vollschreiben ['fɔlʃraibǝn] vt fort sép

remplir (formulaire) : ausfüllen ['ausfylən] *vt sép*

rencontrer : begegnen [bə'ge:knən] *vi + dat + sein* ; treffen ['trɛfən] *vt fort*

rendez-vous : -e Verabredung/-en [fɛr'apre:duŋ]

rendre (monnaie) : herausgeben [hɛ'rausge:bən] *vt sép*

rendre (restituer) : zurückgeben [tsu-'rykge:bən] *vt fort sép*

renseignement : -e Auskunft/-"e ['auskunft]

renseigner (se) : sich erkundigen ['kun] *vi insép*

rentrer : zurückkehren [tsu'rykke:rən] *vi sép*

renverser : umfahren ['umfa:rən] *vt fort sép*

renverser (= basculer) : umkippen ['umkipən] *vt sép*

réparation : -e Reparatur/-/en [repara'tu:r]

réparer : reparieren [repa'ri:rən] *vt*

réparer (panne) : beheben [bə-'he:bən] *vt fort insép*

repas : -s Essen/s/ss *pl* ['ɛsən]

repasser (chemise) : bügeln ['by:gəln] (Hemd) *vt*

répéter : wiederholen [vi:dər'ho:lən] *vt insép*

répondre à : beantworten [bə'ant] *vt insép*

réponse : -e Antwort/-/en ['antvɔrt]

repos : -e Erholung/-/ss *pl* [ɛr'ho:luŋ]

reposant : erholsam [ɛr'ho:lza:m] *adj/adv*

reposer (se) : ausruhen ['ausru:ən] *vi sép* ; ausspannen ['ausʃpanən] *vi sép*

représentant : -r Vertreter/s/- [fɛr-'tre:tər]

représentation (spectacle) : -e Vorstellung/-/en ['fo:rʃteluŋ]

représenter (se) : vorstellen (sich) ['fo:rʃtelən] *vt*

République fédérale : -e Bundesrepublik ['bundəsrepubli:k]

réservation : -e Buchung/-/en ['bu:xuŋ]

réserver : reservieren [rezɛr'vi:rən]

réserver (place) : buchen ['bu:xən] *vt*

réservoir : -r Tank/s/s [tank]

responsable (de) : verantwortlich (für) [fɛr'antvɔrtliç]

ressentir : empfinden [ɛmp'findən] *vt fort insép*

ressortissant : -r Angehörige [ãngə-'hø:rigə] *adj subst*

restaurant : -e Gaststätte/-/n ['gastʃtɛtə] ; -s Restaurant/s/s [rɛsto'rã]

rester : bleiben ['blaibən] *vi fort*

retard : -e Verspätung/-/en [fɛr'ʃpɛ:tuŋ]

retourner : zurückgehen [tsu'rykge:ən] *v fort*

retrait : -r Entzug/(e)s/ss *pl* [ɛnt'-tsu:k]

rétrécissement (voie) : -e Engstelle/-/n ['ɛŋʃtelə]

réussir : gelingen [gə'liŋən] *vi fort impers*

réveiller (éveiller) : wecken ['vɛkən] *vt*

revendication : -r Anspruch/s/"e ['anʃpru:x]

revenir en avion : zurückfliegen [tsu'rykfli:gən]

revoir : wiedersehen ['vi:dərze:ən] *vt sép* ; **au revoir** : auf Wiedersehen ['vi:dərze:ən] *expr*

revue sportive : -e Sportschau/-/ss *pl* ['ʃpɔrtʃau]

RFA (la) : -e BRD [be:ɛr'de:]

Rhin (fleuve) : -r Rhein/s/ss *pl* [rain]

rhume : -e Erkältung/-/en [ɛr'kɛltuŋ] ; -r Schnupfen ['ʃnupfən]

rien : nichts [niçts] *pr indéf invar*

rire : lachen ['laxən] *vi*

robe : -s Kleid/es/er [klait]

robe d'été : -s Sommerkleid/s/er ['zɔmərklait]

roman (le) : -r Roman/s/e [ro'ma:n]

roman policier : -r Krimi/s/s ; -r Kriminalroman

rôti : -r Braten/s/- ['bra:tən]

roue : -s Rad/es/"er [ra:t]

rouge : rot [ro:t] *adj*

rouler (en voiture...) : fahren ['fa:rən] *vi fort*

route (en cours de) : unterwegs [untər've:ks] *adv*

route glissante : -e Schleudergefahr ['ʃlɔydərgəfa:r]

route prioritaire : -e Vorfahrtsstraße/-/n ['fo:rfa:rtsʃtrasə]

rue : -e Straße/-/n ['ʃtra:sə]

sa : sein [zain] *adj poss* ; ihr/Ihr *adj poss*

sac : -e Tasche/-/n ['taʃə]

sac (papier) : -e Tüte/-/n ['ty:tə]

sachet : -e Tüte/-/n ['ty:tə]

saignant (cuisine) : englisch ['engliʃ]

sain: gesund [gə'zunt] *adj/adv*
salade: -r Salat/(e)s/e [za'la:t]
salaire (ouvrier): -r Lohn/s/ˮe [lo:n]
sale: schmutzig ['ʃmutsiç] *adj*
saluer: begrüßen [bə'gry:sən] *vt insép*; grüßen ['gry:sən] *vt*
salutation: -e Begrüßung/-/en [bə'gry:suŋ]; -r Gruß/es/ˮe [gru:s]
samedi: -r Samstag/(e)s/e ['zamsta:k]
sans: ohne ['o:nə] *prép + acc*; **sans alcool**: alkoholfrei ['alkoho:lfrai] *adj*; **sans frais**: kostenfrei ['kostənfrai] *adj/adv*
santé: -e Gesundheit/-/ss *pl* [gə'zunthait]; **en bonne santé**: gesund [gə'zunt] *adj/adv*
sapin de Noël: -r Tannenbaum/s/ˮe ['tanənbaum]
satisfait (de): zufrieden(mit) [tsu'-fri:dən]
saucisse de Francfort: -e Bockwurst/-/ˮe ['bokvurst]
savoir: wissen ['visən] *vt*
se/soi: sich [ziç] *pr réfl*
séance: -e Vorstellung/-/en ['fo:r-ʃtɛluŋ]
secrétaire (la): -e Sekretärin/-/nen [zekre'tɛ:rin]
seize: sechzehn [zɛçtse:n] *adj num*
séjour: -r Aufenthalt/s/e ['aufɛnthalt]
séjourner: sich aufhalten ['aufhaltən] *v fort sép*
sel: -s Salz/es/ss *pl* [zalts]
self-service (SB): -e Selbstbedienung ['zɛlpstbədi:nuŋ]
semaine: -e Woche/-/n [vɔxə]
semblable à: gleich [glaiç] + *dat adj*
sembler: aussehen ['ausze:ən] *vi fort sép*; scheinen [ʃainən] *vi fort*
sens unique (route): -e Einbahnstraße/-/n ['ainba:n]
sensible(ment): erheblich [ɛr'he:pliç] *adj/adv*
sentiment: -s Gefühl/s/e [gə'fy:l]
sentir: fühlen ['fy:lən] *vt*; **se sentir indisposé**: sich unwohl ['unvo:l] fühlen
séparation: -r Abschied/(e)s/ss *pl* ['apʃi:t]
sept: sieben ['zi:bən] *adj num*
série: -e Reihe/-/n ['raiə]
sérieux: solide [zo'li:də] *adj*
serrure: -s Schloß/sses/ˮsser [ʃlɔs]
service (café): -e Bedienung/-/en [bə'di:nuŋ]

service de la régie: -e Autobahnmeisterei ['auto:]
servir (à): dienen ['di:nən] *vi + dat*
seul: einzeln ['aintsəln] *adj*
seulement: nur [nu:r] *adv*; erst [e:rst] *adv de tps*
sévir (maladie): grassieren [gra'si:-rən] *vi*
si: wenn [vɛn] *conj*; falls [fals] *conj*
si (interrogatif): ob [ɔp] *conj sub* (je demande si)
siège avant: -r Vordersitz/es/e ['fɔrdərsits]
signal: -s Zeichen/s/- ['tsaiçən]; **signal d'avertissement**: -s Warnzeichen/s/- ['varntsaiçən]; **signal d'obligation**: -s Gebotszeichen/s/- [gə'bo:tstsaiçən]; **signal d'interdiction**: -s Verbotszeichen/s/- [fɛr'bo:tstsaiçən]
signalisation routière: -e Straßenverkehrszeichen *(pl)*
signe: -s Zeichen/s/- ['tsaiçən]
signer: unterschreiben [untər'ʃraibən] *vt. insép.*
signification: -e Bedeutung/-/en [bə'dɔytuŋ]
signifier: bedeuten [bə'dɔytən] *vt insép*
silence: -e Ruhe/-/ss *pl* ['ru:ə]
silhouette: -e Figur/-/en [fi'gu:r]
simple(ment): einfach ['ainfax] *adj/adv*
simultané(ment): gleichzeitig ['tsaitsiç] *adj/adv*
situé (être): liegen ['li:gən] *vi fort*
situation quotidienne: -e Alltagssituation ['alta:ksituatsi'o:n]
six: sechs [zɛks] *adj num*
ski (le): -r Ski/Schi/s/er [ʃi: 'ʃi:ər]
ski (pratique): -r Skilauf/(e)s/ˮe ['ʃi:-lauf]
ski de fond: -r Langlauf/s/ss *pl* ['laŋlauf]
sœur: -e Schwester/-/n ['ʃvɛstər]
soi-disant: sogenannt ['zo:gənant] *adj*
soif: -r Durst/es/ss *pl* [durst]; **avoir soif**: Durst haben ['durst ha:bən] *expr*
soir: -r Abend/s/e ['a:bənt]; **ce soir**: heute abend ['hɔytə'abənt] *adv*
soirée: -e Party/-/s *ou* ties ['pa:rti]
sombre: dunkel ['duŋkəl] *adj*
somme: -r Betrag/(e)s/ˮe [bə'tra:k]
son: ihr/Ihr *adj poss*; sein [zain] *adj poss*

sondage: -e Umfrage/-/en [´umfra:-gə]

sonner (à la porte): klingeln [´kliŋ-əln] vi

sorte: -e Art/-/en [´a:rt]

sortir: ausgehen [´ausge:ən] vi fort sép

soucieux (de): besorgt [bə´zɔrkt] (um) adj

soudain(ement): plötzlich [´plœtsliç] adj/adv

souhaiter: wünschen [´vynʃən] vt

soulever (ex. volet): hochheben [´ho:xhe:bən] vt fort sép

soupe: -e Suppe/-/n [´zupə]

sourd (le): -r Taube/n/n [´taubə] adj subs

sous: unter [´untər] prép + acc/dat

souvent: oft [ɔft] adv

spécialement: besonders [bə´zɔn-dərs] adv

spécialiste: -r Spezialist/en/en [ʃpe-tsia´list]

splendide: herrlich [´hɛrliç] adj

spontané/ment: spontan [ʃpɔn´ta:n] adj/adv

sport (le): -r Sport/(e)s/e (rare) [ʃpɔrt]

sport d'hiver: -r Wintersport/s/ss pl [´vintərʃpɔrt]

sport de masse: -r Massensport/(e)s/ss pl [´masənʃpɔrt]

sportif (le): -r Sportler/s/- [´ʃpɔrtlər]

stage: -s Praktikum/s/-ken [´prak-tikum]

stagiaire: -r Praktikant/en/en [prak-ti´kant]

station climatique: -r Luftkurort/(e)s/e [´luftku:rɔrt]

station d'hiver: -r Wintersportplatz/(e)s/″e

stationner: parken [´parkən] vt/vi

stock (en): vorrätig [´fo:rɛ:tiç] adj

stupide: doof [do:f] adj; blöd [blø:t] adj/adv; dumm [dum] adj/adv

Stuttgart (ville): Stuttgart [´ʃtutgart]

sucre: -r Zucker/s/ss pl [´tsukər]

suffire: reichen [´raiçən] vi

Suisse (la): -e Schweiz/-/ss pl [ʃvaits]

Suisse (le) (habitant): -r Schweizer/s/- [´ʃvaitsər]

Suissesse (habitant): -e Schweize-rin/-/nen [´ʃvaitsərin]

suivre: folgen [´fɔlgən] v + dat

sujet: -s Thema/s/en [´te:ma, ´te:-mən]

sujets d'actualité: -e Tagesthemen (pl) [´ta:gəste:mən]

supplément: -r Zuschlag [´tsuʃla:k]

supporter: vertragen [fɛr´tra:gən] vt fort

sur: auf [auf] prép + dat/acc) über [´y:ber] prép + dat/acc

sûr (de) (sûrement): sicher [´ziçər] adj + gén/adv

sûr(ement): gewiß [gə´vis] adj/adv

surprise: -e Überraschung/-/en [y:bər´raʃuŋ]

surtout: besonders [bə´zɔndərs] adv

svelte: schlank [ʃlank] adj

sympathique: sympathisch [zym-´pa:tiʃ] adj

syndicat d'initiative: -r Verkehrsver-ein/s/e [fɛr´ke:rsfɛrain]

table (la): -r Tisch/es/e [tiʃ]

table de l'habitué: -r Stammtisch/es/e [´ʃtamtiʃ]

taille: -e Größe [´grø:sə]

tamponner: anfahren [´anfa:rən] vi fort sép

tante (la): -e Tante/-/n [´tantə]

tard: spät [ʃpɛ:t] adj/adv

taverne: -r Bierkeller/s/- [kɛlər]

taverne: -r Weinkeller/s/- [´vainkɛ-lər]; -e Weinstube/-/n [´vainʃtubə]

taxi (le): -s Taxi/s/s [´taksi]

technicien (le): -r Techniker/s/- [´tɛçnikər]

téléphone: -s Telefon/s/e [tele´fo:n]

téléphoner: anrufen [´anru:fən] vt fort sép; telefonieren (mit) [´ni:rən] vi

télésiège: -r Sessellift/(e)s/e [´zɛsə-lift]

téléviseur: -s Fernsehgerät/s/e [gə-´rɛ:t]

télévision: -s Fernsehen/s/- [´fɛrn-ze:ən]

télévision par câble: -s Kabelfern-sehen/s/ss pl [´kabəlfɛrnze:ən]

témoin: -r Zeuge/n/n [´tsɔygə] adj subst

température maximum: -e Höchst-temperatur/-/en [´hø:çsttɛmpe-ra´tu:r]

temps (chronologique): -e Zeit/-/en [tsait]

temps (météorologique): -s Wetter/s/ss pl [´vɛtər]

tenir: halten [´haltən] v fort

tenir (ferme): festhalten [´fɛsthaltən] vt

terminer: abschließen [ˈapʃliːsən] vt fort sép ; erledigen [ɛrˈleːdigən] vt insép

théâtre: -s Theater/s/- [teˈaːtər]

thème (le): -s Thema/s/en [ˈteːma, ˈteːmən]

ticket d'avion: -e Flugkarte/-/n [ˈfluːkˌkartə]

ticket modérateur: -e Selbstbeteiligung [ˈzɛlpstbətailiguŋ]

ticket retour: -e Rückfahrkarte/-/n [ˈrykfaːrˌkartə]

ticket (prendre un —): -e Fahrkarte/ -/n [ˈfaːr] (lösen)

timbre-poste: -e Briefmarke/-/n [ˈbriːfmarkə]

tissu: -r Stoff/(e)s/e [ʃtɔf]

titre (d'un livre): -r Titel/s/- [ˈtiːtəl]

toilette: -e Toilette/-/n [toaˈlɛtə]

tomber: fallen [ˈfalən] vi fort

ton/ta: dein [dain] adj poss

tonalité: -r Klang/(e)s/˝e [klaŋ]

tôt: früh [fryː] adj/adv

toucher: treffen [ˈtrɛfən] vt fort

toujours: immer [ˈimər] adv

tour (avoir son): an der Reihe sein loc verb

touriste (le): -r Tourist/en/en [tuˈrist]

tourne-disques: -r Plattenspieler/s/- [ˈplatənʃpiːlər]

tourner: drehen [ˈdreːən] vt

tout à fait: ganz [gants] adj/adv

tout à l'heure: soeben [zoˈeːbən] adv

tout de même: doch [ˈdɔx] conj/adv

tout de suite (à): bis gleich [glaiç] adv

tout droit: geradeaus [gəraˈdəˈaus] adv

toutefois: aber [ˈaːbər] adv

toux: -r Husten/ss pl [ˈhuːstən]

trafic: -r Verkehr/s/ss pl [fɛrˈkeːr]

trafic (dense): -s Verkehrsaufkommen [hohes -]

train: -r Zug/s/˝e [tsuːk]

train omnibus: -r Personenzug/s/˝e [pɛrˈzoːnəntsuːk]

traitement médical: ärztliche Behandlung (f) [ˈhan]

traitement (de l'employé): -s Gehalt/ s/˝er [gəˈhalt]

traiter: behandeln [bəˈhandəln] vt insép

trajet: -e Strecke/-/n [ˈʃtrɛkə] ; -e Fahrt/-/en [faːrt]

tram: -e Straßenbahn/en [ˈʃtraːsənbaːn]

tranquille(ment): ruhig [ˈruːiç] adj/ adv ; still [ʃtil] adj

transgresser: überschreiten [yːbərˈʃraitən] vt

transmettre: übertragen [yːbərˈtraːgən] vt fort insép

transporter: bringen [ˈbriŋən] vt mixte

travailler: arbeiten [ˈarbaitən] vi insép

travailleur: -r Arbeiter/s/- [ˈarbaitər]

travaux (= chantier): -e Baustelle/ -/n [ˈbauʃtɛlə]

travers (à): durch [durç] prép + acc

traverser (la rue): überqueren [yːbərˈkveːrən] vt sép

treize: dreizehn [ˈdraitseːn] adj num

très: sehr [zeːr] adv

Trèves (ville): Trier [triːr]

trois: drei [drai] adj num

tromper (se): sich irren [ziç ˈirən] v pron

trop (petit): zu [tsu] adv (devant adj)

trouble digestif: -e Verdauungsbeschwerde/-/n [fɛrˈdauuŋsbəˌʃveːrdə]

trouver: finden [ˈfindən] vt fort

trouver (se): sich befinden [bəˈfindən] vi fort insép ; liegen [ˈliːgən] vi fort

truc: -s Ding/(e)s/e [diŋ]

tu, toi: du [duː] pr pers

un/une: eins [ains] adj num ; einer/ eine/eines [ˈainər] pr ind ; ein/e/- [ain] art indéf ; **une fois**: einmal [ˈainmaːl] adv

un et demi: eineinhalb [ˈainainhalp] adj + pl ; anderthalb [ˈandərthalp] adj num + pl

Union soviétique: -e Sowjetunion [zoˈvjetunioːn]

usine: -e Fabrik/-/en [faˈbriːk] ; -s Werk/(e)s/e [vɛrk]

utiliser: verwenden [fɛrˈvɛndən] vt insép

utiliser: benutzen [bəˈnutsən] vt insép

vacances: -e Ferien pl [ˈfeːriən] ; -e Ferienzeit/-/en [ˈfeːriənsait]

vacances d'été: -e Sommerferien [ˈzɔmərˈfeːriən]

vacancier: -r Urlauber/s/- [ˈuːrlaubər]

valant (qui vaut): wert [veːrt] + acc

variétés: -e Unterhaltung/-/en [untərˈhaltuŋ]

vase: -e Vase/-/n [vaːzə]

véhicule automobile: -s Kraftfahrzeug/s/e [ˈkraftfaːrtsɔyk]

veille de Noël: -r Heiligabend/s/e [hailiçˈaːbənt]

vendre: verkaufen [fɛrˈkaufən] *vt*

vendredi: -r Freitag/s/e [ˈfraitaːk]

venir: kommen [ˈkɔmən] *vi*; **venir à bout de**: fertig werden mit *loc verb*

vente (en —): erhältlich [ɛrˈhɛltliç] *adv*

verbaliser: protokollieren [protoˈkɔˈliːrən] *vt*

verglas: -s Glatteis/es/*ss pl* [ˈglatais]; -e Straßenglätte/*ss pl* [glɛtə]

vérifier: nachschauen [ˈnaːxʃauən] *vt sép*; nachsehen [ˈnaːxzeːən] *vt fort sép*

vers: nach [naːx] *prép + dat* (+ nom ville/pays); zu *prép + dat* (+ personne/chose); gegen [ˈgeːgən] *prép + acc* (temporel)

vert: grün [gryːn] *adj*

veuillez agréer...: hochachtungsvoll [ˈhoːx] *fin de lettre*

vidanger (l'huile): wechseln [ˈvɛksəln] *vt*

vide: leer [leːr] *adj*

vie: -s Leben/s/- [ˈleːbən]

Vienne (ville capitale d'Autriche): Wien [viːn] (n)

vieux: alt [ˈalt] *adj*

ville: -e Stadt/-/"e [ʃtat, ˈʃtɛːtə]

vin: -r Wein/s/e [vain]

vin blanc: -r Weißwein/(e)s/e [ˈvaisvain]

vin rouge: -r Rotwein/s/e [ˈroːtvain]

vingt: zwanzig [ˈtsvantsiç] *adj num*

virtuose: -r Virtuose/n/n [virtuˈoːzə]

vis-à-vis: gegenüber [geːgənˈyːbər] *prép + dat*

visa: -s Visum/s/Visa *ou* Visen [ˈviːzum]

visite: -r Besuch/s/e [bəˈzuːx]

visiter: besuchen [bəˈzuːxən] *vt insép*

visiteur: -r Besucher/s/- [bəˈzuːxər]

vite: schnell [ʃnɛl] *adv*

vitesse: -e Geschwindigkeit/-/en [gəˈʃvindiçkait]; **vitesse conseil-lée**: -e Richtgeschwindigkeit/-/en

vitre: -e Fensterscheibe/-/n [ˈfɛnstərˌʃaibə]

vivres: -e Lebensmittel [ˈleːbənsmitəl] *(m pl)*

voici: bitte [ˈbitə] *adv/int*; bitte sehr [ˈbitə ˈzeːr] *adv/int*

voie: -s Gleis/es/e [glais]

voilà pourquoi (de là): daher [ˈdaːheːr] *adv*

voir: sehen [ˈzeːən] *vt fort*

voisin: -r Nachbar/n/n [ˈnaːxbaːr]

voisinage: -e Nähe/-/n [ˈnɛːə]

voiture: -r Wagen/s/- [ˈvaːgən]

voiture particulière: -r PKW [peːkaːˈveː] = -r Personenkraftwagen

vol (avion, oiseau): -r Flug/(e)s/"e [fluːk]

vol (détournement): -r Diebstahl/s/"e [ˈdiːpʃtaːl]

vol aller: -r Hinflug/(e)s/"e [ˈhinfluːk]

vol retour: -r Rückflug/s/"e [ˈrykfluːk]

voler (avion): fliegen [ˈfliːgən] *vt fort*

volet (de borne téléphonique): -e Klappe/-/n [ˈklapə]

volontiers: gern [gɛrn] *adv*

vomir: sich erbrechen [ɛrˈbrɛçən] *vi fort insép*

votre: ihr/Ihr *adj poss*

votre (tutoiement pl): euer [ˈɔyər] *adj poss*

vouloir: wollen [ˈvɔlən] *v mod*

Vous (forme politesse): Sie [ziː] *pr pers*

vous (tutoiement plur): ihr [iːr] *pr pers*

voyage: -e Reise/-/n [ˈraizə]; -e Fahrt /-/en [faːrt]

voyage en train: -e Bahnreise/-/e [ˈbaːnraizə]

voyager: reisen [ˈraizən] *vi*

W.C.: -e Toilette/-/n [toaˈlɛtə]

week-end: -s Wochenende/s/e [ˈvɔxənɛndə]

ZDF (une chaîne): -s ZDF [tsɛtdeːˈɛf]

zèle: -r Fleiß/es/*ss pl* [flais]

zone de basse pression: -s Tief/s/s [tiːf]

zone de haute pression: -s Hoch/s/s [hoːx]

Lexique allemand/français

La prononciation et la catégorie grammaticale des mots allemands se trouvent dans le lexique français/allemand.
Les substantifs sont suivis de leur forme au génitif singulier et au pluriel.

abbremsen : freiner
Abend/s/e (-r) : soir ; **zu Abend essen** : prendre le repas du soir
aber : mais, toutefois
abfahren : partir (auto...)
Abflug/(e)s/"e (-r) : départ (d'avion)
abfliegen : envoler (s') (avion)
abgeben (Gepäck) : déposer (bagages)
Abhang/(e)s/"e (-r) : pente
abholen (von) : chercher (aller... à)
absagen : décommander
Abschied/(e)s/ss pl (-r) : adieu, séparation
abschleppen : remorquer, dépanner
Abschleppwagen/s/- (-r) : dépanneuse
abschliessen : terminer
Abschluß/sses/"e (-r) : fin
Abteil/s/e (Zug) (-s) : compartiment (train)
acht : huit
achtzehn : dix-huit
Achtung ! : attention !
ADAC (-r) : ADAC : club automobile allemand
Adresse/-/n (-e) : adresse
alkalisch : alcalin
Alltagssituation (-e) : situation quotidienne
Alkohol/s/e (-r) : alcool
alkoholfrei : sans alcool
Alpen (pl) (-e) : Alpes
als : lorsque, quand, en tant que, comme
Amerikaner/s/- (-r) : Américain (habitant)
alt : vieux
Ampel/-/n (-e) : feu (signalisation)
Amt/(e)s/"er (-s) : bureau (de poste...)
amtlich : officiel(lement)
an + dat/acc : à
anbieten : offrir, présenter
ander : autre

ändern (sich) : changer, se modifier
anders : autrement
anderthalb : un et demi (+ pl en allemand)
anfahren : tamponner
anfangen : commencer
Angehörige (-r) : ressortissant
angewiesen auf (acc) : dépendant de
Anlage (f) (in Anlage) : annexe (en)
ankommen : arriver
Ankunft/-/"e (-e) : arrivée
Anmeldeformular/s/e (-s) : formulaire d'inscription
anmelden (sich) : inscrire (s')
Anmeldeschein/s/e (-r) : formulaire d'inscription
Anmeldung/-/en (-e) : inscription
anprobieren : essayer (habit)
anrufen : téléphoner
Anschrift/-/en (-e) : adresse
Anschluß/sses/"e (-r) : correspondance (transports)
Ansichtskarte/-/n (-e) : carte vue postale
Anspruch/s/"e (-r) : revendication, prétention ; **in Anspruch nehmen** : faire appel à
anstatt + gén : au lieu de
Antwort/-/en (-e) : réponse
anweisen : indiquer
Anzeige (f) erstatten : déposer plainte
Anzeige gegen Unbekannt : plainte contre X
anziehen (sich) : habiller (s')
Ortskrankenkasse/-/n (AOK) (-e) : caisse de mutualité
Apfel/s/" (-r) : pomme
Appartement/s/s (-s) : appartement
arbeiten : travailler
Arbeitslose/n/n (-r) : chômeur
Arbeiter/s/- (-r) : travailleur
Arbeitszeit/-/en (-e) : durée du travail

ARD (-e) : 1re chaîne télé allemande
ärgern : irriter
Art/-/en (-e) : manière, sorte, genre
Arzt/es/"e (-r) : médecin
ärztlich : médical
ärztliche Behandlung (f) : traitement médical
auch : aussi, également
auf + *dat/acc* : sur
auf sein : être ouvert, debout
Aufenthalt/s/e (-r) : séjour
aufhalten (sich) : séjourner
aufgeben (Post) : expédier (par poste)
aufladen : recharger (batterie)
aufmachen : ouvrir
Aufmerksamkeit (-e) : attention ; **um Aufmerksamkeit bitten** : demander l'attention
Aufnahme/-/en (-e) : pose (photo)
aufnehmen (Protokoll) : rédiger (procès-verbal)
aufregen (sich) : exciter (s')
aufschließen : ouvrir à clef
Aufschrift/-/en (-e) : inscription (sur panneau)
aufstehen : lever (se)
aufsuchen (Restaur.) : entrer (dans restaurant)
auf Wiedersehen : revoir (au...)
aus + *dat* : de (provenance)
Ausdauer/-/ss pl (-e) : persévérance
Ausflug/(e)s/"e (-r) : excursion
ausfüllen : remplir (formulaire, ...)
Ausgabe/-/n (-e) : édition
ausgeben : dépenser (argent)
ausgehen : sortir
Auskunft/-/"e (-e) : renseignement
Ausland/s/ss pl (-s) : étranger (p. ex. pays)
Ausländer/s/- (-r) : étranger (personne)
ausruhen : fait de se reposer
aussehen : sembler, avoir l'air
außerhalb + *gén* : en dehors de
ausspannen : détendre (se), reposer
aussteigen : descendre (tram...)
austauschen : remplacer, échanger
Auswahl/-/ss pl (-e) : choix
ausweichen über : prendre une autre route
Ausweis/es/e (-r) : carte d'identité
ausziehen : enlever, ôter (habit)
Auto/s/s (-s) : automobile
Autobahn/-/en (-e) : autoroute

Autobahnmeisterei (-e) : service de la régie des autoroutes
Autobahnnummer (-e) : numéro d'autoroute
Autofahrer/s/- (-r) : automobiliste
Autopanne/-/n (-e) : panne de voiture

Bäcker/s/- (-r) : boulanger
Bäckerei/-/en (-e) : boulangerie
Bahnhof/s/"e (-r) : gare (la)
Bahnhofshalle/-/n (-e) : hall de la gare
Bahnübergang/s/"e (-r) : passage à niveau
Bahnreise/-/e (-e) : voyage en train
Bahnsteig/s/e (-r) : quai
bald : bientôt
Bank/-/"e (-e) : banc
Bank/-/en (-e) : banque
Bärenhunger/s/ss pl (-r) : faim de loup
basteln : bricoler
Batterie/-/n (-e) : (aufladen) batterie (recharger)
Baustelle/-/n (-e) : travaux (= chantier)
Bayern (n) : Bavière (la)
beanspruchen : faire appel à
beantworten : répondre à
bedeuten : signifier
Bedeutung/-/en (-e) : signification
Bedienung/-/en (-e) : service (café)
befinden (sich) : trouver (se)
begegnen + *dat* + *sein* : rencontrer
beginnen : commencer
begleiten : accompagner
begrüßen : saluer
Begrüßung/-/en (-e) : salutation
behandeln : traiter
behaupten : prétendre
beheben : réparer (panne)
behelfen (sich) : débrouiller (se)
Behörde/-/n (-e) : autorités
bei + *dat* : près de ; **bei sich haben** : avoir sur soi
bekannt : connu
Belgien (n) : Belgique (la)
Belgier (-r) : Belge (habitant)
Belgierin/-/nen (-e) : Belge (f) (habitant)
beliebt : populaire (= aimé)
benutzen : utiliser, employer
Benzin/-/ss pl (-s) : essence (carburant)
bequem : confortable(ment)
bereit : prêt, disposé

Berg/es/e (-r): montagne
berichten(über): informer, relater
Berlin: Berlin (ville)
beschleunigen: accélérer
beschreiben: décrire
beschweren (sich): réclamer
besonders: surtout, spécialement
besorgt: soucieux (de)
besprechen: discuter de
bestehen: exister
bestellen: commander
bestimmt: certain(ement)
Besuch/s/e (-r): visite
besuchen: visiter
Besucher/s/- (-r): visiteur
Betrag/(e)s/ˮe (-r): montant, somme
Betriebswirt/s/e (-r): économiste (gestion d'entreprises)
betrübt (über): désolé (de)
Bett/(e)s/en (-s): lit
bevor: avant que
beweisen: démontrer
bewerben (sich): poser sa candidature
Bewerbung/-/en (-e): candidature
Bewerbungsschreiben (-s): lettre de candidature
bewundern: admirer
bewußt + gén: conscient (de)
bezahlen: payer
Bier/es/e (-s): bière
Bierkeller/s/- (-r): taverne
Bierlokal/s/e (-s): débit de boisson
Bierstube/-/n (-e): café
billig: bon marché
bis + acc: jusqu'à; **bis gleich**: à tout de suite
bitte, bitte sehr: s'il vous plaît, voici
Bitte/-/n (-e): demande (de faire qqc)
bitten (um Auskunft): demander (renseignements)
blaß: pâle
Blatt/(e)s/ˮer (-s): feuille
bleiben: rester
blöd: bête, stupide
Bluse/-/n (-e): blouse
Bockwurst/-/ˮe (-r): saucisse de Francfort
Bonn: Bonn (ville)
Bord gehen (an): monter à bord
böse sein (einem): être fâché contre qn
Braten/s/ (-r): rôti
brauchen + acc: avoir besoin
Bundesrepublik (-e): République fédérale

BRD (-e): RFA (la)
breit + acc: large
Bremse/-/n (-e): frein (le)
Bremspedal/s/e (-s): pédale de frein
brennend: brûlant, illuminé
Brief/(e)s/e (-r): lettre (poste)
Briefmarke/-/n (-e): timbre-poste
bringen: apporter, transporter
Broschüre/-/n (-e): brochure
Brot/(e)s/e (-s): pain
Brötchen/s/- (-s): petit pain
Bruder/s/ˮ (-r): frère
Brüssel (n): Bruxelles (ville)
Buch/(e)s/ˮer (-s): livre (le)
buchen: réserver (place)
Buchung/-/en (-e): réservation
Buchhalter/s/- (-r): comptable
Buchhaltung (-e): comptabilité
Buchhandlung/-/en (-e): librairie
bügeln (Hemd): repasser (chemise)
Bundesstraße (-e): route nationale (RFA)
Büro/s/s (-s): bureau (pièce)
Bus/ses/se (-r): autobus
Bußgeld/(e)s/er (-s): amende
Butter/-/ss pl (-e): beurre

Café/s/s (-s): café (établissement)
Charakter/s/e (-r): caractère
Christmesse/-/n (-e): messe de minuit
Christmette (-e): messe de minuit

da: là
daher: voilà pourquoi, de là
Dame/-/n (-e): dame
Damenbekleidungsgeschäft (-s): magasin de confection pour dames
dankbar (für): reconnaissant
danke: merci
danken + dat: remercier
dann: alors
Darmgrippe/-/n (-e): entérite (grippe intestinale)
darüber hinaus: en plus, en outre (adv)
das: le(n), ce(n), qui(n)
dasselbe: même (le) (-n)
Daten (pl) (-e): données (les)
dauern: durer
dein: ton/ta
denken an + acc: penser (à)
denn: car, donc
der: le, celui-ci, qui
derselbe: même (le-) pr dém
deutsch: allemand

Deutsche/n/n (-r) : Allemand (habitant)

Deutschland (n) : Allemagne

DDR (-e) : RDA (république démocratique allemande)

Deutschprüfung (-e) : examen d'allemand

Deutschkurs/es/e (-r) : cours d'allemand

Dezember/s/ss pl (-r) : décembre

dick + acc : gros (de)

die : la, cette, qui

Diebstahl/s/"e (-r) : vol (détournement)

dienen + dat : servir (à)

dies/er/e/es : celui-ci, celle-ci

Dienstag/s/e (-r) : mardi

dieselbe : même (la)

diktieren : dicter

Ding/(e)s/e (-s) : chose, truc

Direktor/s/-en (-r) : directeur

Diskothek (-e) : discothèque

diskutieren : discuter

Disziplin/-/-en (-e) : discipline

doch : cependant/tout de même

Doktor/s/-en (-r) : docteur

Dokument/(e)s/e (-s) : document

Donnerstag/s/e (-r) : jeudi

doof : idiot, stupide

dort : là (adv)

Dose/-/-n (-e) : boîte, dose

drehen : tourner

drei : trois

dreihundert : trois cents

dreijährig : trois ans (de...)

dreimal : trois fois

dreizehn : treize

drinnen : dedans, à l'intérieur

drüben : de l'autre côté

du : tu, toi

dumm : bête, stupide

dunkel : sombre, foncé

dunkles Bier (n) : brune (bière)

durch + acc : à travers, par

durchführen : réaliser, effectuer

durchtreten : enfoncer (du pied)

Durchsage/-/-n (-e) : message, communication

durchwühlen : farfouiller

dürfen : pouvoir (permission)

Durst/es/ss pl (-r) : soif

Durst haben : avoir soif

D-Zug/(e)s/"e (-r) : rapide (le) (Schnellzug)

EG (Europäische Gemeinschaft) (-e) : CE (Communauté Euro-

péenne)

eigentlich : propre/à vrai dire

ehrlich : honnête/ment

eilen (es eilt) : presser (cela presse)

Eilzug/(e)s/"e : direct (train)

ein/e/- : un/une

einer/eine/eines : quelqu'un, un (pr ind)

Einbahnstraße/-/-n (-e) : sens unique (route)

einbiegen : prendre (une rue)

Einbrecher/s/- (-r) : cambrioleur

Einbruch/s/"e (-r) : effraction

eineinhalb : un et demi

einfach : simple(ment)

eingehend : détaillé (de façon —)

einige : certains

einigermaßen : en quelque sorte

einkaufen : faire ses achats

einladen : inviter

einlegen (Film) : monter (un film)

einmal : une fois

einpacken : emballer

eins : un (adj num)

einschalten : allumer, brancher (télévision)

einschlafen : endormir (s')

einschlagen : défoncer (vitre...)

einschließlich : inclusivement

Einschreiben/s/- (-s) : lettre recommandée

einsehen : regarder (analyser)

Einsteigekarte/-/-n (-e) : carte d'accès

einsteigen : monter (train...)

einstellen : régler, mettre au point

Einstellung/-/-en (-e) : attitude

eintragen lassen (sich) : inscrire (se faire —)

eintreffen : arriver (à un lieu)

Eintrittskarte/-/-n (-e) : carte d'entrée

einundzwanzig : vingt et un

einverstanden (mit) : accord (d'), entendu

einwerfen : poster (lettre)

Einwohnermeldeamt (-s) : bureau de déclaration domiciliaire

einzeln : isolé, seul

einziehen in + acc : emménager

Eis/es/ss pl (-s) : glace, crème glacée

Eislauf/(e)s/"e (-r) : patinage

Elektrogeschäft/s/e (-s) : magasin d'appareils électriques

elf : onze

Eltern (pl) (-e) : parents

empfangen : recevoir
empfehlen : recommander, conseiller
empfinden : ressentir
endlich : enfin
Engländer/s/- (-r) : Anglais (habitant)
englisch : saignant (cuis.)
Engstelle/-/n (-e) : rétrécissement (voie)
entdecken : découvrir
entlang + *acc* : le long de
Entrüstung/- (-e) : indignation
entschließen (sich) : décider (se)
entschuldigen : excuser
entschuldigen (sich) : excuser (s')
Entschuldigung (-e) : excuse
entweder... oder : ou bien... ou bien
Entzug/(e)s/*ss pl* (-r) : retrait
er : il
erbrechen (sich) : vomir
erforderlich : requis, nécessaire
erhältlich : vente (en —)
erheblich : sensible/ment
erforschen : rechercher
erholsam : reposant
Erholung/-/*ss pl* (-e) : repos, convalescence
Erkältung/-/en (-e) : rhume (= Schnupfen)
erkälten (sich) : prendre froid
erkennen : reconnaître (qn, qc)
erkundigen (sich) : renseigner (se)
erlauben (sich) : permettre (se)
erledigen : finir, terminer, faire
erlernen : apprendre
Ermäßigung/-/en (-e) : réduction
ersetzen : remplacer
erst : premier
erst : seulement (temps)
erwarten : attendre
erweitern : élargir, étendre
es : il (neutre)
essen : manger
Essen/s/*ss pl* (-s) : repas
etwa : environ, à peu près
euer : votre (tutoiement *pl*)
Europa (n) : Europe
exklusiv : exclusif(vement)
exportieren : exporter

Fabrik/-/en (-e) : usine
fähig + *gén* : capable
fahren : conduire (qqn)
fahren : rouler (en voiture...)
Fahrkarte/-/n (-e) : (lösen) : ticket (prendre un —)

Fahrt/-/en (-e) : voyage, trajet
Fahrweise/-/*ss pl* (-e) : conduite (style de —)
Fall/(e)s/"e (-r) : cas, chute ; **auf jeden Fall** : en tout cas
fallen : tomber
falls : au cas où, si
falsch : faux
Familienfest/es/e (-s) : fête de famille
Familienname/ns/n (-r) : nom de famille
Farbe/-/n (-e) : couleur
farbig : coloré
fast : presque, près de
feiern : fêter
Feiertag/(e)s/e (-r) : jour férié
Fenster/s/- (-s) : fenêtre
Fensterscheibe/-/n (-e) : vitre
Ferien (*pl*) (-e) : vacances ; **in die Ferien gehen** : aller en vacances
Ferienzeit/-/en (-e) : vacances
Fernsehen/s/- (-s) : télévision
Fernseher/s/- (-r) : appareil de télévision
Fernsehgerät/s/e (-e) : téléviseur
fertig : prêt, fini ; **fertig werden mit** : venir à bout de
Fest/es/e (-s) : fête
festhalten : tenir (ferme)
feststellen : constater
Feuer/s/- (-s) : feu
Fieber/s/*ss pl* (-s) : fièvre
Figur/-/en (-e) : ligne, silhouette
Film/s/e (-r) : film
finden : trouver
Fleiß/es/*ss pl* (-r) : zèle
fliegen : voler (avion)
fließen : couler
fließentlich : courant/couramment
Flug/(e)s/"e (-r) : vol (avion, oiseau)
Flugkarte/-/n (-e) : ticket d'avion
Flugschein/s/e (-r) : billet d'avion
Flugsteig/s/e (-r) : quai d'avion
folgen + *dat* : suivre
Formular/s/e (-s) : formulaire
fortgehen : partir
Fotogeschäft/s/e (-s) : magasin du photographe
fotografieren : photographier
Frage/-/n (-e) : question ; **eine Frage stellen** : poser une question
fragen + *acc* : demander, questionner
Frankfurt : Francfort (ville)
Frankreich (n) : France (pays)
Franzose/n/n (-r) : Français (habitant)

Französin/-/nen (-e) : Française (habitant)

französisch : français

Frau/-/en (-e) : femme, madame

Fräulein/s/- (-s) : mademoiselle

frei (von) : libre (de), librement

Freigepäck/s/ss pl (-s) : franchise de bagages

Freitag/s/e (-r) : vendredi

Freizeit/-/ss pl (-e) : loisir, temps libre

Freizeitbeschäftigung/-/en : occupation des loisirs

fremd : étrange, étranger (à)

Fremde/n/n (-r) : étranger (personne)

Fremdenzimmer/s/- (-s) : chambre pour hôtes

freuen : réjouir ; **es freut mich** : enchanté, je me réjouis

Freund/es/e (-r) : ami

Freundin/-/nen (-e) : amie

freundlich : amical(ement)

froh (über + acc) : joyeux, content (de) ; **frohe Weihnachten** pl : joyeux Noël

Frontscheibe/-/n (-e) : pare-brise

fruchtig (Wein) : fruité (vin)

Fruchtsaft/(e)s/″e (-r) : jus de fruits

frühstücken : prendre le petit déjeuner

Frühstück/s/e (-s) : petit déjeuner

früh : tôt

früher : auparavant

frühestens : au plus tôt

führen (zu) : conduire, mener (à)

Führerschein/s/e (-r) : permis de conduire

fünf : cinq

funktionieren : fonctionner

für + acc : pour

Fußball/s/ss pl (-r) : football

Fußballspiel/s/e (-s) : match de football

Fußgänger/s/- (-r) : piéton

Fuß/es/″e (-r) : pied ; **zu Fuß** : à pied

Fußweg/(e)s/e (-r) : chemin (pour piétons)

Gabel/-/n (-e) : fourchette

gängig : courant

ganz : tout à fait, entier

Garage/-/n (-e) : garage (à garer la voiture)

gar nicht : pas du tout

Gasthaus/es/es″er (-s) : hôtel

Gasthof/es/″e (-s) : hôtel (plus petit)

Gaststätte/-/n (-e) : restaurant

Gaststättengewerbe/s/ss pl (-s) : industrie hôtelière

geben : donner ; **es gibt** + acc : il y a, il existe

Gebirge/s/- (-s) : montagne, massif

geboren (in) : né (à)

Gebotszeichen/s/- (-s) : signal d'obligation

Geburtstag/s/e (-r) : anniversaire

Gedanke/ns/n (-r) : pensée

Gedicht/(e)s/e (-s) : poème

Geduld/-/ss pl (-e) : patience

Gefahrenstelle/-/n (-e) : danger (endroit dangereux)

gefallen : plaire

Gefühl/s/e (-s) : sentiment

gegen + acc : contre/vers (temporel)

Gegend/-/en (-e) : région

gegenüber + dat : vis-à-vis, en face de

Gehalt/s/″er (-s) : traitement (de l'employé)

gehen : aller (marcher) ; **es geht mir gut** : je me porte bien ; **wie geht es ?** : comment ça va ?

gehoben : élevé

gehobene Ansprüche : exigences élevées

gehören + dat : appartenir

gekennzeichnet : indiqué, caractérisé

Geld/es/er (-s) : argent (= monnaie)

Gelegenheit/-/en (-e) : occasion

gelingen : réussir ; **es gelingt mir nicht** : je ne réussis pas

gemeinsam : commun, général

Gemüsesuppe/-/n (-e) : potage aux légumes

gemütlich : confortable, agréable

genug : assez

Gepäck/(e)s/ss pl (-s) : bagages ; **Gepäck aufgeben** (-s) : enregistrer les bagages

geradeaus : tout droit

gern : volontiers ; **gern gemacht** : il n'y a pas de quoi

Germanistik/-/ss pl (-e) : études germaniques

Geschäftsverbindung/-/en : relation d'affaires

Geschichte/-/n (-e) : histoire

Geschwindigkeit/-/en (-e) : vitesse

gewiß : certain(ement), sûr(ement)

gesperrt : fermé (à la circulation)

Gespräch/s/e (-s) : conversation

gestern : hier
gestreift : rayé
gesund : sain, en bonne santé
Gesundheit/-/ss pl (-e) : santé
Getränk/s/e (-s) : boisson
Gewitter/s/- (-s) : orage
gewöhnlich : d'ordinaire, d'habitude
gewohnt an + dat : habitué (à)
Glatteis/es/ss pl (-s) : verglas
Glatteisbildung/-/ss pl (-e) : formation de verglas
glauben + dat : croire
Geschenk/s/e (-s) : cadeau
Geschenkpackung/-/en (-e) : emballage-cadeau
gleich : de suite, immédiatement
gleich + dat : égal, semblable à
gleichzeitig : simultanément
Gleis/es/e (-s) : voie
Gramm/s/e (-s) : gramme
grassieren : sévir (maladie)
gratis : gratuitement
gratulieren dat + zu + dat : féliciter qn pour qc
grau : gris
Grenze/-/n (-e) : frontière
groß : grand
Grippe/-/n (-e) : grippe
Größe (-e) : taille
grün : vert ; **ins Grüne fahren** : aller dans la nature
Gruß/es/"e (-r) : salutations
grüßen : saluer
Grüß Gott : bonjour
gut : bon, bien
gutbürgerlich : bourgeois
gut durchgebraten : bien cuit (cuis.)
gut gelaunt : de bonne humeur

haben : avoir
halb : à demi
halb durch : à point (cuis.)
Haken/s/- (-r) : crochet
halten : tenir, s'arrêter, stationner
halten (für) + acc : tenir (pour)
Haltestelle/-/n (-e) : arrêt (du tram...)
Halteverbot/s/e (-s) : interdiction de s'arrêter
Hamburg (n) : Hambourg (ville)
Hand/-/"e (-e) : main
Handgepäck/(e)s/ss pl (-s) : bagages à main
Hang/(e)s/"e (-r) : pente
hängen : être accroché, pendre, accrocher
Haß/-/sses/ss pl (-r) : haine
Hauptbahnhof/(e)s/"e (-r) : gare cen-

trale
Haus/es/"er (-s) : maison
Hausfrau/-/en (-e) : maîtresse de maison
Hausmutter/-/" (-e) : mère de famille
Hausnummer/-/n (-e) : numéro de la maison
Heiligabend/s/e (-r) : veille de Noël
heißen : s'appeler
Heilmittel/s/- (-s) : médicament
Heizung/-/en : chauffage
Heizungskosten pl (-e) : frais de chauffage
helfen + dat : aider
hell : clair
Hemd/(e)s/en (-s) : chemise
herausgeben : rendre (monnaie)
hergeben : donner, passer qc à qn
Herr/n/en (-r) : monsieur ; **Herr Wachtmeister**/s/- : monsieur l'agent ; **Herr Doktor**/s/en : monsieur le docteur
herrlich : magnifique, splendide
hervorbringen : dévoiler
hervorragend : excellent
Herz/ens/en (-s) : cœur
herzlich : cordial(ement)
heute : aujourd'hui
heute abend : ce soir
heutzutage : aujourd'hui, actuellement
hier : ici (voici)
Hifi-Anlage/-/n (-e) : installation hifi
Hilfe/-/n (-e) : aide
hinabfahren : descendre (en voiture)
hinabrasen : descendre à vive allure, dévaler
hinaufbefördern : remonter (qqn, qqch)
hinaufsteigen : remonter (la pente)
hineingehen : entrer
Hinflug/(e)s/"e (-r) : vol aller
hinlegen : déposer
hinter + acc/dat : derrière
hinterlassen : laisser (ex. trace)
Hobby/s/s (-s) : passe-temps, dada
hoch : haut, élevé
Hoch/s/s (-s) : zone de haute pression
hochachtungsvoll (fin de lettre) : veuillez agréer...
hochheben : soulever (ex. volet)
Höchsttemperatur/-/en (-e) : température maximum
hoffen : espérer
hoffentlich : il est à espérer que
Höhe/-/n (-e) : hauteur, montant

holen : aller chercher
hören : entendre
Hotel/s/s (-s) : hôtel
Hotelzimmer/s/- (-s) : chambre d'hôtel
hübsch : joli
hundert (= ein-) : cent
Hunger/s/ss pl (-r) : faim ; **Hunger haben** : avoir faim
Husten/ss pl (-r) : toux
Hustenmittel/s/- (-s) : médicament contre la toux

ich : je
ihn : le
ihr : vous (tutoiement plur), son, sa, votre
Ihr : Vous (forme politesse), son, sa, votre
Illustrierte/-/n (-e) : illustré (revue)
immer : toujours ; **immer** + compar : de plus en plus (grand)
immatrikulieren : inscrire (étudiant) ; **sich immatrikulieren lassen** : se faire inscrire
Impfbescheinigung/-/en (-e) : certificat de vaccination
in + acc/dat : dans, à ; **in Ordnung** : en ordre
Information/-/en (-e) : information
Ingenieur/s/e (-r) : ingénieur
innerhalb + gén : dans (temps) à l'intérieur de
Institut/(e)s/e (-s) : institut
interessant : intéressant ; **sich interessieren für** : s'intéresser à
inzwischen : entre-temps
Irren (-s) : le fait de se tromper
irren (sich) : se tromper

ja : oui
Jägerschnitzel/s/- (-r) : escalope chasseur
Jahr/es/e (-s) : an
je : jamais
Jeans pl (-e) : jeans
jeder : chacun, chaque
jemand/(e)s/dat-em/acc-en : quelqu'un
jetzt : maintenant
Journalist/en/en (-r) : journaliste
jung : jeune
Jura pl : droit (le)

Kabelfernsehen/s/ss pl (-s) : télévision par câble
Kaffee/s/s (-r) : café

Kaffeehaus/es/"er (-s) : café
kalt : froid(ement)
Kamera/-/s (-e) : appareil photographique
Kanadier/s/- (-r) : Canadien (habitant)
kaputt : cassé, fichu
kariert : à carreaux
Karte/-/n (-e) : carte
Kartengruß/es/"e (-r) : carte en guise de salutation
Kartoffel/-/n (-e) : pomme de terre
Kassette/-/n (-e) : cassette
Kassettenrecorder/s/-(-r) : enregistreur à cassettes
katholisch : catholique
kaufen : acheter
Kaufhaus/es/"er (-s) : grand magasin
Kaufkraft/-/ss pl (-e) : pouvoir d'achat
Kaufmann/(e)s/Kaufleute (-r) : marchand, commerçant
kein : pas de
keinesfalls : nullement, en aucun cas
keine Ursache : il n'y a pas de quoi
Kellner/s/- (-r) : garçon (de café)
kennen : connaître
kennenlernen : faire connaissance
kennzeichnen : caractériser
Kilo/s/s = Kilogramm (-s) : kilo
Kilometer/s/- (-r) : kilomètre
Kind/es/er (-s) : enfant
Kino/s/s (-s) : cinéma ; **ins Kino gehen** : aller au cinéma
Kirche (-e) : église
klagen (über) : plaindre (se) (de)
Klang/(e)s/"e (-r) : tonalité
Klappe/-/n (-e) : volet (de la borne téléphonique)
Klasse/-/n (-e) : classe (école, qualité)
Kleid/es/er (-s) : robe
Kleiderhaken/s/- (-r) : crochet (vêtements)
klingeln : sonner (à la porte)
Klub/s/s (-r) : club
Klavier/s/e (-s) : piano (le)
Kneipe (-e) : bistrot
Kofferradio/s/s (-s) : récepteur portatif
Kollege/n/n (-r) : collègue
Köln (n) : Cologne (ville)
kommen : venir
Kommentar/s/e (-r) : commentaire
Konditorei/-/en (-e) : pâtisserie, confiserie

können : pouvoir (être à même de) ; **er kann nichts dafür** : il n'y peut rien

Kontrolle/-/n (-e) : contrôle

Konzentration/-/e (-e) : concentration

Konzentrationslager/s/- (-s) : camp de concentration

Kopfweh/s/ss pl (-s) : mal de tête

Körper/s/- (-r) : corps

kosten + acc : coûter

kostenfrei : sans frais

Kraftfahrzeug/s/e (-s) : véhicule automobile

Kraftbrühe/-/n (-e) : bouillon

krank : malade

Kranke/n/n (-r) : malade (le)

Krankenhaus/es/″er (-s) : hôpital

Krankenkasse/-/n (-e) : mutualité (de maladie)

Krankenschein/s/e (-r) : certificat de mutualité

Krawatte/-/n (-e) : cravate

Krieg/(e)s/e (-r) : guerre

Krimi/s/s (-r) : Kriminalroman (-r) : roman policier

Küche/-/n (-e) : cuisine

Kuchen/s/- (-r) : gâteau

Kühler/s/- (-r) : radiateur (auto)

Kunde/n/n (-r) : client

Kupplung/-/en (-e) : embrayage

Kursbuch/(e)s/″er (-s) : indicateur (des chemins de fer)

kurz : court

lachen : rire

Laden/s/″ (-r) : magasin, boutique

Land/es/″er (-s) : pays ; **aufs Land fahren/gehen** : aller à la campagne ; **auf dem Land wohnen** : habiter à la campagne

Landschaft/-/en (-e) : paysage

lang : long, longuement

Langlauf/s/ss pl (-r) : ski de fond

langlebig : qui vit longtemps

langsam : lent(ement)

langweilig : ennuyeux

Lärm/s/ss pl (-r) : bruit

lassen : laisser

laufen : courir ; **die Sendung läuft** : l'émission passe

Lautsprecher/s/- (-r) : haut-parleur

Lautsprecherbox/-/en (-e) : baffle

Leben/s/- (-s) : vie

Lebenslauf/s/″e (-r) : curriculum vitae

Lebensmittel (m pl) (-e) : vivres

leer : vide

leicht : léger, facile(ment)

leider : malheureusement ; **es tut mir leid** : je regrette

leise : doux (doucement)

Leistung/-/en (-e) : capacité, prestation

Leitmotiv/s/e (-s) : motif, thème dominant

legen : déposer

Lehrer/s/- (-r) : professeur (d'enseignement secondaire)

Lektion/-/en (-e) : leçon

lernen : apprendre

lesen : lire

letzt : dernier

Leute pl (-e) : gens

Licht/es/er (-s) : lumière

Lichterbaum/s/″e (-r) : arbre (illuminé) de Noël

lieb : cher, aimé ; **etwas lieber haben** : préférer qqc

Lieblingsgericht (-s) : plat préféré

Lied/es/e (-s) : chanson, chant, lied

liegen : trouver (se), être situé

Limonade/-/n (-e) : limonade

links : à gauche

Liste/-/n (-e) : liste

Liter/s/- (-s/-r) : litre

loben : louer (faire l'éloge)

Löffel/s/- (-r) : cuiller

Lohn/s/″e (-r) : salaire (ouvrier)

Lokal/s/e (-s) : débit de boisson

löschen (Durst, Feuer) : étancher (soif) éteindre (feu)

lösen (Fahrkarte) : acheter (ticket)

Luftkurort/(e)s/e (-r) : station climatique

Lust/-/″e (-e) : envie

Lüttich (n) : Liège (ville)

machen : faire, fabriquer

mächtig (+ gén) : en possession de

Magazin/s/e (-e) : magazine (le)

mager : maigre

Mal/s/e (-s) : fois (la)

man : on

manch : maint

manchmal : quelquefois, parfois ; bien des fois

Mann/es/″er (-r) : homme (masculin)

Mantel/s/″ (-r) : manteau

Mark/-/valeur : ss pl (-e) : mark allemand

Marke/-/n (-e) : marque (la)

Markenkamera/-/s (-e) : appareil (photographique) de marque

Markt/es/¨e (-r): marché
Maschine/-/-n (-e): 1) machine; 2) avion
Massensport/(e)s/ss pl (-r): sport de masse
Mauer/-/-n (-e): mur (le)
Medizin/-/-en (-e): 1) médecine; 2) médicament
Meeresluft/-/ss pl (-r): air (l') maritime
mein/e/-: mon, ma
Meinung/-/-en (-e): opinion (l')
mehr: plus
meist: plupart (la), (adj); la plupart du temps
Meister/s/- (-r): maître
melden: annoncer
Meldepflicht/ss pl (-e): obligation de déclaration domiciliaire
Meldeschluß/ss. s/ss pl (-r): heure limite d'enregistrement
Mensch/en/en (-r): homme (l') (être humain)
menschlich: humain
Menü/s/s (-s): menu (du jour); **-s Menü bestellen**: commander le menu
Messer/s/- (-s): couteau
Meter/s/- (-s/-r): mètre
Milch/-/ss pl (-e): lait
Milliarde/-/-n (-e): milliard
Million/-/-en (-e): million
Mineralwasser/s/ss pl (-s): eau minérale
Minute/-/-n (-e): minute (la)
Mißachten (-s): inobservation
mit + dat: avec
mitbringen: apporter (qc pour qn)
mitfahren: accompagner (en voiture)
Mitglied/s/er (-s): membre (association)
mitkommen: accompagner (venir avec)
mitteilen: communiquer
mitteleuropäische Zeit (MEZ): heure de l'Europe centrale
Mitternacht/-/ss pl (-e): minuit
Mittwoch/s/e (-r): mercredi
modern: moderne
mögen: aimer, être possible
möglich: possible
Monat/s/e (-r): mois
Montag/s/e (-r): lundi
Mord/(e)s/e (-r): meurtre
Morgen/s/- (-r): matin (le)
morgen: demain

Motor/s/en (-r): moteur
müde: fatigué
München (n): Munich (ville)
Museum/s/Museen (-s): musée
Musik/-/ss pl (-e): musique
Mutter/-/¨ (-e): mère

nach + dat: vers (+ nom ville/pays); après (temporel); **nach Haus**: à la maison (= vers la maison)
Nachbar/n/n (-r): voisin
Nachbarvolk/(e)s/¨er (-s): peuple voisin
nachdem: après que
nachfüllen: ajouter (un liquide)
Nachmittag/s/e (-r): après-midi
nachmittags: après-midi (l') adv
Nachricht/-/-en (-e): nouvelle (la)
Nachrichtenmagazin (-s): magazine d'information
nachschauen: vérifier
nachsehen: vérifier, inspecter
Nacht/-/¨e (-e): nuit (la)
nachts: de nuit (la nuit) adv
Nachtisch/es/e (-r): dessert
nah: proche, près
Nähe/-/-n (-e): proximité, voisinage; **in der Nähe**: à proximité, tout près
Name/ns/n (-r): nom (le)
Nässe/-/ss pl (-e): humidité
neben + dat/acc: à côté de
negativ: négatif(vement)
nehmen: prendre
nein: non (négation)
nennen: nommer
nervös: nerveux
nett: gentil, aimable(ment)
Netz/es/e (-s): filet (à bagages)
neu: nouveau, neuf
neun: neuf (chiffre)
nicht: ne... pas
nicht/kein... mehr: ne... plus
nichts: rien; **nichts zu danken**: je vous en prie
Nichtbeachten (-s): inobservance, v subs
nie: ne... jamais
niedrig (Preis): bas (prix)
niemand: personne
noch: encore
noch nicht: pas encore
Norden/s/ss pl (-r): Nord (région, point cardinal)
Nordseescholle/-/-n (-e): plie (de la mer du Nord)
Nordwesten/s/ss pl (-r): nord-ouest (le)

notieren : noter, prendre note
Notruf/(e)s/e (-r) : appel au secours (police)
Notrufsäule/-/n (-e) : borne téléphonique
Numerus clausus (-r) : nombre limité d'étudiants (admis à l'université)
nun : maintenant (idée de conséquence)
nur : que, seulement

ob : si (interrogatif)
Obstsalat/es/e (-r) : macédoine de fruits
obwohl : bien que, quoique
Ober/s/- (-r) : garçon (de café)
oder : ou (bien)
offen : ouvert
öffentlich : public/publiquement
öffnen : ouvrir
oft : souvent
ohne + *acc* : sans
Öl/(e)s/e (-s) : huile
Onkel/s/- (-r) : oncle
ordentlich : honnête, convenable
Ort/(e)s/e (-r) : lieu, place, endroit
Ortskrankenkasse/-/n (-e) : caisse (locale) de maladie
Ost-Berlin : Berlin-Est (ville)
Österreich (n) : Autriche
Ostfriese/n/n (-r) : Frison (de l'Est, habitant)
Ostfriesland (n) : Frise orientale (N.O. de la RFA)

packen : boucler ses valises
Paket/s/e (-s) : paquet
Panne/-/n (-e) : panne
Papierhandlung/-/en (-e) : papeterie
Papiere *pl* (-e) : documents
Paris (n) : Paris (ville)
Pariser/s/- (-r) : Parisien (habitant)
Pariser : parisien
Park/s/s *ou* -e (-r) : parc
parken : stationner, parquer
Parkhaus/es/"er (-s) : garage (parking)
Parkplatz/es/"e (-r) : parking
Parkverbot/s/e (-s) : interdiction de stationner
Paß/es/"sse (-r))= Reisepaß) : passeport
passen zu + *dat* : convenir, harmoniser à
Party/-/s *ou* ties (-e) : soirée

passieren : se passer ; **was ist passiert ?** : que s'est-il passé ?
Patient/en/en (-r) : patient
Person/-/en (-e) : personne
Personenzug/s/"e (-r) : train omnibus
Pfennig/s/e (-r) : pfennig (1/100 du Mark)
Pfund/s/e (-s) : livre (la) (poids, monnaie)
Pilotton/s/"e (-r) : indicatif (à la radio)
Piste/-/n (-e) : piste
PKW (-r) = -r Personenkraftwagen : voiture particulière
Plattenspieler/s/- (-r) : tourne-disques
Platz/es/"e (-r) : place ; **Platz nehmen** : prendre place
plötzlich : soudain(ement)
Polizei/-/ss *pl* (-e) : police
Polizeirevier/s/e (-s) : commissariat de police
Polizist/en/en (-r) : policier
Post/-/ss *pl* (-e) : poste
Postamt/es/"er (-s) : bureau de poste
Praktikant/en/en (-r) : stagiaire
Praktikum/s/-ken (-s) : stage
Preis/es/e (-r) : prix
preisgünstig : avantageux, bon marché
Preisklasse/-/n (-e) : catégorie de prix
preiswert : prix avantageux (à)
Privathaus/es/"er (-s) : maison particulière
pro + *acc* : pour ; **pro Person** : par personne
probieren : essayer
Produkt/(e)s/e (-s) : produit
Professor/s/en (-r) : professeur (d'université)
Programm/s/e (-s) : programme
Programmangebot/s/e (-s) : programmes offerts ; **drittes Programm** (-s) : troisième chaîne
Protokoll/s/e (-s) : procès-verbal
protokollieren : enregistrer, verbaliser
Prozent/(e)s/e (-s) : pourcent
Prüfung/-/en (-e) : examen ; **eine Prüfung ablegen** : passer (subir) un examen
Pulli/s/s (-r) : pullover
pünktlich : exact, ponctuel/lement
putzen : nettoyer

Qual/-/-en (-e) : peine, embarras (du choix)

Qualität/-/-en (-e) : qualité

Rabatt/(e)s/e (-r) : remise, réduction

Rad/es/"er (-s) : roue

Radio/s/s (-s) : radio

Radweg/s/e (-r) : piste cyclable

rasieren : raser

Rat/s Ratschläge (-r) : conseil (donné)

Rat/s/"e (-r) : corps constitué, conseil

Rathaus/es/"er (-s) : hôtel de ville, mairie

ratsam : opportun, à conseiller

rauchen : fumer

Rauchen (-s) : le fait de fumer

recht : droit (côté) ; juste (der rechte Mann) ; **recht haben** : avoir raison ; **recht sein** (+ *dat*) : convenir

rechts : droite (à)

rechnen auf : compter (sur)

rechnen mit : s'attendre à

Recorder/s/- (-r) : enregistreur

Regal/s/e (-s) : étagère

regelmäßig : régulier, régulièrement

Regenschauer/s/- (-r) : averse

regnen : pleuvoir

reichen : suffire, (être suffisant)

Reifen/s/- (-r) : pneu

Reihe/-/-n (-e) : file, série ; **an der Reihe sein** : avoir son tour

reinigen : nettoyer, essuyer

Reise/-/-n (-e) : voyage

reisen : voyager

Reisepaß/es/"sse (= Paß) (-r) : passeport de voyage

Reiseantritt/s/e (-r) : début du voyage

Reklamation/-/-en (-e) : réclamation

Reparatur/-/-en (-e) : réparation

reparieren : réparer

reservieren : réserver

Restaurant/s/s (-s) : restaurant

Rezept/(e)s/e (-s) : ordonnance

Rhein/s/*ss pl* (-r) : Rhin (fleuve)

Richtgeschwindigkeit/-/-en (-e) : vitesse conseillée

richtig : correct

Richtung/-/-en (-e) : direction

Rock/(e)s/"e (-r) : jupe

Roman/s/e (-r) : roman (le)

rot : rouge

Rotlicht/(e)s/er (-s) : feu rouge

Rotwein/s/e (-r) : vin rouge

Rückfahrkarte/-/-n (-e) : ticket aller et retour

Rückflug/s/"e (-r) : vol retour

rufen : appeler

Ruhe/-/*ss pl* (-e) : calme (le), silence

ruhig : tranquille, calme(ment)

Rundfunk/s/*ss pl* (-r) : radio ; **Rundfunk hören** : écouter la radio

Sachbuch/(e)s/"er (-s) : livre spécialisé

Sache/-/-n (-e) : chose

saftig : juteux

sagen : dire

Salat/(e)s/e (-r) : salade

Salz/es/*ss pl* (-s) : sel

sammeln (Briefmarken) : collectionner (timbre-poste)

Samstag/(e)s/e (-r) : samedi

Sauerkraut/(e)s/*ss pl* (-s) : choucroute

schade : dommage *adv*

schaden + *dat* : nuire (à)

Schalter/s/- (-r) : guichet, interrupteur

Schatten/s/- (-r) : ombre (l')

Scheibenwischer (-r) : essuie-glace

scheinen : sembler, luire (soleil)

schenken : offrir (en cadeau)

schicken : envoyer

Schild/(e)s/er (-s) : panneau, enseigne

Schinken/s/- (-r) : jambon

schlafen : dormir

schlagen : frapper, battre

schlank : svelte

schlecht : mauvais/mal

Schlepplift/(e)s/e (-r) : remonte-pente

Schleudergefahr (-e) : route glissante

schließen : fermer

Schloß/sses/"sser (-s) : 1) serrure ; 2) château

Schlüssel/s/- (-r) : clef

schmutzig : sale

Schnee/s/*ss pl* (-r) : neige

schneien : neiger

Schneedecke/-/-n (-e) : couche de neige

Schneefall/s/"e (-r) : chute de neige

Schneefallgrenze/-/-n (-e) : limite des chutes de neige

Schneekette/-/-n (-e) : chaîne de neige

schnell : rapide(ment), vite

Schnellzug/(e)s/"e (-r) : express, ra-

pide (train)
Scholle/-/-n (-e) : plie (poisson)
schon : déjà
schön : beau
schreiben : écrire
Schreibtisch/es/e (-r) : bureau (meuble)
schuldig + *gén* : coupable de
schwach : faible(ment)
Schwäbische Alb (-e) : Jura souabe (région)
Schwarzbrot/s/e (-s) : pain gris
Schwarzwald (-r) : Forêt Noire
Schweiz/-/*ss pl* (-e) : Suisse (la)
Schweizer/s/- (-r) : Suisse (le) (habitant)
Schweizerin/-/nen (-e) : Suissesse (habitant)
schwer : difficile(ment), lourd
Schwester/-/-n (-e) : sœur
sechs : six
sechzehn : seize
See/s/n (-r) : lac
See/-/-n (-e) : mer (la)
sehen : voir
sehr : très
sein : 1) être ; 2) son/sa
seit + *dat* : depuis
Sekretärin/-/nen (-e) : secrétaire (la)
selber/**selbst** : même ; **ich selbst/ich selber** : moi-même
Selbstbedienung (-e) : self-service (SB)
Selbstbeteiligung (-e) : ticket modérateur
selbstverständlich : évident/évidemment
Sendung/-/en (-e) : émission (radio)
Selterwasser (-s) : eau pétillante
Senf/es (-r) : moutarde
Sessellift/(e)s/e (-r) : télésiège
setzen : placer ; **sich setzen** : asseoir (s'), s'installer
sich : se/soi
sicher + *gén* : sûr (de)/sûrement
sie : elle, lui, elles
Sie : vous
sieben : sept
siebzehn : dix-sept
singen : chanter
sinkend : descendant
sitzen : être assis
Sitzplatz/es/"e (-r) : place assise
Ski/s/er (-r) : ski (le)
Skilauf/(e)s/"e (-r) : ski (la pratique)
so : ainsi (après conditionnelle)
soeben : tout à l'heure ; + *p. comp.*

venir de
sofort : immédiatement, de suite
sogenannt : soi-disant
solide : sérieux, consciencieux
sollen : devoir (obligation morale)
Sommer/s/- (-r) : été ; **im Sommer** : en été
Sommerferien (-e) : vacances d'été
Sommerkleid/s/er (-s) : robe d'été
sondern : mais
Sonntag/s/e (-r) : dimanche ; **am Sonntag** : dimanche (le)
Sowjetunion (-e) : Union Soviétique
Spaß/sses/"e (-r) : plaisir ; **Spaß haben** : amuser (bien s'-)
spät : tard
spazieren : promener (se)
Spaziergang/(e)s/"e (-r) : promenade
Speisekarte/-/-n (-e) : menu (la carte de —)
sperren : bloquer
Spezialist/en/en (-r) : spécialiste (le)
Spiegelei/(e)s/er (-s) : œuf sur le plat
spielen : jouer
Spielfilm/s/e (-r) : long métrage (le)
Spitze/-/-n (-e) : pointe (la)
spontan : spontané(ment)
Sport/(e)s/e (rare) (-r) : sport (le) ; **Sport treiben** : pratiquer le sport
Sportler/s/- (-r) : sportif (le)
Sportschau/-/*ss pl* (-e) : revue sportive
sprechen : parler
Sprudelwasser (-s) : eau pétillante
Sprechstunde/-/n (-e) : heure de consultation
Stadt/-/"e (-e) : ville
Stadtplan/s/"e (-r) : plan de la ville
Stammgast/(e)s/"e (-r) : habitué (d'un local)
Stammkneipe/-/-n (-e) : bistrot fréquenté habituellement
Stammtisch/es/e (-r) : table de l'habitué
ständig : continuel(lement)
statt + *gén* (= anstatt) : au lieu de
Staugefahr/*ss pl* (-e) : danger d'embouteillage
Stauung (-e) : embouteillage
stecken : être enfoncé
stehen : se trouver (debout) ; **es steht mir gut** : ça me va bien
steigen : monter
steigend : ascendant, montant
stellen : placer (debout)
sterben : mourir

Stelle/-/n (-e): lieu, endroit
still: calme, tranquille
Stillstand (-r): arrêt (de la circulation)
stimmen: es stimmt: c'est correct
Stipendium/s/ien (-s): bourse d'études
Stoff/(e)s/e (-r): étoffe/tissu
stolz auf + *acc*: fier (de)
Strafmandat/(e)s/e (-s): contravention (la)
Straße/-/n (-e): rue
Straßenbahn/en (-e): tram
Straßenecke/-/n (-e): coin de rue
Straßenkreuzung/en (-e): carrefour, croisement
Straßenkarte/-/en (-e): carte routière
Straßenlärm/ss *pl* (-r): bruit de la rue
Straßenschild (-s): panneau (de signalisation)
Straßenverkehrszeichen *pl* (-e): signalisation routière
Straßenwacht (-e): assistance routière
Strecke/-/n (-e): parcours, trajet
Streifen/s/- (-r): gallon (de policier)
streiken: faire grève
Straßenglätte/ss *pl* (-e): verglas
Stück/(e)s/e (-s): pièce
Student/en/en (-r): étudiant
Studentin/-/nen (-e): étudiante
studieren: étudier
Stuhl/(e)s/"e (-r): chaise
Stunde/-/n (-e): heure (durée de 60 minutes)
Stuttgart: Stuttgart (ville)
suchen: chercher
Suppe/-/n (-e): potage, soupe
sympathisch: sympathique

Tablette/-/n (-e): comprimé (le)
Tag/(e)s/e (-r): jour
Tagesereignisse *(pl)* (-e): événements quotidiens
Tagesschau/-/ss *pl* (-e): journal télévisé
Tagessuppe/-/n (-e): potage du jour
Tagesthemen *pl*(-e): sujets d'actualité
täglich: quotidien/nement
Tank/s/s (-r): réservoir
Tankstelle/-/n (-e): poste d'essence
Tannenbaum/s/"e (-r): sapin, arbre de Noël
Tante/-/n (-e): tante (la)

tanzen: danser
Tasche/-/n (-e): 1) poche (la); 2) sac (le)
Taschenbuch/s/"er (-s): livre de poche
Taschenbuchausgabe/-/n (-e): édition en livre de poche
Taschentuch/s/"er (-e): mouchoir
tatsächlich: effectif(ivement)
Täter/s/- (-r): auteur (d'une action)
Taube/n/n (-r): sourd (le)
Taxi/s/s (-s): taxi (le)
Techniker/s/-/(-r): technicien (le)
Telefon/s/e (-s): téléphone
Telefonnummer/-/n (-e): numéro de téléphone
Teller/s/- (-r): assiette
telefonieren (mit): téléphoner
Telefonzelle/-/n (-e): cabine téléphonique
teuer: cher (de prix élevé); **teuer zu stehen kommen**: coûter cher à qn
Theater/s/- (-s): théâtre; **ins Theater gehen**: aller au théâtre
Theke (-e): comptoir (le)
Thema/s/en (-s): thème (le), le sujet
Tief/s/s (-s): zone de basse pression
Tisch/es/e (-r): table (la)
Titel/s/- (-r): titre (d'un livre)
Tochter/-/" (-e): fille (des parents)
Toilette/-/n (-e): toilette, W.C.
Tote/n/n (-r): mort (le)
Tourist/en/en (-r): touriste (le)
treffen: rencontrer, toucher
treiben (Sport): pratiquer (le sport)
Trier: Trèves (ville)
trinken: boire
trotz + *gén*: malgré
tun: faire
Tür/-/en (-e): porte (la)
Tüte/-/n (-e): sac (papier), sachet

u.a. (unter anderem): entre autres (e.a.)
U-Bahn/-/en (-e): métro
U-Bahnhaltestelle/-/en (-e): arrêt du métro
üben: exercer
über + *acc/dat*: sur, au-dessus de
überall: partout
überfahren: écraser
überfrieren: se recouvrir d'une couche de glace
übergeben: remettre (document)
überholen: dépasser
Überholen (-s): dépassement

Überholverbot/s/e (-s) : interdiction de dépasser

übermorgen : après-demain

übernachten : passer la nuit

überqueren : traverser (la rue)

Überraschung/-/en (-e) : surprise

Überschreiten (-s) : dépasser (transgresser)

übertragen : transmettre, diffuser

überwiegen : prédominer

überzeugen : convaincre

überzeugt : convaincu

Uhr/-/en (-e) : 1) heure (précise) ; **um wieviel Uhr ?** : à quelle heure ? 2) montre

Übung/-/en (-e) : exercice

um + acc : autour (local)

umfahren : renverser, contourner

Umfrage/-/en (-e) : sondage

umkippen : renverser (= basculer)

Umkleidekabine/-/n (-e) : cabine d'essayage

Umleitung/-/en (-e) : déviation

Umsteigefahrschein/s/e (-r) : billet de correspondance

umsteigen : changer (de train, bus)

unbekannt : inconnu

und : et

unentgeltlich : gratuit/ement

Unfall/s/ⁿe (-r) : accident

ungekündigt = in ungekündigter Stellung : ne pas avoir donné ou reçu de préavis

unter + acc/dat : sous, en-dessous de

unterbrechen : interrompre

unterhalten (sich) : entretenir (s')

Unterhaltung/-/en (-e) : divertissement, variétés

Unterhaltungssendung/-/en (-e) : émission de variétés

Unterkunft/-/ⁿe (-e) : logement

unterschiedlich : différent(emment)

unterschreiben : signer

untersuchen : examiner

Untersuchung/-/en (-e) : enquête, examen

unterwegs : en cours de route

unwohl (sich) **fühlen** : ne pas se sentir bien

Urlaub/s/ss pl (-r) : congé

in Urlaub fahren : partir en congé

Urlauber/s/- (-r) : vacancier (le)

Urteil/s/e (-s) : jugement

Vanilleeis/es/ss pl (-s) : glace à la vanille

Vase/-/n (-e) : vase (le)

verabreden : convenir, prendre rendez-vous

Verabredung/-/en (-e) : rendez-vous

verantwortlich (für) : responsable (de)

Verbot/s/e (-s) : interdiction

Verbotszeichen/s/- (-s) : signal d'interdiction

verbringen (Zeit) : passer (temps)

Verdauung/-/ss pl (-e) : digestion

Verdauungsbeschwerde/-/n (-e) : trouble digestif

Verein/s/e (-r) : association, club

verfahren (sich) : égarer (s')

Vergangenheit/-/en (-e) : passé

vergessen : oublier

vergleichen : comparer

vergriffen (Buch) : épuisé (livre)

verkaufen : vendre

Verkehr/s/ss pl (-r) : trafic

Verkehrsaufkommen (hohes -) (-s) : trafic (dense)

Verkehrsfunk/s/ss pl (-r) : information routière (par radio), radioguidage

Verkehrsregeln (pl) : code de la route

Verkehrsverein/s/e (-r) : syndicat d'initiative

verlängen : allonger, proroger (passeport), reconduire (traité)

verlassen : quitter

verletzen : blesser

Verletzte/n/n (-r) : blessé

verlieren : perdre

verpacken (= einpacken) : emballer

Verpflegung/-/ss pl (-e) : nourriture

versammeln (sich) : rassembler (se)

verschreiben : prescrire (médecin)

verschwinden : disparaître

Versicherte/n/n (-r) : assuré

Versicherung/-/en (-e) : assurance

Verspätung/-/en (-e) : retard

versprechen : promettre

verständlich (sich) **machen** : expliquer (s')

verstehen : comprendre

versuchen : essayer

vertragen : supporter

vertraulich : confidentiel(lement)

Vertreter/s/- (-r) : représentant

verursachen : causer

Verwandte/n/n (-r) : proche parent

Verwarnungsgebühr/-/en (-e) : avertissement taxé

verwenden : utiliser

verzeihen : pardonner
Verzeihung/-/en (-e) : pardon
verzollen : dédouaner, déclarer
viel : beaucoup
vielleicht : peut-être
vier : quatre
Vier (-e) : quatre (le)
Viertel/s/- (-s) : quart (aussi de l'heure), quartier
Viertelstunde/-/n (-e) : quart d'heure
vierzehn : quatorze
Virtuose/n/n (-r) : virtuose
Visum/s/Visa *ou* Visen (-s) : visa
voll (von) : plein, entier, complet ; rempli de
vollbesetzt (Hotel) : plein (hôtel)
völlig : entier, entièrement
Vollkornbrot/(e)s/e (-s) : pain (de seigle) complet
vollschreiben : remplir (en écrivant)
volltanken : faire le plein (d'essence)
Volk/es/"er (-s) : peuple
Volksschule/-/n (-e) : enseignement primaire
von + *dat* : de
vor + *acc/dat* : devant, avant (temps)
vorbeikommen : passer
vorbereiten : préparer
vorbereiten (sich) auf : se préparer à
vordem : avant que
Vordersitz/es/e (-r) : siège avant
Vorfahrt/-/ss *pl* (-e) : priorité
Vorfahrtsstraße/-/n (-e) : route, rue prioritaire
vorgestern : avant-hier
vorhaben : projeter (avoir l'intention de faire qc)
vorkommen, das kommt vor : cela se présente (se passe, se produit) ; **es kommt mir vor, daß** : il me semble que
Vorkehrung/-/en (-e) : mesure, disposition ; **Vorkehrungen treffen** : prendre des mesures
Vormittag/s/e (-r) : matinée
Vorname/ns/n (-r) : prénom
vorrätig : en stock
Vorschlag/s/"e (-r) : proposition
Vorsicht (-e) : prudence
Vorsicht ! : attention !
vorsichtig : prudent/prudemment
Vorspeise/-/n (-e) : entrée (culinaire)
vorstellen (sich) : présenter se, se représenter (qc)
Vorstellung/-/en (-e) : séance, représentation (spectacle)
vorüberziehen (Gewitter) : passer

(un orage)
Vorurteil/s/e (-s) : préjugé
Vorverkauf/s/"e/ (-r) : location ; **in Vorverkauf** : en location
vorwärtskommen : progresser (avancer)
vorzeigen : produire, montrer ; présenter (un document)

Wachtmeister/s/- (-r) : brigadier
Wagen/s/- (-r) : voiture
Wagentür/-/en (-e) : portière (voiture)
Wahl/-/en (-e) : choix
während + *gén* : pendant/pendant que
Wald/(e)s/"er (-r) : forêt
wandern : faire une excursion (à pied)
Wanderung/-/en (-e) : marche, excursion
wann : quand
wenn : si
warm : chaud/ement
Warnzeichen/s/- (-s) : signal d'avertissement
wahrscheinlich : probable/ment
warten auf + *acc* : attendre
warum : pourquoi
was : que ? quoi ?/ce que
waschen (sich) : laver (se)
Wasser/s/ss *pl* (-s) : eau
Weg/es/e (-r) : chemin ; **nach dem Weg fragen** : demander le chemin
wegen + *gén* : à cause de
wechseln : changer, échanger, vidanger (l'huile)
wecken : réveiller (éveiller)
weh tun : faire mal
Weihnachten *pl* : Noël
Weihnachtsfest/es/e (-s) : fête de Noël
weil : parce que
Wein/s/e (-r) : vin
Weinkeller/s/- (-r) : taverne
Weinlokal/(e)s/e (-s) : débit de boisson
Weinstube/-/n (-e) : taverne
weiß : blanc
Weißbrot/es/e (-s) : pain (blanc)
Weißwein/(e)s/e (-r) : vin blanc
weit : loin
weiterarbeiten : continuer à travailler
weiterfahren : continuer (sa route)
welch : quel, lequel
wenig : peu

wer: qui/celui qui
werden: devenir
Werk/(e)s/e (-s): 1) œuvre, ouvrage; 2) usine
Werkstatt/-/"n (-e): garage (pour réparer)
wert + *acc*: valant, qui vaut
Wertsachen *pl* (-e): objets de valeur
Westdeutsche/n/n (-r): Allemand de l'Ouest
Westseite/-/n (-e): flanc ouest
Wetter/s/ss *pl* (-s): temps (météorologique)
Wetterbericht/s/e (-r): bulletin du temps
Wettervorhersage/-/v (-e): prévision du temps
wichtig: important
wie: comment/que
wieder: de nouveau
wiedersehen: revoir; **auf Wiedersehen!**: au revoir!
wiederholen: répéter
Wien (n): Vienne (ville capitale d'Autriche)
wieviel (devant un singulier): combien
wie viele (devant un pluriel): combien
Winter/s/- (-r): hiver
Wintersport/s/ss *pl* (-r): sports d'hiver
Wintersportplatz/(e)s/"e (-r): station d'hiver
wir: nous (sujet)
wirksam: efficace(ment)
Wirkung/-/en (-e): effet
wissen: savoir
Witz/es/e (-r): blague
Witze reißen: dire des blagues
wo: où (situation)
Woche/-/n (-e): semaine
Wochenende/s/e (-s): week-end
Wochenzeitung/-/en (-e): hebdomadaire
woher: d'où (provenance)
wohin: où (vers où)
wohnen: habiter, vivre
wollen: vouloir
womit: en quoi, avec quoi
Wort/es/"er (-s): mot (isolé)
Wort/es/e (-s): parole
Wörterbuch/(e)s/"er (-s): dictionnaire
wünschen: souhaiter

zäh fließend: ralentie (circulation)
ZDF (-s): ZDF (une chaîne)
zehn: dix
Zeichen/s/- (-s): signe, signal
zeigen: montrer, indiquer
Zeit/-/en (-e): temps (chronologique)
Zeitpunkt/es/e (-r): moment
Zeitung/-/en (-e): journal
Zentrum/s/en (-s): centre
Zeuge/n/n (-r): témoin
Zielland/es/"er (-s): pays de destination
ziemlich: assez
Zigarette/-/n (-e): cigarette
Zimmer/s/- (-s): chambre
Zimmersuche/-/: quête (recherche) d'une chambre
Zoll/(e)s/"e (-r): douane
Zollabfertigung/-/en (-e): dédouanement
zollfrei: libre de taxe douanière
Zöllner/s/- (-r): douanier (le)
zu (= geschlossen): fermé
zu (klein): trop (petit)
zu: à, chez, vers; 1) déplacement vers une personne/un bâtiment; 2) temps
zubereiten: préparer (aliments)
Zucker/s/ss *pl* (-r): sucre
zuerst: d'abord
zufrieden (mit): satisfait (de), content (de)
zu Fuß: à pied
Zug/s/"e (-r): train
zu Haus(e): à la maison (sans mouvement)
zumachen: fermer
zum Glück: heureusement
Zuname/ns/n -r Familienname (-r): nom de famille
Zündkerze/-/n (-e): bougie (auto)
zulässig: permis
zurückfliegen: revenir en avion
zurückgeben: rendre (restituer)
zurückgehen: retourner
zurückkehren: rentrer
zusammen: ensemble
Zuschlag/s/"e (-r): supplément
zuschließen: fermer à clef
zwanzig: vingt
zwar: il est vrai
zwei: deux
zwischen + *dat/acc*: entre
zwölf: douze

Achevé d'imprimer sur les presses de **Scorpion**,
à Verviers, pour le compte des éditions **Marabout**.
D.L. mars 1986/0099/37
ISBN 2-501-00775-1